Unterwegs durch die Zeiten

Lesebuch zur badischen Kirchengeschichte

Erarbeitet von

Dieter Haas, Hans Maaß, Jörg Thierfelder

unter Mitarbeit von

G. A. Benrath, H.-M. Cordier, Klaus Deßecker, Walther Eisinger,
Hermann Erbacher, Gottfried Gerner-Wolfhard, Marlies Haas,
Susanne Kapp-Freudenberger, Susanne Labsch, Hans Pfisterer, Hans Rave,
Hermann Rückleben, Gerd Schmoll, Günther Schnurr, Henning Schröer

HANS THOMA VERLAG

Die Deutsche Bibliothek – CIP-Einheitsaufnahme

Unterwegs durch die Zeiten : Lesebuch zur badischen Kirchengeschichte / erarb. von Dieter Haas ; Hans Maass ; Jörg Thierfelder. Unter Mitarb. von G. A. Benrath ... – Karlsruhe : Hans-Thoma-Verl., 1996
ISBN 3-87297-127-1
NE: Haas, Dieter; Maass, Hans; Thierfelder, Jörg

1996

ISBN 3-87297-127-1
Umschlaggestaltung: Bernhard Kutscherauer
Gesamtherstellung: Badenia Verlag und Druckerei GmbH, Karlsruhe

Inhaltsverzeichnis

4. Kapitel: Kirche braucht Erneuerung

5. Kapitel: Am Vorabend der Reformation

6. Kapitel: Die Reformation: Aufbruch zur Freiheit

7. Kapitel: Zwischen Herrschaft und Fürsorge: Die Landesherren und die Reformation

8. Kapitel: Im Schatten des Dreißigjährigen Krieges

9. Kapitel: Aufklärung: Vernünftiger Glaube und Toleranz

10. Kapitel: Aufbrüche am Beginn des 19. Jahrhunderts

11. Kapitel: Weck' die tote Christenheit: Erweckung in Baden

12. Kapitel: Unterwegs von der Staatskirche zur Volkskirche

13. Kapitel: Kirche im Spannungsfeld von Nationalismus und Demokratie

14. Kapitel: Anpassung und Widerstand im Dritten Reich

15. Kapitel: Neuanfang muß mit Umkehr beginnen

16. Kapitel: Neue Herausforderungen – bleibende Aufgaben

Geleitwort zur badischen Kirchengeschichte »Unterwegs durch die Zeiten«

Auf die neue badische Kirchengeschichte haben viele schon lange gewartet. Ich freue mich, daß Sie jetzt endlich vorliegt, erschienen im Jubiläumsjahr unserer Landeskirche. Seit 175 Jahren gibt es die Union von lutherischen und reformierten Gemeinden in der einen Evangelischen Landeskirche in Baden. Viele fragen: Was waren das eigentlich für Unterschiede, die wir heute nicht mehr begreifen? Es ist gut, wenn man's nachlesen und dann besser verstehen kann. Die Unionsurkunde von 1821 beginnt mit den Worten: »Gleich hochherzig und gleich begeistert für die Wahrheit . . .« Das ist ein hoher Anspruch, unter den sich unsere Landeskirche damals gestellt hat. Wo ist etwas von dieser Hochherzigkeit und Begeisterung für die Wahrheit zu spüren? Wer in dieser neuen Kirchengeschichte liest, stößt auf Spuren. Gott sei Dank, daß wir in unserer Landeskirche von dem Erbe hochherziger und begeisterter Frauen und Männer leben können, die sich dem Evangelium verschrieben haben.

Auch von dunklen Stunden, von Fehlern und von Schuld berichtet dieses Buch. Das darf nicht verschwiegen werden. Wir müssen fragen: Wo liegen heute unsere Gefährdungen? Wo sind wir heute drauf und dran, der Sache Jesu Christi untreu zu werden?

Jede Landeskirche hat ihr eigenes Profil. Jede Gemeinde ist unverwechselbar. Um zu begreifen, wie das Evangelium bis heute seinen Weg durch die Zeiten gegangen ist, wie es Menschen geprägt und Orten ein unverwechselbares Gesicht gegeben hat – das alles gehört zum Lokalkolorit einer Landeskirche und zur Farbigkeit der Kirche Jesu Christi über landeskirchliche Grenzen hinaus.

Mögen viele, die darin lesen, Lust bekommen, zu dieser Landeskirche zu gehören!

Dr. Klaus Engelhardt
Landesbischof

Einführung

»Unterwegs durch die Zeiten« ist die Christenheit in ihrem ständigen Bemühen, ihrem Glauben richtige Ausdrucksformen zu verleihen. »Unterwegs durch die Zeiten« sind spätere Generationen auf der Suche nach dem, was die früheren gedacht und gemacht haben. »Unterwegs durch die Zeiten« ist schließlich das Evangelium selbst auf der Suche nach Menschen, die sich von ihm packen und in Bewegung setzen lassen, und nach einer Kirche, die diesem Evangelium nicht nur ein bescheidenes Plätzchen einräumt, sondern weiß, daß es ihr einziger, wirklicher Schatz ist, den sie der Menschheit zu bieten hat.

Als vor mehr als fünfzehn Jahren die damalige »Badische Kirchengeschichte« vergriffen war, ging es um die Frage einer überarbeiteten Neuauflage oder der Erarbeitung einer völlig neuen Konzeption. Eine kleine Kommission entschied sich für die zweite Lösung. Dabei waren folgende Gesichtspunkte maßgebend:

- Die entscheidenden Ereignisse und Entwicklungen der Kirchengeschichte sollten an Beispielen aus der Region dargestellt werden, um die Herausgabe einer badischen Kirchengeschichte zu rechtfertigen.
- Der Darstellungsstil sollte nach Möglichkeit mehr erzählend als berichtend oder gar beschreibend sein, um Konkretheit und Lebensnähe zu vermitteln und Interesse bei jungen Menschen zu wecken. Die Auswahl sollte exemplarisch sein und die unterschiedlichen Landesteile berücksichtigen, weil die Fülle des Materials die Grenzen eines handlichen Buches gesprengt hätte und Lernen exemplarisch geschieht, nicht in lückenlos angestrebter Vollständigkeit.
- Strukturen und Entwicklungen sollten dort aufgezeigt werden, wo sie zum Verständnis von Einzelereignissen und bedeutenden Persönlichkeiten notwendig erscheinen, um weder ein zusammenhangloses Flickenwerk entstehen zu lassen, noch den Eindruck zu

erwecken, die Geschichte stelle eine zwangsläufige, logisch unausweichliche Entwicklung dar.

- Bilder sollten die Seiten beleben, aber nicht illustrativ, sondern informativ sein. Personen wurden deshalb nur dort abgebildet, wo ihre Darstellung etwas vom Wesen dieser Personen erkennen läßt, Städtebilder, um die räumliche Enge und Nähe mittelalterlicher Städte deutlich zu machen, in denen sich das dargestellte Geschehen abspielte.

Das Buch wendet sich nicht an die Adresse der Fachgelehrten. Es will vielmehr interessierten Gliedern unserer Kirche ohne besondere historische Vorkenntnisse im Schulalter und später ein Fenster in die vergangene Zeit öffnen, um die eigene Gegenwart besser zu verstehen. Es ist als Lesebuch für Haus, Schule und Gemeinde gedacht. Diesem Anliegen dient das Bemühen um eine allgemeinverständliche Sprache ebenso wie Wort- und Sacherklärungen schwieriger Begriffe am Ende des Buches sowie eine kurze Zeittafel am Ende eines jeden Kapitels. Aus demselben Grund wurde auch auf eine Darstellung theologiegeschichtlicher Entwicklungslinien weitgehend verzichtet. Diese hat ihren Platz in anderen Werken. Dennoch beruhen die Darstellungen teils auf eigenen Quellenforschungen, teils auf der Verarbeitung wissenschaftlicher Forschungsergebnisse. Daran waren viele mit größeren und kleineren Beiträgen beteiligt. Sie sind auf der Titelseite genannt.

All dies lief neben zeitintensiver Berufsarbeit her. Dies brachte nicht nur manche Verzögerung mit sich, sondern auch eine ständige Überprüfung der ursprünglichen Konzeption. Viel Mühe und Aufwand bereitete auch die Beschaffung des Bildmaterials. Hierin unterstützte uns umsichtig Frau Melanie Kappenstein bei der Besorgung der Abdruckrechte und bei den Verhandlungen mit Verlagen und Archiven. Frau Ingrid Hesse schrieb mit unverdrießlicher Geduld und kundiger Aufmerksamkeit das Manuskript. Beiden gebührt herzlicher Dank.

Die intensive, jahrelange Beschäftigung mit der Geschichte des Christentums auf dem Boden unserer Landeskirche bereitete allen, die mitarbeiteten, neben mancher Mühe auch viel Freude. Diese wünschen sie auch vielen jungen und alten Leserinnen und Lesern im Jahr des Kirchenjubiläums und darüber hinaus.

Dieter Haas, Hans Maaß, Jörg Thierfelder

1. Kapitel

Unsere Vorfahren werden Christen

Spuren aus römischer Zeit

Im 1. Jahrhundert n.Chr. wurde das Land am Oberrhein römisch. Ansiedelungen entstanden, dazwischen wurden Straßen gebaut. Eine Straße führte von Basel nach Mainz auf der rechten Rheinseite. Soldaten in Straßenstationen schützten sie. Pferdewechselstellen

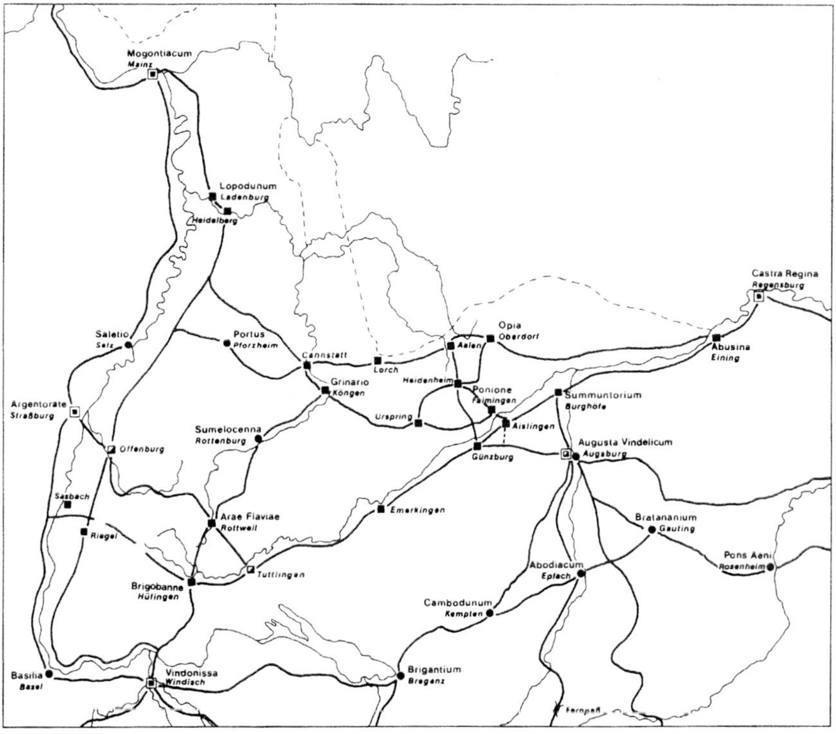

Die wichtigsten Römerstraßen in Südwestdeutschland und der Limes (gestrichelte Linie)

und Werkstätten und Schmieden sorgten für einen reibungslosen Verkehr, und Herbergen boten den Reisenden Unterkunft und Verpflegung. Auf diesen Straßen konnte man Nachrichten übermitteln und Soldaten heranführen, aber auch Waren transportieren und von Ort zu Ort reisen. Die Überreste einer römischen Straßenstation hat man in der Nähe von Friesenheim bei Lahr ausgegraben.
Sicher gab es auch schon Christen unter den Römern in unserem Land. Mit Kaufleuten, mit Beamten und Soldaten, vielleicht auch mit einzelnen Sklaven kam die Botschaft von Jesus Christus an den Rhein. Die wenigen Funde aus römischer Zeit, die davon erzählen, wurden meistens jenseits des Rheins gemacht.
Größere römische Städte lagen links des Rheins. Bekannt sind Argentoratum (Straßburg), Basilia (Basel), Augusta Rauricorum (Kaiseraugst) und Vindonissa (Windisch). Von diesen Städten aus wurde unser Land verwaltet. Als sich das Christentum ausbreitete, entstanden hier auch die ersten Bischofssitze.

Grabfunde berichten

Die Alemannen waren ein germanischer Stamm, der neue Siedlungsgebiete im Süden suchte. Um das Jahr 260 n.Chr. überrannten sie von Nordosten her die befestigte Grenze des Römerreiches gegen die Germanen, den Limes. Sie beherrschten das Neckarland und drängten rechtsrheinisch das römische Heer bis südlich des Oberrheins zurück. Zur Verteidigung des linksrheinischen Gebiets bauten die Römer Straßburg als Festung aus und konnten sich noch nahezu 150 Jahre lang - bis um das Jahr 400 n.Chr. - gegen die Alemannen halten.
Unter den Vorbergen des Schwarzwaldes lagen längs der römischen Fernstraße von Augst bei Basel über Bad Krozingen, Riegel, Offenburg nach Mainz die Trümmer der römischen Siedlungen, Straßenstationen und Bauernhöfe. In ihrer Nähe ließen sich die Alemannen oft nieder.
Die Alemannen verehrten die alten germanischen Götter wie Wotan und Donar. Bäume, Quellen, Anhöhen oder Schluchten waren ihnen heilig. Dort opferten sie Pferde, Rinder und andere Tiere, manchmal auch gefangene Menschen. Sie glaubten an ein Weiterleben nach dem Tode. Deshalb gaben sie den Verstorbenen Waffen, Schmuck

Rekonstruktion des Dianatempelchens bei Friesenheim
Das Tempelchen, ein kleiner Fachwerkbau, war der römischen Göttin Diana geweiht. Gegen Westen hin stand ihr Bild, davor ein Betraum. Darin konnten nur vier oder fünf Gläubige Platz finden. Solche Tempelchen dürften zum Vorbild für christliche Kapellchen oder Bethäuser geworden sein, wie man sie heute noch bei einzelnen Schwarzwaldhöfen findet.

Brotstempel mit dem Christusmonogramm, gefunden bei Eisenberg; mit den Anfangsbuchstaben von »Jesus Christus« wird das Brot gesegnet.

und andere Gebrauchsgegenstände mit, vor allem Gefäße mit Speise und Trank.

Schriftliches haben uns die Alemannen nicht hinterlassen, aber die Römer berichten über sie. Auch ihre Friedhöfe, von denen viele gefunden und ausgegraben wurden, geben uns Auskunft über sie.

Auf dem Alemannenfriedhof »Weckersgraben« in Buggingen (südlich von Freiburg i.Br.) machte man 1973 eine überraschende Entdeckung: Unter 52 alemannischen Gräbern war eines, in dem man ein kleines Kreuz aus Gold fand. Es war auf dem Mund des Toten gelegen und wohl auf einem Tuch oder Schleier aufgenäht gewesen. War dieser

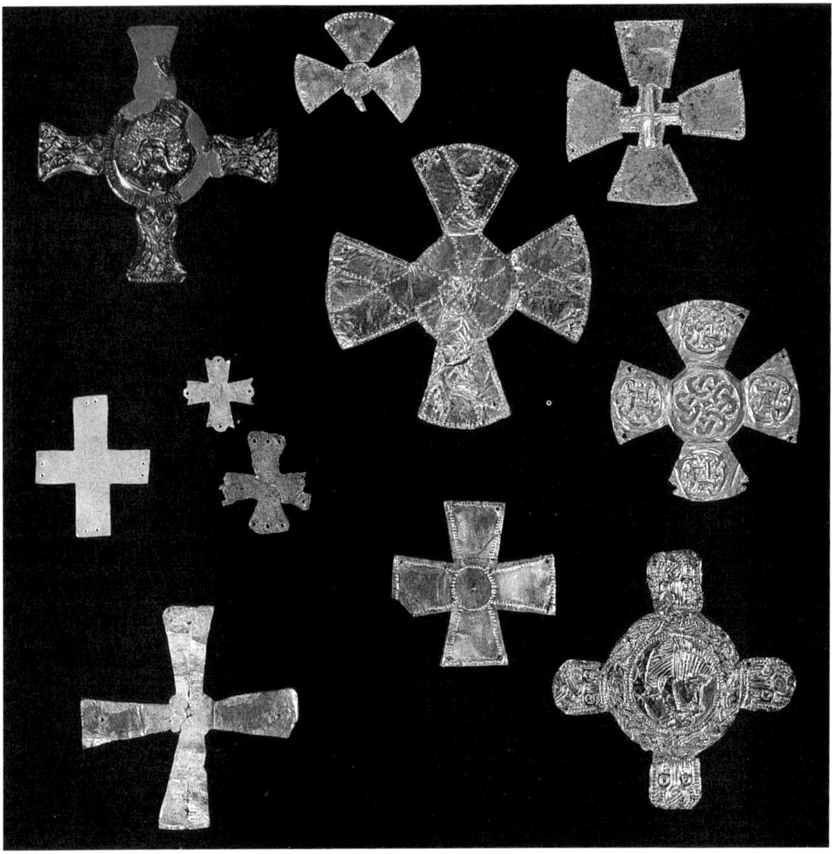

Alemannische Goldblattkreuze

Mann einer der ersten Christen unter den Alemannen im südbadischen Raum?

Auch in der mittelbadischen Ortenau hat man frühe Zeugnisse des Christentums gefunden. Bei Ausgrabungen in der Kirche St. Peter, die in Lahr-Burgheim steht, fand man Alemannengräber mit christlichen Symbolen. In einem Steinkistengrab, das sonst keine Beigaben enthielt, zeigt eine der Platten ein großes eingeritztes Kreuz an der Innenwand. Hier war das Christentum wohl von Straßburg her über den Rhein ins alemannische Gebiet gekommen.

Niemand kann heute sagen, wie das Christentum sich bei den Alemannen durchgesetzt hat. Man vermutet, daß die alemannischen

Herzöge und Adeligen, die den fränkischen Königen untertan waren, entscheidend mitgeholfen haben. Auch die Klöster trugen zur Christianisierung bei. In der Ortenau waren es Ettenheimmünster, Schuttern, Gengenbach, Schwarzach und Honau, die zunächst als kleine Zellen gegründet worden waren und dann schon im 8. Jahrhundert zu großen Klöstern heranwuchsen.

Frühes steinernes Kreuz an einem Alemannengrab

Von den Kirchen ostwärts des Rheins wurde als eine der ersten die in Burgheim errichtet. Sie stand an der Stelle der heutigen Peterskirche und gehörte wohl zu einem Königshof, den eine alemannische Adelsfamilie für den fränkischen König verwaltete. Diese Adelsfamilie baute sich beim Königshof eine Kirche für sich und ihr Gesinde. Heute nennt man so eine Kirche »Eigenkirche«. Diese Bauten entstanden im Bereich eines früheren römischen Stützpunktes. Dafür fanden sich Zeugnisse: Für Steingräber in der Kirche wurden römische Platten verwendet. Nur wenige Meter von der Nordwand des Turmes entfernt fand sich auch eine römische Brunnenfassung.

Diese Adelsfamilie bestattete ihre Toten in ihrer »Eigenkirche«. Das zeigt den tiefen Bruch mit ihrer früheren Religion: Die heidnischen Alemannen beerdigten ihre Toten in großen Reihengräberfriedhöfen abseits ihrer Siedlungen. Nun wurden die Toten dort zur letzten Ruhe gebettet, wo die Lebenden wohnten, beteten und arbeiteten. Man hatte ihnen zwar noch nach heidnischem Brauch Waffen, Kleidung und Gerätschaften ins Grab gegeben, aber viele Grabbeigaben waren durch christliche Symbole gekennzeichnet - so, als würde der Tote unter die schützende Macht des Kreuzes gelegt.

Eine Kirche wird gebaut

In der Nähe der römischen Straßenstation bei Friesenheim und nur wenige Kilometer nordwestlich von Burgheim liegt das Dorf Schuttern. Die wenigen Häuser werden von einer gewaltigen Kirche im barocken Baustil überragt. Die große Kirche in dem kleinen Dorf erinnert an eine bedeutende Geschichte, die uns erst seit den Ausgrabungen zwischen 1972 und 1977 wieder deutlich geworden ist. Vorher wußte man nur, daß Schuttern ein Kloster war, welches in der Zeit der Karolinger zu den ersten Reichsklöstern zählte. So nennt Ludwig der Fromme im Jahr 817 das Kloster Offunwilari - wie Schuttern damals hieß - an zweiter Stelle nach dem Königskloster Lorsch.
Bei den Ausgrabungen entdeckte man, daß auch die Geschichte des

Das Mosaik ist Anfang des 11. Jahrhunderts entstanden und leider im 12. Jahrhundert teilweise zerstört worden. Es zeigt, wie Abel von Kain erschlagen wird.

Klosters Schuttern bis in die Römerzeit zurückverfolgt werden kann. Die Grundrisse der römischen Fundamente zeigen ein Hofgut, eine Villa rustica. Man fand bei den Grabungen römische Münzen, die zwischen 346 und 354 n. Chr. geprägt worden waren. Das Hofgut scheint also mindestens bis in 4. Jahrhundert hinein bewirtschaftet gewesen zu sein, bis es wohl nach dem letzten Einfall der Alemannen in der Mitte des 5. Jahrhunderts der Zerstörung anheim fiel. Das erste kleine Kirchlein in Schuttern war 5,91 m breit und 11,8 m lang. Es wurde im 7. Jahrhundert von dem Klostergründer Offo in eine spätrömische Gebäuderuine gesetzt. Der Name des Offo ist heute noch im Namen der nahegelegenen Stadt »Offenburg« enthalten. Der Kirchbau und die frühe Klostergründung in vermutlich noch heidnischem Land wurden sicher durch den Schutz des fränkischen Königsgutes Burgheim gefördert und ermöglicht. Kirchlich war die Nähe des Bischofssitzes Straßburg wichtig, unter dessen geistlicher Obhut das neue Kloster stand. Offo wurde nach seinem Tod als Heiliger verehrt. Seine Reliquien wurden nach mehreren Umbettungen in einer unterirdischen Grabkapelle bestattet, die unter des Mitte des Kirchenbaus errichtet worden ist. Der Boden über dem heiligen Grab war durch ein kunstvolles Mosaik mit einem Bild in Medaillenform geschmückt.

Römerstadt als Bischofssitz

Eine besondere Bedeutung für die Christianisierung der rechtsrheinischen Ortenau hatte Straßburg, die alte Römerstadt. Die Römer hatten dort schon im Jahre 16 n. Chr. auf dem Boden einer keltischen Festung ein Militärlager errichtet. Es hieß »Argentoratum«, Festung am Argento (heute JII). Sechstausend Legionäre waren dort stationiert. So entwickelte sich Straßburg zum römischen Bollwerk gegen die andrängenden Germanen, das auch die Verkehrswege kontrollierte. Mit der Zeit wurde Straßburg auch das Verwaltungs- und Wirtschaftszentrum der Region, von den Römern Diözese genannt.
Als sich das Christentum am Oberrhein ausbreitete, wurde Straßburg Bischofssitz und damit zum Mittelpunkt kirchlichen Lebens in der Diözese. Das begann schon im 3. Jahrhundert n. Chr. Unter fränkischer Herrschaft wuchs die Bedeutung der Stadt. Die Straßburger Kaufleute

mußten keine Steuern zahlen, und sie waren von Weg- und Brückenzöllen befreit. Handel und Wandel blühten auf. In dieses neuerblühende Leben der Stadt war der Bischof mit seiner Gemeinde eng eingebunden. Straßburg wurde zum Mittelpunkt für die links- und rechtsrheinischen Gebiete. Damit dehnte sich das kirchliche Leben von der Stadt auch in Gegenden wie die Ortenau aus, deren Bewohner erst allmählich für das Christentum gewonnen wurden.

Neben Straßburg wurde die alte Römerstadt Basel zum Ausgangspunkt für die Entwicklung und Entfaltung kirchlichen Lebens am Rhein. Dort hatten die Römer auf dem heutigen Münsterhügel ebenfalls ein großes Militärlager errichtet, das sie bis in 5. Jahrhundert gegen die Alemanneneinfälle halten konnten. Nachdem das Christentum zur alleinigen Staatsreligion erhoben worden war, wurden in die römischen Kastelle Kirchen eingebaut. Basel wurde Bischofssitz. Es ist unklar, von wann an Basel einen Bischof hatte. Sicher war dies zu Beginn des 7. Jahrhunderts der Fall.

Politische Geschichte		**(Badische) Kirchengeschichte**	
16	Römisches Legionslager in Straßburg (Argentoratum)		
70	Das Land am Oberrhein ist römisch	1.-3. Jhdt.	Christentum kommt durch Soldaten, Händler und Beamte in die Region am Oberrhein
260	Alemannen überrennen den Limes		
313	Mailänder Edikt: Christentum wird anerkannte Religion →	313	Christenverfolgungen hören auf
		325	Konzil von Nizäa
375	Hunneneinfall in Mitteleuropa	380	Christentum wird Staatsreligion im Römischen Reich
451	Niederlage der Hunnen auf den Katalaunischen Feldern		
476	Ende des Weströmischen Reiches		
496	(oder 497) Sieg der Franken unter Chlodwig über die Alemannen; Oberherrschaft über das Gebiet am Oberrhein	498	Taufe Chlodwigs; Franken werden Christen
		7.Jhdt.	Alemannische Gräber mit christlichen Grabbeilagen

2. Kapitel

Bete und Arbeite! Das Mönchtum in unserem Land

Ein Kloster wird gegründet

Das Bild auf der nächsten Seite stellt die Gründungslegende des Klosters Reichenau dar. Es zeigt die Insel mit dem Kloster vor dreihundert Jahren. Ein Kahn fährt auf das Südufer zu. Darin steht ein Mann, wie ein Bischof gekleidet. Es ist der heilige Pirmin. Er hebt segnend die Hand. Schlangen und Kröten verlassen die Insel. Das Böse flieht. Die Gründungslegende wird so erzählt:

> Der fränkische Landvogt Sintlas bittet den Bischof Pirmin, an den Bodensee zu kommen und dort Gottes Wort zu verkünden. Pirmin willigt ein. Auf der Burg des Sintlas erklärt der Bischof: »Ich sehe in der Nähe eine Insel, zum Dienste Gottes geeignet, die wir leicht zu Schiff erreichen mögen. Laßt uns dahin eilen, damit uns Gott dort seine Gnade offenbare.« Sintlas rät ab, weil es dort »Schlangen, Kröten und grausame Würmer« gebe. Aber Pirmin bleibt fest. Er setzt über zur Insel. Nun heißt es weiter in der Legende: »Sowie der heilige Priester auf die Insel kam, haben die Scharen der giftigen Tiere und Würmer, wie von widerwärtiger Kraft bezwungen, flüchtig die Insel verlassen, eine große Zahl und Menge von ihnen fuhr hinweg...«. Pirmin baut mit vierzig Genossen das Kloster. Eine königliche Urkunde gewährt ihm Schutz und reiche Schenkungen.

Wie kam es zur Gründung des Klosters? Die Alemannen im Bodenseeraum waren wie andere germanische Stämme unter fränkische Oberherrschaft geraten. Die Franken versuchten nun, die unterworfenen Völker in das Frankenreich einzugliedern. Aufsässige Fürsten und Grundherren wurden vertrieben. Frankenfreundliche Männer traten an ihre Stelle. Auch die Ausbreitung des christlichen Glaubens und christlicher Lebensweise sollte der Einigung des Frankenreiches die-

Darstellung der Reichenauer Gründungslegende

nen. Die Gründung des Klosters auf der Insel Reichenau hat damit zu tun.

Im Jahr 724 stellte der mächstigste Mann im fränkischen Reich, der Hausmeier Karl Martell eine Urkunde aus. Darin nahm er den »ehrwürdigen Bischof Pirmin und seine wandernden Mönche« in seinen Schutz. Er schenkte ihm die Insel Sintlasaue, »damit er dort ein Kloster zu Ehren der Gottesmutter und der Apostel Petrus und Paulus baue«. Zu der Schenkung gehörten eine Reihe von umliegenden Gebieten sowie dazugehörige Bauern. Pirmin war seiner Herkunft nach wahrscheinlich ein Westgote. Einige Zeit wirkte er als Bischof in der Nähe von Paris, bis ihn Karl Martell an den Bodensee sandte. Auf der Insel, später Reiche Aue oder Reichenau genannt, lebten Pirmin und seine vierzig Mönche nach den strengen Regeln des Benediktinerordens in Armut, Keuschheit und unbedingtem Gehorsam. Sie widmeten sich vor allem dem Gottesdienst, dem Ackerbau und

der Mission. Pirmin selbst schrieb ein kurzes Missionshandbuch, in dem christliche Heilslehre und Lebensweise dargestellt sind. Das Buch erzählt die Heilsgeschichte vom Sündenfall bis zum Pfingstfest. Dann werden die kirchlichen Gebote dargestellt. Mit dem Aufruf zu Buße und Besserung werden viele heidnische Gebräuche verurteilt: Wahrsagen aus Feuer und Vogelflug, Amulette aus Kräutern, das Herumlaufen von Männern in Frauentracht, der Glaube, daß Freitag der günstigste Reisetag sei und ähnliches. Das Büchlein war für die Prediger geschrieben, die die halbheidnische Bevölkerung zu einem wahren Christentum führen sollten.
Pirmin mußte zwar nach drei Jahren die Reichenau verlassen - eine Folge des Streits zwischen dem Alemannenherzog und Karl Martell. Das Kloster jedoch wuchs und wurde berühmt.

Vom Wirken der Mönche auf der Reichenau

Eine große Gelehrtenschule entstand, eine angesehene Bibliothek wurde aufgebaut. Bereits 822 besaß sie 415 handgeschriebene Bücher. Unter Abt Walahfrid Strabo erreichte die Reichenau ihren kulturellen Höhepunkt in der Buchmalerei und Buchkunst.
Walahfrid Strabo hat selbst über sein Leben geschrieben. Er kam um 820 n.Chr. mit ungefähr zwölf Jahren ins Kloster. Dieses Kloster wurde für ihn zur Ausbildungsstätte, aber auch zum Ersatz für das Elternhaus und schließlich zur Lebenswelt. Er besuchte die Klosterschule, wo die Knaben fast alles auswendig lernen und laut aufsagen mußten. Lesen und Schreiben sollte nur das Lernen unterstützen. Sie lernten Latein für die Gebete, aber auch für den Umgang mit den Mitschülern und späteren Mitmönchen. Auswendig beteten sie die Psalmen, die sie lebenslang täglich in den Stundengebeten hersagten. Auch die Benediktinerregel, die ihnen täglich vorgelesen wurde und die sie befolgen mußten, kannten sie auswendig. Sie lernten Mathematik, um mit dem kirchlichen Festkalender richtig umzugehen. Sie lernten Naturkunde, damit sie in der Klosterwirtschaft arbeiten und die Klosterbauern anleiten konnten. Sie lernten Geschichte, um die Herkunft und den Auftrag ihres Kosters zu kennen und ggf. auch politische Aufgaben übernehmen zu können.
Walahfrid war ein stiller, scheuer, aber gelehriger Schüler. Schon in

jungen Jahren war er wegen seiner Gelehrsamkeit bekannt. Er begann Bücher zu schreiben. Vor allem ging es ihm um die Erziehung der Mönche zu einer brüderlichen Haltung in der Gemeinschaft. 827 wurde er auf Reisen geschickt. Wir finden ihn im Kloster Fulda, wo er sein erstes großes Werk, Auslegung der Psalmen, schrieb. Damit

Besitzung des Klosters Reichenau im 10. Jahrhundert

wollte er seinen Mitmönchen zum besseren Verständnis der täglichen Gebete verhelfen. 829 wurde er an den kaiserlichen Hof nach Aachen geholt. Dort sollte er Karl, den jüngsten Sohn Kaiser Ludwigs des Frommen, erziehen. Nach Beendigung dieser Aufgabe ernannte ihn der Kaiser zum Abt der Reichenau. Zwei Jahre lang konnte er aber das Amt nicht antreten, weil ihn die politischen Wirren von der Insel fernhielten. Endlich durfte er nach fünfzehn Wanderjahren in das Inselkloster zurückkehren. In den letzten Jahren auf der Reichenau schrieb er sein berühmtestes Buch, Walahfrid stellte darin Betrachtungen über die Pflanzen und über das menschliche Leben an. So sprach er von den Heilkräutern, die menschliches Leiden lindern sollten, aber auch von Menschen, die wie wilde Pflanzen waren. Mit der Betrachtung der Rose, die ihn an die Kirche, die Gottesmutter, den Himmel erinnerte, schloß er das Buch ab. In allen seinen Büchern spürt man die Liebe zur Reichenau, die er vielfach besingt und rühmt. Selbst dem Papst schrieb er, daß die Reichenau den ersten Rang auf dieser Erde einnehme. In der Tat konnte sich zu seiner Zeit kaum ein Kloster mit der Reichenau messen. Von hier kamen Ärzte, Gelehrte, Bücherschreiber, Handwerker. Der Herrschaftsbereich des Klosters reichte im 9. Jahrhundert von Pforzheim bis Ulm, von Chur bis an die Baar.

200 Jahre später lebte ein anderer berühmter Mönch auf der Reichenau. Er stammte aus dem alemannischen Hochadel und kam 1020 mit sieben Jahren in das Kloster. Seit seiner frühesten Kindheit war er gelähmt und schwer behindert. Ohne fremde Hilfe konnte er sich nicht bewegen. Zusammengekrümmt saß er in seinem Tragsessel. Mit halblahmer Zunge konnte er nur gebrochene und schwer verständliche Worte hervorbringen. Dieser Hermann der Lahme, wie er genannt wurde, war einer der bedeutendsten Wissenschaftler des Mittelalters. Man nannte ihn »das Wunder unseres Jahrhunderts«. Einer seiner Schüler schrieb über ihn:

> »Das Wesen der Zeitrechnung, ihre Regeln und viele Beweise - worin er den früheren bei weitem überlegen war - fand er und ordnete sie ein. Ferner fand er die natürliche Erklärung für die Erleuchtung des Mondes. Jetzt wissen wir sicher, daß er zu jeder Tag- und Nachtstunde von der Sonne erleuchtet wird. Auch zur Erklärung der Sonnenfinsternisse stellte er die gelehrtesten Regeln auf. Für die Geometrie, in welcher Kunst er alle früheren Kenner an Wissen und Scharfsinn übertraf, stellte er die Zahlenfiguren nach einfachem Plan geordnet zusammen. Er

war vor allem ein Musiker und so komponierte er in wunderbarer Süße und unglaublichem Wohllaut... Keiner verstand es wie er, Uhren zu machen, Musikinstrumente zu bauen, mechanische Arbeiten durchzuführen. Mit diesen und noch vielen anderen Dingen, die aufzuzählen zu kurz ist, beschäftigte er sich ständig, soweit es überhaupt sein schwacher Körper zuließ.«

Sein bedeutendstes Werk war wohl eine Weltchronik. Er schilderte darin die Geschichte der Welt seit Christi Geburt bis zu seinen eigenen Lebzeiten. Jahr für Jahr gab er die wichtigsten Geschehnisse an. Besonders ausführlich schrieb er über seine eigene Zeit. Seine Darstellung war gründlich und genau, sachlich, einfach und klar, in einem ausgezeichneten Latein. Seine Einteilung der Geschichte in die Zeit »vor« und »nach Christi Geburt« hat die Geschichtsforschung seit damals übernommen. Wir können uns heute nicht mehr vorstellen, welche ungeheure Vorarbeit für dieses Werk der Gelähmte geleistet hat. 54 Bücher und Hunderte von Einzeldokumenten mußte er sichten und prüfen. Das Werk dieses Mannes hat auch noch große Bedeutung in der heutigen Wissenschaft. Ohne das Kloster hätte ein so Behinderter keine Lebenschance gehabt.

Klöster erschließen unser Land

Die ersten Klöster wurden an den Ufern des Bodensees gegründet, am Rhein und einigen Nebenflüssen. Wälder wurden gerodet, sumpfige Niederungen trockengelegt und so das Land urbar gemacht. Als ältestes Kloster in unserem Land gilt Säckingen, eine Gründung des heiligen Fridolin. An ihn erinnert heute noch das Säckinger Fridolinmünster. Dort ruhen die Gebeine des Heiligen in einem silbernen Sarg. Im Rheintal weiter nördlich gründete der Einsiedler St. Landolin die Abtei Ettenheimmünster in der ersten Hälfte des siebten Jahrhunderts. Eine umstrittene Überlieferung setzt 603 als Gründungsjahr für das Kloster Schuttern fest. Die Abtei Gengenbach entstand ebenfalls schon im siebten Jahrhundert durch den Alemannenherzog Ruthard. Im folgenden Jahrhundert kam die Abtei Schwarzach hinzu.

Viele Orte unseres Landes verdanken ihre Entstehung den Klöstern. Das zeigen die ersten urkundlichen Erwähnungen. Im Norden sorgten vor allem die Klöster Weißenburg und Lorsch für die Besiedelung der Rheinebene. Als die ersten Mönche in den Schwarzwald kamen, war das Gebirge weitgehend menschenleer. Wo dann ein Kloster gegründet wurde, siedelten sich Bauern und Gewerbetreibende an. So hat das Kloster St. Trudpert das Münstertal erschlossen. Im zehnten Jahrhundert wurde St. Blasien, das wohl bedeutendste Kloster dieser Region, gegründet. Durch Kaiser Otto I. erhielt es zahlreiche Schenkungen an Land und Leuten. Das reiche Kloster wurde wichtig im Streit zwischen Kaiser und Papst, vor allem aber durch wissenschaftliche und wirtschaftliche Leistungen. Noch heute weisen der gewaltige Bau und die Klosterbibliothek auf die Bedeutung dieser Abtei hin. 1091 begann der Bau von St. Peter oben auf den Bergen. Viele Zähringer Herzöge sind dort begraben. In der Nähe liegt St. Märgen, ein Kloster aus dem Jahr 1118. Die Orte Freiamt und Ottoschwanden entstanden durch das Zisterzienserkloster Tennenbach, das seit 1158 urkundlich belegt ist. Im 19. Jahrhundert wurde es abgebrochen, und aus den Steinen der Klosterkirche erbaute man die Ludwigskirche in Freiburg. Vom Nonnenkloster Günterstal aus wurde das Elztal besiedelt. Das Kloster Friedenweiler ließ viele Höfe in der Gegend von Neustadt erbauen. Der Wald ringsum lieferte den Klöstern das Bau-, Nutz- und Brennholz, das Vieh der Bauern Fleisch und Käse für die Klosterküchen. Vielfach dienten diese Erzeugnisse auch zu einem schwunghaften Tauschhandel mit dem Elsaß, wobei vor allem Wein eingeführt wurde. Allerdings wurden bald auch viele Weinberge an den Abhängen des Schwarzwaldes angelegt.

Klöster werden reich und mächtig

Im Jahr 763 n.Chr. schenkte ein fränkischer Graf dem Bischof von Metz ein Landgut, das ungefähr 20 km nordöstlich der heutigen Stadt Mannheim lag. Er sollte dort ein Kloster erbauen. Der Bischof war ein naher Verwandter des fränkischen Königshauses. Er gründete das Kloster Larissa, heute Lorsch, mit 16 Mönchen. Ein Jahr später bekam der Abt die Gebeine des heiligen Nazarius vom Papst geschenkt und ließ diese kostbare Reliquie in das junge Kloster überführen. Die Folge war ein ununterbrochener Strom von Schenkungen an das Kloster. Die Menschen glaubten damals, daß solche Schenkungen und

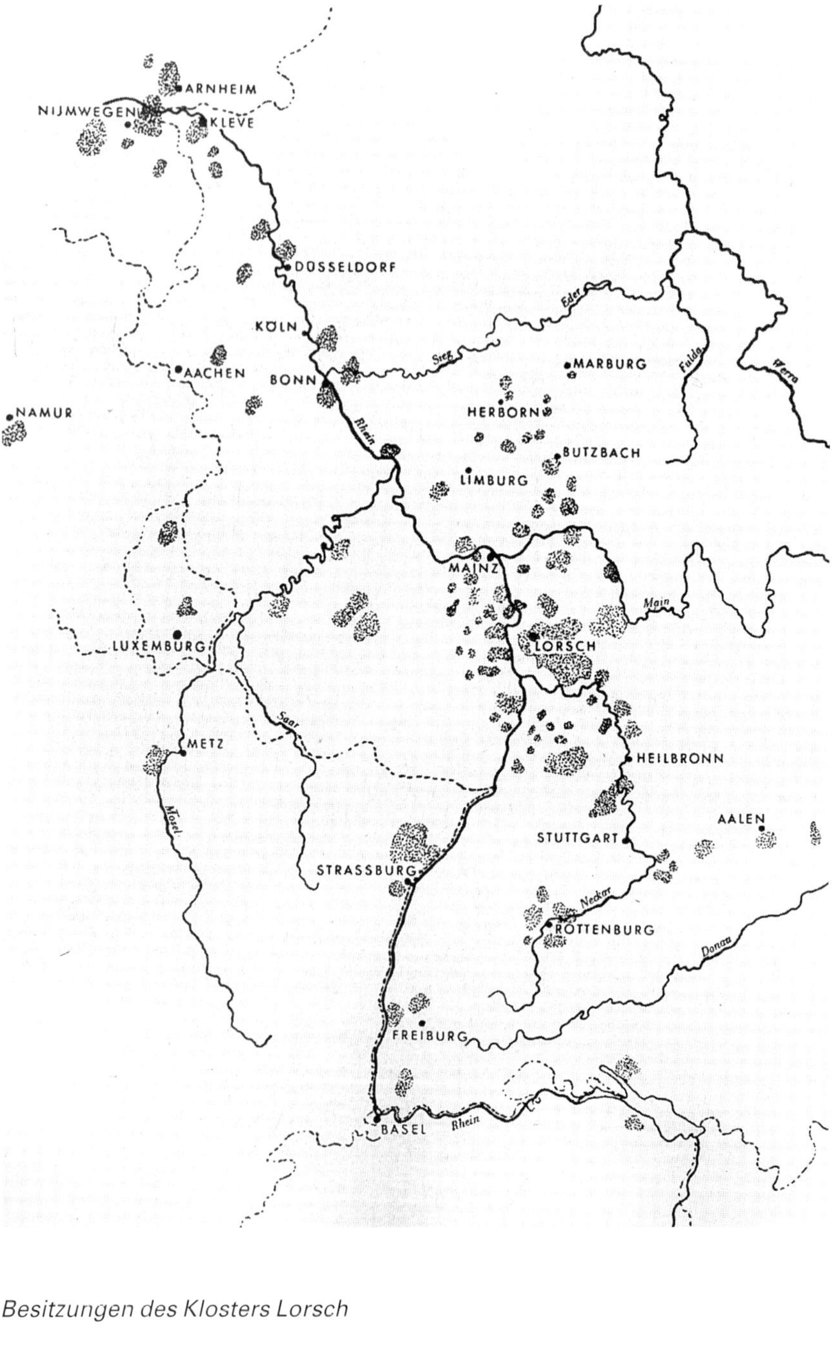

Besitzungen des Klosters Lorsch

Karolingische Königshalle in Lorsch

die Gebete der Mönche ihnen Gesundheit und Segen für ihre Güter, auf der Jagd und im Krieg, Glück auf Erden und die ewige Seligkeit bringen könnten.
Wie so eine Schenkung aussah, zeigt folgender Text:

> »Wir, Berwin und meine Frau Williswind, schenken dem Kloster Lorsch, in dem der Leib des heiligen Nazarius begraben liegt, zum Heil unserer Seelen 15 Tagwerk Ackerland in Maninheim und eine Wiese mit einem Ertrag von vier Fuhren Heu« (Schenkungsbuch des Klosters Lorsch).

Diese Eintragung ist eine der ersten urkundlichen Erwähnungen des Dorfes Mannheim, der späteren Festungsstadt. Der Besitz des Klosters erstreckte sich über das ganze westliche Deutschland, wie die Karte zeigt.
Die Zahl der Mönche vergrößerte sich rasch, so daß der zweite Abt bereits nach zwei Jahren eine große Klosteranlage erbauen mußte. 774 war der Bau beendet und wurde unter großer Prunkentfaltung geweiht. Viele vornehme Gäste nahmen an der Feier teil, unter ihnen Kaiser Karl und seine Söhne. Der Kaiser hatte bereits zwei Jahre vorher das Kloster unter seinen persönlichen Schutz gestellt. Jetzt war es Reichskloster, der Abt war ein Fürstabt.
Im 11. Jahrhundert war der Abt ein so mächtiger Reichsfürst, daß er mit zwölf Hauptvasallen (Grafen, Äbte usw., die seinem Befehl gehorchen mußten) auf dem Reichstag 1066 erschien, wobei jeder dieser Vasallen einhundert wohlgewappnete Ritter mit sich führte. Nicht einmal der Kaiser konnte mit diesem Aufzug Schritt halten. Im Laufe der Zeit wurden eine ganze Anzahl Tochterklöster errichtet, darunter auch Neuburg und Heiligenberg bei Heidelberg.
Ein wichtiger Beweis der engen Verbindung zwischen dem fränkischen Königshaus und dem Kloster ist die heute noch bestehende Königshalle aus jener Zeit.
Andere wichtige Reichsklöster in unserer Gegend waren Weißenburg (im heutigen Elsaß) und Schuttern (bei Lahr).

Zurück zu den Anfängen: Die Zisterzienser

Im 10. und 11. Jahrhundert n.Chr. waren viele Klöster reich geworden. Fürsten und Adelige hatten ihnen Gebiete geschenkt; die Mönche sollten für das Seelenheil der Spender beten. Auch freie Bauern hatten ihre Höfe aus diesem Grund den Klöstern übertragen. In einer Schrift von damals lesen wir: »Wenn heutzutage ein Mann krank wird und sich zum Sterben legt, dann denkt er weder an seine Söhne noch an seine Neffen und auch nicht an seine Vettern, sondern er ruft nach den schwarzen Mönchen des heiligen Benedikt und vermacht ihnen all sein Land, sein Einkommen, seine Backöfen und seine Mühlen.«

Klosterbau in Schönau

Der Reichtum ließ viele Äbte und Mönche die Gelübde von Armut und Keuschheit vergessen. Auch die strengen Gebetsregeln wurden nicht mehr beachtet, Prunksucht, Luxus und Wohlleben machten sich breit. Äbte und Mönche im französischen Benediktinerkloster Cluny riefen als erste zur Reform des Klosterlebens auf. Ihr Beispiel wirkte ansteckend. Auch Klöster in unserem Raum wie Hirsau, St. Georgen, St. Märgen und St. Blasien kehrten zu den alten Klosterregeln zurück. Alle Mönche versammelten sich wieder achtmal täglich zum Gottesdienst, verzichteten auf jedes Eigentum, übten strenges Stillschweigen in Kirche, Schlaf- und Speisesaal und lebten gehorsam und demütig. Aus dieser Reform (Erneuerung) des Klosterlebens entstanden neue Mönchsorden, die teilweise noch die bisherigen Regeln verschärften.

Um 1100 n.Chr. entstand als ein neuer, streng asketischer Orden der Zisterzenserorden, nach dem Kloster Citeaux bei Dijon genannt. Er sollte der größte und bekannteste Orden in Europa werden. Um die Mitte des 12. Jahrhunderts kamen Zisterzienser vom Niederrhein in die Gegend von Heidelberg, um dort ein Kloster zu bauen. In einsamer Waldgegend, wie es ihre Regel vorschrieb, begannen sie den Bau. Mönche und Laienbrüder (Konversen) arbeiteten zusammen.

Auf der Zeichnung ist der Klosterbau in Schönau (S. 33) bei Heidelberg dargestellt. Sie trägt die Unterschrift: »Die Konversen erbauten das Kloster Schönau, beseelt von frommer Liebe zum Orden.« Wir können die Bauarbeiten verfolgen. Links oben erkennen wir einen Steinbruch. Dort werden große Blöcke herausgehauen und grob zugerichtet. Auf Ochsenwagen werden sie zur Baustelle transportiert. Bärtige Konversbrüder behauen die Steine unter einem schützenden Bretterdach. Winkelmaß und Schablone (an der Wand sichtbar) helfen ihnen, den Steinen die rechte Form zu geben. Einige Brüder sind beschäftigt, einen großen Stein zu heben, andere rühren Mörtel an, zwei sind mit Material auf der Rampe unterwegs. Oben hat gerade ein Kran einen mächtigen Quaderstein emporgezogen, der nun von zwei Brüdern an seinen vorgesehenen Platz gerückt wird. Alle Bauleute tragen Klosterkleidung. Dies zeigt, daß bei diesem Bau keine Lohnarbeiter beschäftigt sind. Schon damals machte die Arbeit auf dem Bau durstig. Im Bach hängt eine Feldflasche zur Kühlung. Ein Konverse zeigt, wie man aus einer solchen Flasche trinkt. Links unten sehen wir einen Bruder, der Nachschub bringt.

Das Kloster übte damals eine starke Anziehungskraft auf die Menschen aus. Wer um Aufnahme bat, verbrachte in weltlicher Kleidung eine sechsmonatige Probezeit. Wer mit dem Leben zufrieden war und sich als nützlich erwies, wurde Novize, also eine Art Klosterlehrling, und entsprechend eingekleidet. Die Geistlichen unter den Zisterziensern trugen eine weiße Kutte, die Laienbrüderkutten waren von brauner oder grauer Farbe. Am Ende des Noviziats verzichteten Mönche wie Laienbrüder auf Eigentum. Die Laienbrüder gelobten dem Abt auch »Gehorsam im Guten bis zum Tode«. Sie waren die unentbehrlichen Helfer der Mönche, mit denen zusammen sie Wälder rodeten, Sümpfe trockenlegten, Höfe bewirtschafteten, Werkstätten und Betriebe innerhalb des Klosters versahen. Für alle galt der Grundsatz: »Zu gewissen Zeiten soll man beten, zu gewissen Zeiten arbeiten.« Streng und schlicht war ihr Leben, streng und schlicht waren auch ihre Klosterkirchen: kahle, weiße Wände, schmucklose Säulen, kein Glockenturm - nur oben ein kleiner »Dachreiter«, in dem Glocken hingen.

Die Ausbreitung des Zisterzienserordens in Deutschland war vor allem das Verdienst des berühmten Abtes Bernhard aus dem Zisterzienserkloster Clairvaux. Er stammte aus einem ritterlichen Geschlecht Burgunds. Viele erwarteten von ihm eine glänzende ritterliche Laufbahn, aber der vielversprechende junge Mann ging mit 23 Jahren in das Kloster Citeaux. Er war ein so herausragender Mönch, daß er zwei Jahre später beauftragt wurde, in der Ebene zwischen der Champagne und Hochburgund ein eigenes Kloster (Clairvaux = Lichtental) zu gründen. 38 Jahre lang wirkte er hier als Abt. Scharf griff die Auswüches des Mönchstums an:

> »Oh wie gar ferne sind wir von denen, die in den Tagen des Antonius Mönche waren! Selbst unser Ordenskleid, sonst ein Abzeichen der Demut, ist von den Mönchen unserer Zeit in ein Zeichen des Stolzes umgewandelt. Nicht im Gewand, sondern im Herzen wohnt die Religion! Wie ziehen die Äbte daher mit großem Pomp, umgeben von einer Schar adeliger Vasallen, oft sechzig und mehr - und man soll sie nicht für Väter von Klöstern, sondern für Burgherren, nicht für Seelenhirten, sondern für Landesfürsten halten. Nachschleppen lassen sie sich Tischtücher, Schüsseln, Becher, Leuchter, Teppiche - als gelte es einen Zug in weite Ferne.«

Das Bild zeigt eine Vision des heiligen Bernhard. Christus neigt sich vom Kreuz herab, um ihn zu umarmen. Ein anderer Mönch beobachtet dieses Wunder, kniet und betet Christus an. (Aus einem liturgischen Buch des Zisterzienserinnenklosters Wonnetal)

Kaisern und Päpsten, allen Großen in Welt und Kirche wurde er Berater und Seelsorger. Auf Konzilien und Reichstagen in Frankreich, Italien und Deutschland stand er im Mittelpunkt. Wo er erschien, strömte das Volk zusammen und war von der Gewalt seiner Rede hingerissen. Dabei blieb der berühmte Mann bescheiden, denn im Mittelpunkt seiner Frömmigkeit stand eine innige Christusliebe. »Wir leben im Schatten Christi... jetzt müssen wir uns an den fleischgewordenen Christus halten, seine Geheimnisse verehren, seinem Beispiel folgen und den Glauben bewahren...« .

Als Bernhard starb, war sein Kloster vielleicht das bedeutendste Europas. Es zählte siebenhundert Mönche.

Die Miniatur auf der linken Seite zeigt, wie hoch das Ansehen Bernhards auch in unserem Gebiet war. Sie stammt aus dem Frauenkloster Wonnental im Breisgau und ist um die Mitte des 14. Jahrhunderts entstanden. Wonnental war damals ein blühendes Frauenkloster

Frauenklöster im Mittelalter

In Baden-Baden, in der Nähe der markgräflichen Stammburg Hohenbaden, liegt seit über sieben Jahrhunderten das badische Hauskloster, die Zisterzienserinnenabtei Lichtenthal. Eine Maulbronner Urkunde vom 9. März 1243 erwähnt erstmals die »gottesfürchtigen Jungfrauen in Lichtenthal«. Das Kloster war von der Markgräfin von Baden gegründet worden. Im 12. und 13. Jahrhundert entstanden noch viele andere Frauenklöster. Sie sind Ausdruck einer starken religiösen Frauenbewegung in jener Zeit. Die Frauen wollten gemeinsam in Armut und Keuschheit leben, auf weltliche Güter und Ehren verzichten und sich gegenseitig im richtigen Verhalten bestärken. Der strenge Zisterzienzerorden zog viele Frauen an. Wollte ein Frauenkloster aber dem Orden angehören, mußte es die Regeln ganz übernehmen. Die Klosterfrauen waren wie die Mönche siebenmal am Tag zum gemeinsamen Stundengebet verpflichtet, was in Lichtenthal seither ununterbrochen gehalten wurde. Geistige und körperliche Arbeit sowie eine strenge Lebensweise kamen hinzu. Dies alles nah men die Frauen gerne auf sich. Ein Zeitgenosse schreibt darüber: »In der ersten Zeit wagte das weibliche Geschlecht nicht zu hoffen, sol-

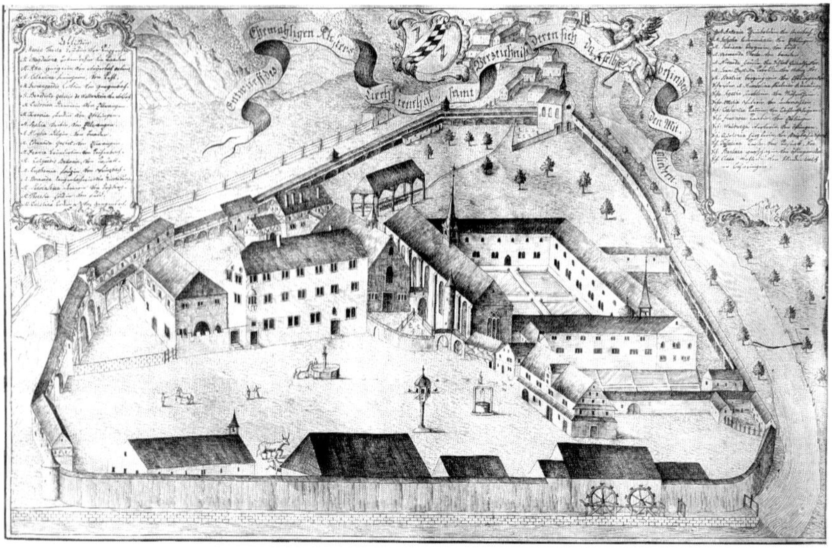

Abtei Lichtenthal (Baden-Baden) im späten Mittelalter

chen strengen Vorschriften genügen und zu diesem Gipfel der Vollkommenheit gelangen zu können. Schien doch selbst stärkeren Männern eine solche Last sehr schwer und kaum zu bewältigen, wenn Gott sie nicht stärkte. Späterhin jedoch fanden sich gottergebene Jungfrauen und heilige Frauen, die im Eifer und mit der Sehnsucht des heiligen Geistes ihre Schwachheit überwanden... Es wurden Frauenkonvente gegründet, heilige Räume gebaut, es füllten sich die Klöster, es strömten Jungfrauen zusammen, es eilten Witwen herbei und verheiratete Frauen, die mit Einwilligung ihrer Männer die Ehe in eine geistliche verwandelten. Edle und in der Welt angesehene Frauen verließen ihr irdisches Leben und zogen es vor, verachtet zu sein und die Türe zu hüten im Hause des Herrn, als zu wohnen in der Gottlosen Hütten."

Wie das Kloster Lichtenthal im späten Mittelalter wohl ausgesehen hat, zeigt die Abbildung.

Die Markgräfin Irmengard von Baden gründete das Kloster 1245. Lichtenthal ist eine der drei Abteien auf deutschem Boden, die seit ihrer Gründung bis heute ununterbrochen bestehen.

Politische Geschichte		(Badische) Kirchengeschichte	
		529	Gründung des Klosters Monte Casino durch Benedikt von Nursia; erste abendländische Mönchsregeln
		610	Kolumban am Bodensee
		612	Gallus gründet die »Gallenzelle«, das spätere Kloster St.Gallen
		724	Gründung des Klosters Reichenau
732	Sieg Karl Martells über die Araber bei Tours und Poitiers	774	Einweihung des Reichsklosters Lorsch
800	Kaiserkrönung Karls des Großen		
1077	Bußgang Kaiser Heinrichs IV. nach Canossa zu Papst Gregor VII (»Canossagang«)	11. Jhdt.	Klosterreform von Cluny; Gründung des Zisterzienserordens

3. Kapitel

Im Zeichen des Kreuzes

Aufruf zum Kreuzzug: »Gott will es!«

Im Jahr 1146 hatte der Kaiser den Reichstag nach Speyer eingeladen. Fürsten und Prälaten zogen mit großem Gefolge durch die Stadt, Ritter aus allen Teilen Deutschlands strömten zusammen.
Auf dem Domplatz drängte sich das Volk. Herolde hatten die Ankunft des Kaisers gemeldet. Sie kündigten den nahenden Fürstenzug an. Die Versammelten reckten die Köpfe, denn Kaiser Konrad erschien. Er war eine großartige Erscheinung. Über dem Panzer trug er einen dunklen Purpurmantel, und vom Helm leuchtete der goldene Kronreif. Heilrufe klangen auf, Frauen hoben ihre Kinder empor, damit sie alles sehen konnten. An des Kaisers Seite schritt ein Mönch, dessen schlichte Kutte nicht zu der prunkvollen Kleidung der anderen paßte. Trotzdem betrachteten ihn alle mit großer Ehrfurcht. Es war der berühmte Abt Bernhard von Clairvaux. Die beiden betraten das Gotteshaus. Nach Kaiser und Abt folgten die mächtigsten Fürsten des Reiches: die Herzöge von Bayern, von Sachsen und Schwaben, die Erzbischöfe von Köln, Mainz und Trier und dann die Markgrafen, Grafen, Bischöfe, Äbte und Ritter. Alles drängte in den Dom, wo der Kaiser bereits Platz genommen hatte.
In der Nähe des Altars waren Sitze für die hohen Fürsten errichtet worden. Im Kirchenschiff standen die Ritter, dahinter Kopf an Kopf die Bürger mit ihren Frauen. Bernhard von Clairvaux bestieg die Kanzel. Ein Raunen ging durch die Menge, denn der redegewaltige Mann war überall bekannt. Seine Worte wurden mit Spannung erwartet. Schon seine ersten Sätze packten die Zuhörer. Eindringlich schilderte er ihnen Gottes Liebe, den Opfertod Jesu und das Versagen der Menschen. Immer drängender wurde seine Rede. Er scheute sich nicht,

auch dem Kaiser ins Gewissen zu reden. »Was hast du, Kaiser Konrad, für die Ewigkeit getan? Was wirst du deinem Schöpfer am Jüngsten Tag auf diese Frage antworten?", rief er dem Kaiser zu. Er schilderte in mitreißenden Worten die Leiden der Pilger zum Heiligen Grab, die Übergriffe der Ungläubigen und beschwor die Fürsten und Ritter, nach Jerusalem zu ziehen, um die Pilger zu schützen. Tief ergriffen lauschte die Menge. Als der Abt geendet hatte, trat Kaiser Konrad zum Hochaltar, wo Mönche eine Fahne mit dem Zeichen des Kreuzes hielten. Er faßte den Schaft der Fahne zum Zeichen, daß er sich zum Zug in das Heilige Land verpflichtete. Ein Mönch heftete ihm ein rotes Kreuz auf die Schulter.

Der Kreuzfahrer Gottfried von Bouillon

Während dieses Vorgangs hatte tiefe Stille geherrscht. Nun brausten Jubelrufe durch den Dom. Glühende Begeisterung ergriff alle. Freunde und Feinde umarmten einander und drängten zur Kreuzesfahne, um sich zur Fahrt zu verpflichten. Herzöge, Grafen, Äbte, Ritter ließen sich das rote Kreuz auf der Schulter befestigen. Keiner schloß sich aus. Ein Ruf dröhnte immer wieder durch das Gotteshaus: »Gott will es! Gott will es!«

Ordensritter am Hochrhein

Östlich von Basel bei Rheinfelden, wo der Rhein eine Biegung (altdeutsch: bukch) macht, liegt das Schloß Beuggen.
Jahrhundertelang gehörte das Schloß dem Deutschen Ritterorden. Dieser war 1190 während des dritten Kreuzzugs vor Akko gegründet worden. Vor allem Kaufleute aus Bremen und Lübeck schlossen sich

damals zusammen und kümmerten sich um die Pflege kranker Pilger und verwundeter Kreuzfahrer. 1198 entstand aus dieser Krankenpflegestation ein Ritterorden zum Schutz der Pilger und zum Kampf gegen die Heiden. Die Mitglieder waren also Mönche und Krieger zugleich. Zunächst kämpfte der Orden im Heiligen Land mit dem Ziel, Jerusalem zurückzuerobern. Nach dem Verlust von Akko war Venedig das Zentrum des Ordens, ab 1309 die Marienburg in Ostpreußen. Ordensritter fochten in Spanien, Ungarn, und vor allem in Preußen.
Der Ritterorden gewann seine Mitglieder aus dem hohen und niederen Adel. Wer aufgenommen werden wollte, mußte unverheiratet, körperlich gesund und schuldenfrei sein. Diese Mönchsritter trugen ein weißes Ordenskleid mit dem schwarzen Kreuz auf der linken Schulter des Mantels, auf der Kappe und dem Waffenrock. Beim Eintritt in den Orden gelobten sie wie alle Mönche Besitzlosigkeit, Ehelosigkeit und Gehorsam, aber auch als Ritter die Bereitschaft zum Kampf gegen die Ungläubigen. Bald entstanden Ordenshäuser überall im Reich, das sich damals bis Burgund ausdehnte. An der Spitze des Ordens stand der Hochmeister. Das ganze Reich war in zwölf Provinzen des Ordens, sogenannte Balleien, eingeteilt, die jeweils von einem Landkomtur regiert wurden. Das Gebiet am Rhein gehörte zur Ballei Elsaß-Burgund. Jedes Ordenshaus, Konvent genannt, wurde von einem Komtur geleitet. In einem Konvent lebten neben den Ritterbrüdern auch Priesterbrüder und Laienbrüder. Die Priesterbrüder waren für das geistliche Leben verantwortlich, die Laienbrüder arbeiteten in Haus, Küche, Stall, Hof und Garten. Im Ordenshaus verbrachten die jungen Ritter ihr Noviziat, also ihre Lehrzeit, und kehrten nach Reisen und Kriegszügen auch wieder dorthin zurück. Ein solcher Konvent entstand in Beuggen.
Im Mai des Jahres 1246 schenkte der Ritter und kaiserliche Burgvogt Ulrich von Liebenberg den Fronhof in Bukain, dem heutigen Beuggen, mit Burg, Kirche und einigen Gütern in der Umgebung dem »Orden des Hospitals St. Marien vom Deutschen Hause zu Jerusalem«. So hieß der Deutsche Ritterorden ursprünglich. Schon ein Jahr später lebten in Beuggen mindestens acht Ritter und zwei Priesterbrüder. Im Zeitraum von 1230-1270 entstanden zwischen Straßburg und Bern ungefähr zwölf Ordenshäuser. Wegen seiner Lage war Beuggen zweihundert Jahre lang das wichtigste Ordenshaus der ganzen Ballei

Plünderung einer Judengasse

»Wir wissen ja, woher der Schwarze Tod kommt! Nur die Juden sind schuld. Sie vergiften unsere Brunnen", brüllte einer. Viele stimmten zu. Die schlimme Krankheit forderte unter den Juden viel weniger Opfer wegen ihren häufigen Waschungen. Andere hatten gehört, die Juden hätten Abendmahlskelche geraubt und Hostien durchbohrt. Immer wilder wurde das Geschrei. Bald wälzte sich ein tobender Haufen zur Judengasse. Furchtbare Drohungen schallten an den schmalen Häusern empor. Ängstlich hörten die Bewohner, was man ihnen antun wollte. Die Juden wurden in ihrem Stadtteil eingesperrt. Noch einmal zog das Volk ab, aber die Erregung blieb.

Am nächsten Tag - einem Samstag - hieß es: Christliches Kind im Judenviertel ermordet! Jetzt gab es kein Halten mehr. Eine große Schar von aufgebrachten Männern und Frauen stürmte die Judengasse. Vergeblich versuchten die Stadtknechte, sie aufzuhalten. Lanzen, Schwerter, aber auch Dreschflegel und Heugabeln wurden geschwungen. Die aufgehetzten Menschen schlugen die Türen ein, zerrten die Bewohner heraus, mißhandelten sie und trieben sie zusammen. Der Pöbel plünderte die Häuser. Schimpfend und grölend trieb die Menge die Juden zum Judenfriedhof. Mönche stellten sich dem rasenden Haufen in den Weg und wollten die Juden retten. Sie wurden beiseitegestoßen, teilweise sogar niedergeschlagen. Auf dem Judenfriedhof war ein gewaltiges hölzernes Gerüst errichtet. Dort hinein trieb man die armen Menschen. Das Gerüst wurde angezündet. Bald brannte das Holz lichterloh. Eine Chronik berichtet: »...an deme fritage ving man die Juden, an deme samestage brante man die Juden, der worent wol uffe zwei tusent alse man abtete . . .«

Judenverfolgung am Oberrhein 1348 - 1350

Heidelberg	1349 vor Ende des Jahres			
Freiburg i.Br. (Gefangensetzung)	1349	Jan	1	Donnerstag
Konstanz (Gefangensetzung)	1349	Jan	4	Sonntag
Meßkirch	1349	Jan	21	Mittwoch
Freiburg i. Br. (Verbrennung)	1349	Jan	30	Freitag
Überlingen	1349	Jan	30	Mittwoch
Straßburg	1349	Feb	14	Samstag
Konstanz (Verbrennung)	1349	März	18	Mittwoch
Bruchsal	nach 1349	April	1	
Radolfzell	1349	April	30	Donnerstag
Konstanz (Verbrennung)	1349	Sept	10	Donnerstag

»In Gottes Namen fahren wir...«

Wallfahrt im Mittelalter

»In Gottes Namen fahren wir, seiner Gnad begehren wir«: so beginnt ein Lied des Mittelalters. Es wurde auf Wallfahrten gesungen. Die Menschen machten sich auf den Weg, um an sogenannten Wallfahrtsorten zu beten, von Krankheiten geheilt zu werden, für begangene Straftaten zu büßen und so mit Gott versöhnt zu werden. Zu Fuß oder zu Pferde, manchmal auch auf Ochsenkarren, reisten sie zu diesen Stätten. Diese wurden als heilige Orte angesehen, an denen sich Wunder ereigneten oder Menschen Erscheinungen hatten. Es konnten aber auch Plätze sein, an denen besonders fromme Menschen gelebt hatten oder sogar um ihres Glaubens willen getötet worden waren. An solchen Orten bewahrte man ihre Reliquien auf.
Die Wallfahrer kannte man an der üblichen Pilgertracht, bestehend

»Von dem harten Weg«. Holzschnitt von 1520. Auf den harten Weg deuten auch das Sühnekreuz und der Invalide, der mühsam auf seine Krücke gestützt, dahinhumpelt.

aus Hut, Stab, Tasche und weitem Mantel. Meist trugen sie an der aufgeschlagenen Krempe des Pilgerhutes ein Pilgerzeichen.

Die Pilgertracht half den Menschen, die beschwerliche und gefahrvolle Reise auf bestimmten Pilgerrouten durchzuführen. Pilger hatten Anspruch darauf, nicht in Kämpfe hineingezogen zu werden, von Weg- und Brückenzöllen befreit zu sein und in Gästehäusern der Mönchsorden freie Unterkunft und Verpflegung zu erhalten. Solche Wallfahrten oder Pilgerreisen dauerten Wochen und Monate, manchmal sogar Jahre.

Die ersten christlichen Wallfahrten gab es schon im 2. Jahrhundert n. Chr. zu den Gräbern der Apostel in Rom. In der Folgezeit führten große Wallfahrten nach Jerusalem zum Heiligen Grab, nach Rom oder nach dem nordspanischen Santiago di Compostela. Kleinere Wallfahrten führten zu Orten in der näheren oder weiteren Umgebung. Einer der bekanntesten Wallfahrtsorte in unserem Land ist Walldürn.

Das Blutwunder von Walldürn

An diesem Ort soll sich vor langer Zeit folgendes ereignet haben: In der Pfarrkirche St. Georg las ein Priester namens Heinrich Otto die Messe und stieß dabei aus Versehen den Kelch mit dem bereits geweihten Wein um. Auf dem darunterliegenden Kelchtuch erschien daraufhin das Bild des Gekreuzigten, umgeben von mehreren Christushäuptern mit der Dornenkrone. Der Priester versteckte das Tuch hinter einem Stein des Altars. Als er auf dem Sterbebett lag, erzählte er, von Gewissensbissen gequält, doch noch von dem Wunder. Man holte das Tuch hervor und fand seinen Bericht bestätigt. Die Nachricht davon verbreitete sich schnell, und bald zogen die ersten Pilger nach Walldürn, wo sie weitere Wunder erlebten. Die Sache wurde nach Rom berichtet und im Auftrag des Papstes untersucht. Am 31. März 1445 verkündete Papst Eugen, »daß die Pfarrkirche des Märtyrers St. Georg in der Stadt Walldürn... in Ehren gehalten werde; und daß sodann die Christgläubigen, vornehmlich aus dieser Ursache, weil alldar das wunderwerkliche Blut Christi in einem Corporale (Tuch unter dem Abendmahlskelch) in der Form und Gestalt, in welcher Christus an dem Holze des gnadenreichen Kreuzes gehangen, ... erscheint, sich mit besonderer Andacht benehme«. Im weiteren rief der Papst zu einer Wallfahrt für den achten Tag nach Fronleichnam auf, die den Gläubigen einen Ablaß gewähren sollte. Der Papst erkannte also das Blutwunder an und forderte in der Urkunde die Gläubigen auf, das »Heilige Blut in Walldürn« zu verehren. Auch heute noch gehen viele Katholiken auf Wallfahrt nach Walldürn.

Andachtsbild von Walldürn

Kurfürst Ruprecht und die Universität Heidelberg

Er war nicht zimperlich, der alte Kurfürst Ruprecht I. von der Pfalz. Die Truppen der Städte Worms, Mainz, Speyer und Straßburg hatten kurpfälzische Orte geplündert und zerstört. Ruprecht besiegte die Städter und nahm dreihundert gefangen. Unter den Gefangenen konnten seine Leute sechzig besonders grausame Plünderer und Brandschatzer ausmachen. Ruprecht ließ sie in einen brennenden Kalkofen werfen. Dabei soll er gesagt haben: »Ihr habt bei Nacht und Nebel meine armen Leute mit Feuer und Brand verheert, so will ich euch bei hellem Tage in den Rauch schicken.«

Derselbe Mann nahm aber die Juden in Schutz, als sie aus den rheinischen Städten vertrieben wurden, und siedelte sie in Heidelberg an. Er war ein Fürst, der sehr für sein Land sorgte, und seine Zeitgenossen rühmten ihn als frommen Mann. Im Jahr 1386 verwirklichte er einen langgehegten Plan. Er gründete eine Universität, nach Prag und Wien die dritte im deutschsprachigen Raum. Ruprecht hatte kluge Ratgeber, die ihn darauf hinwiesen, wie wichtig eine Universität für sein Land und besonders für seine Hauptstadt war. In seiner Jugend war er mit Kaiser Karl IV. befreundet gewesen, der die Prager Universität gegründet hatte. Die alte kirchliche, in den Klöstern gelehrte Wissenschaft hatte an Bedeutung verloren. So setzte die Kirche mehr und mehr auf die Universitäten als wichtige Bildungsstätten. In Italien und Frankreich gab es sie schon länger. Jede Universitätsgründung mußte vom Papst genehmigt werden, denn die Professoren waren Geistliche und wurden von der Kirche bezahlt.

Kirchenpolitisch war die Gelegenheit günstig. Zu dieser Zeit gab es zwei Päpste, einen in Rom und einen in Avignon. Jeder hatte Anhänger und Gegner. Eine Reihe von Professoren, aber auch Studenten, wollten die Pariser Universität verlassen, weil sie den französischen Papst nicht anerkannten. Ruprecht wandte sich an den Papst in Rom. Am 23. Oktober 1385 erteilte dieser die Erlaubnis zur Gründung der Universität in Heidelberg nach dem Vorbild der Pariser Sorbonne. Die Vorbereitungen zogen sich noch eine Weile hin. Gebäude mußten gefunden und die Satzungen der Universität ausgearbeitet werden. Endlich wurde die Gründung am 18. Oktober 1386 mit einem feierlichen Gottesdienst in der Heiliggeistkirche vollzogen. Am nächsten

»Hohe Schul zu Heydelberg«. Holzschnitt v. Sebastian Münster

Tag begannen die Vorlesungen in Theologie und in den sogenannten sieben freien Künsten. Zu ihnen gehörten u.a. Grammatik, Geometrie, Musik und Astronomie. Sie bildeten die Vorstufe zum eigentlichen Studium. Bald kam die Rechtswissenschaft hinzu, wenige Jahre später die Medizin. Im Winter 1386/87 zählte die Universität schon 450 Studenten.

Politische Geschichte		(Badische) Kirchengeschichte	
		1095	Papst Urban II.ruft zum Kreuzzug auf
1096–99	Erster Kreuzzug; Eroberung Jerusalems durch das Kreuzfahrerheer		
		1146	Bernhard von Clairvaux auf dem Reichstag zu Speyer
1187	Sieg Saladins über die Kreuzritter; Verlust Jerusalems		
1190	Kaiser Friedrich Barbarossa ertrinkt auf dem dritten Kreuzzug		
		1198	Gründung des Deutschritterordens in Akko
		1246	Komturei Beuggen gegründet
1348/49	Pestepidemien in Europa; Judenverfolgungen am Oberrhein		
		14. Jhdt.	Geißlerzüge

4. Kapitel

Kirche braucht Erneuerung

Die geteilte Christenheit

Anfang des 15. Jahrhunderts stritten sich zwei Päpste um die Leitung der Kirche: Gregor XII. hatte seinen Sitz in Rom, Benedikt XIII. in Avignon. In vielen Bistümern gab es auch zwei Bischöfe, jeder von einem Papst eingesetzt. Jeder Bischof bestellte wieder Leute seiner Richtung zu Priestern und belegte die Gegner mit dem Kirchenbann. Die Gläubigen wußten nicht mehr, wer nun ihr ordentlicher Pfarrer war und wer nicht.
Mit der Zeit sahen viele Kardinäle ein, daß dieser Zustand der Kirche ungeheuer schadete. Sie versammelten sich zu einem Konzil in Pisa und setzten die beiden Päpste ab. Gleichzeitig wählten sie einen neuen Papst, der sich Johannes XXIII. nannte. Dieses Vorgehen machte aber das Durcheinander noch viel schlimmer. Die beiden Päpste dachten gar nicht daran, sich absetzen zu lassen. So gab es nun drei Päpste, die eigene Kardinäle ernannten und einander in den Bann taten. Schließlich wandte sich Johannes an den deutschen König Sigmund und bat ihn, die beiden anderen Päpste auszuschalten. Der König erklärte jedoch, die Einigung der Kirche könne nur durch ein allgemeines Konzil herbeigeführt werden. Als Tagungsort schlug er Konstanz am Bodensee vor.
Im Herbst 1414 zogen aus allen Ländern Fürsten und Bischöfe, Äbte, Prälaten und Doktoren nach Konstanz. Den hohen Herrschaften folgte oft ein ganzes Heer von Dienern, Kriegsleuten, Schreibern, Stallknechten und Köchen mit Pferden und Wagen. So kamen z.B. der Herzog von Bayern mit 460 Pferden, der Erzbischof von Mainz mit 600 Pferden. In der Konstanzer Chronik werden als ständige Gäste während des Konzils z.B. 39 Kardinäle, 47 Erzbischöfe, 730 Bischöfe

Konzilsgebäude in Konstanz

und Äbte sowie 36 Herzöge genannt. Die großen und kleinen Herren hatten alle ihre Gefolgsleute und Diener bei sich. Man nimmt an, daß die Stadt während des Konzils ungefähr 15.000 Dauergäste beherbergen mußte. Ab 5. November wurde das Konzil mit einem von Papst Johannes XXIII. gesungenen Hochamt feierlich eröffnet. Es sollte in drei Richtungen arbeiten: Die Einheit der Kirche wiederherstellen, Reformen beschließen und falsche Glaubenssätze verwerfen. Bei der Glaubensfrage ging es besonders um Jan Hus.

Der Prozeß gegen Hus

Jan Hus war seit 1402 Prediger an der Prager Bethlehemskapelle. Er hatte eine ganz bestimmte Vorstellung, wie die Kirche nach den Lehren Jesu Christi aussehen sollte. Es sollte eine dienende Kirche sein. Die Geistlichen sollten entsprechend leben, Papsttum und Heiligenverehrung sowie das Ablaßwesen sollten abgeschafft werden. Hus hielt seine Predigten in tschechischer Sprache. Darin griff er auch heftig Priester und Bischöfe wegen ihres Lebenswandels an. Schließlich verbot ihm der Erzbischof von Prag das Predigen. Hus und seine Freunde wandten sich an den neuen Papst, Johannes XXIII., und nannten die Verfügung des Erzbischofs eine Beleidigung für Böhmen. Der Papst stellte sich auf die Seite des Erzbischofs. Darauf ließ dieser Hus und seine Freunde mit dem Bann belegen. Beide Seiten hatten Anhänger in Prag, so daß es zu größeren Zusammenstößen kam. Hus wollte nun, daß ein Konzil über seine Lehre entschied. König Sigmund wünschte, daß Hus selbst seine Lehre auf dem Konzil in Konstanz vertreten sollte. Er schickte daher zwei böhmische Edelleute, die ihm sicheres Geleit versprechen sollten. Hus' Freunde rieten von der Reise ab. Hus hoffte aber, das Konzil von der Richtigkeit seiner Meinung überzeugen zu können. Er schrieb an den König, er werde unter dessen Schutz nach Konstanz kommen. Anfang November traf er dort ein. Vier Wochen später war er schon verhaftet, was zu heftigen Protesten des böhmischen Adels führte. Der König fühlte sich gegenüber einem Ketzer nicht an sein Wort gebunden und übergab Hus dem Bischof von Konstanz. Dieser ließ ihn auf seine Burg Gottlieben bringen. Zweieinhalb Monate blieb er dort in Gefangenschaft. Im ganzen dauerte es ein halbes Jahr, bis Hus öffentlich vor dem Konzil gehört wurde.

Ab 5. Juni 1415 war es endlich soweit. Im Franziskanerkloster in Konstanz stand Hus vor den geistlichen und weltlichen Fürsten. Man zeigte ihm seine Bücher und fragte ihn, ob er sie selbst geschrieben habe. Er prüfte sie genau. Dann erklärte er, die Bücher seien echt. Wenn er darin Irrtümer begangen habe, so wolle er sie verbessern. Daraufhin wurden ihm die Anklagepunkte vorgelesen. Hus wollte nach jedem Punkt sofort diskutieren. Dies wurde abgelehnt. Er sollte auf jeden Punkt mit Ja oder Nein antworten. Seine Freunde waren darüber empört, seine Gegner stimmten eifrig zu. So erhob sich ein großes Geschrei. Zuletzt rief Hus aus: »Ich habe gedacht, mehr Verstand und Güte in diesem Konzil zu finden.« Darauf entgegnete der Kardinal, der den Vorsitz führte. »Redest du so? In der Burg Gottlieben hast du eine bescheidenere Sprache geführt.« Hus meinte: »Dort hat niemand auf mich eingeschrieen, während hier alle zugleich schreien.«

Am übernächsten Tag fand das zweite Verhör statt. Hier ging es

Hus wird verbrannt

maßvoller und sachlicher zu, aber keiner konnte den anderen überzeugen. Ein Kardinal riet Hus, sich dem Konzil zu unterwerfen. Dann würde es gnädig gegen ihn sein. König Sigmund griff nun ein und erklärte Hus: Er habe ihm nur das freie Geleit gegeben, damit Hus hier öffentlich Gehör erhalte. Dies sei geschehen; das Konzil habe ihm nun öffentlich, friedlich und anständig Gehör gegeben. Wenn er an seinen Behauptungen festhalte, dann würde er als Ketzer behandelt. Hus antwortete: »Ich bin nicht gekommen, um etwas hartnäckig zu verteidigen. Ich will demütig verbessern, wenn ich über einen Irrtum belehrt werde.« Dann wurde er in sein Gefängnis zurückgeführt.

Gleich am nächsten Tag fand das dritte und entscheidende Verhör statt. Hus lehnte es ab, seine Ansichten zu widerrufen, wenn er nicht aus der Heiligen Schrift eines Besseren belehrt würde. Schließlich wurde er wieder zurückgeführt und die Sitzung beendet. Das Urteil stand fest.

Am Samstag, dem 6. Juli, war das Münster bis auf den letzten Platz besetzt. Nach Beendigung des Hochamtes wurde Hus in die Kirche geführt und auf ein Podium in der Mitte des Münsters gestellt. Nach einer Predigt über die Ausrottung der Ketzer wurden Anklagepunkte gegen Hus verlesen. Vergeblich versuchte Hus, noch einmal seine

Ansicht zu vertreten und die Dinge richtigzustellen. Man brachte ihn zum Schweigen. Schließlich wurde das Urteil gesprochen: Man stieß ihn aus der Kirche aus und übergab ihn dem weltlichen Gericht. Dann wurde er in Priesterkleider gehüllt und nochmals feierlich zum Widerruf aufgefordert. Hus rief weinend: »Ich fürchte mich, dies zu tun, da ich sonst im Angesicht Gottes lügen und die Wahrheit verletzen muß.« Daraufhin zog man ihm die Priestergewänder aus und setzte ihm eine papierne Spottmütze auf mit der Aufschrift: Dieser ist ein Erzketzer. Hus ließ alles unter Gebet über sich ergehen. Dann wurde er dem König als dem weltlichen Gerichtsherrn übergeben. Dieser sprach zu Kurfürst Ludwig von der Pfalz: »Da ich der bin, der das weltliche Schwert innehat: Lieber Oheim, Kurfürst des Heiligen Römischen Reiches und unser Erztruchseß, so nehmt ihn an unser statt und tut mit ihm als einem Ketzer.« Im Auftrag des Kurfürsten führte ihn der Reichsvogt von Konstanz mit den Ratsknechten und Scharfrichtern aus der Stadt hinaus auf die Richtstätte. Dort war bereits Holz und Stroh aufgeschichtet. Hus rief knieend: »Jesus Christus, Sohn Gottes, erbarme dich meiner!« Dann wollte er noch den Umstehenden predigen, aber der Pfalzgraf verhinderte es. Den Ruf nach dem Erbarmen Jesu wiederholte Hus, bis Rauch und Flammen ihn erstickten.

Ein Bußkreuz gibt Fragen auf

Raunen durchzieht die Heiliggeistkirche in Heidelberg, Frauen bekreuzigen sich, Kinder wollen wispernd wissen, was für ein seltsamer Mann das ist, der mit gesenktem Kopf und barfuß langsam zum Altar schreitet. Es ist schon der zweite Sonntag, an dem dieser friedlich und unschuldig dreinblickende Mann in seinem grobgewebten Gewand aus sackartigem Stoff mitten durch die Menge der Kirchenbesucher geht und vor dem Priester niederkniet, der ihn mit Weihwasser besprengt. Man kann ihn nicht übersehen; denn auch auf den Straßen in Heidelberg läuft er mit diesem Gewand herum, dessen einziger Schmuck zwei große, blaue Kreuze sind, eines auf der Brust, eines auf dem Rücken.
»Borchard heißt er, Martin Borchard», flüstert eine Mutter ihrem neugierig fragenden Söhnchen zu und bekreuzigt sich wieder. Und weil

sie jetzt keine langen Erklärungen abgeben will, fügt sie gleich hinzu: »Nachher erzähl' ich dir die ganze Geschichte!«
Kaum hat der Priester den Segen gesprochen und die Menge auf den Heimweg entlassen, erinnert der Junge seine Mutter an ihr Versprechen: »Was ist das für ein Mann, dieser Martin Borchard? Warum läuft er mit diesem dünnen, häßlichen Gewand mit den blauen Kreuzen herum, mitten im Februar, wo es kalt ist?«
»Uns allen zur Warnung», erklärt die Mutter. »Wovor soll der uns warnen?», will der Kleine weiter wissen. »Er soll uns warnen, daß wir nicht den richtigen Glauben verlieren und falsche Lehren verbreiten.«
»Und das hat der gemacht?«
»Er eigentlich nichts; er war nur der Diener jenes Johannes Drändorf, der vor einer Woche draußen, vor dem Bergheimer Tor verbrannt wurde. Dieser Borchard ist ein einfacher Mann. Er hat Weber gelernt; er ist viel zu einfältig, um Irrlehren zu erdenken; aber er hat Briefe für diesen Drändorf nach Heilbronn und Weinsberg gebracht, in denen die Bürger dieser Städte zum Ungehorsam gegen die Fürsten und Bischöfe aufgerufen wurden. Jetzt muß er büßen, damit er so etwas nicht wieder tut und alle, die ihn sehen, sich an die Ordnung der Kirche halten.« »Und wie ist dieser Drändorf auf diese Ideen gekommen?« »Ach, das hat dieser Hus erfunden, den man vor genau zehn Jahren in Konstanz verbrannt hat; aber so ist das mit diesen Unruhestiftern: einen schlägt man tot, dafür stehen zehn andere auf.«
»Und warum ist das so schlimm, was dieser Hus und dieser Drändorf gelehrt haben?« »Niemand weiß, was richtig und falsch ist, und das ist schlimm genug! Sie lassen nichts gelten, wie es ist, sondern nur, was in der Bibel geschrieben steht. Aber die können nur ein paar Gelehrte lesen, weil sie lateinisch geschrieben ist. Hus stellt sich über die Bischöfe und kritisiert sie nach der Bibel. Aber worauf soll sich denn unsereiner verlassen, wenn man die Bibel nicht lesen kann und das Wort des Bischofs nichts mehr gilt? Wer soll uns von unseren Sünden lossprechen, wenn er lehrt, alle, die nicht arm sind wie die ersten Apostel, sind keine rechten Priester und Bischöfe? Wer kann denn noch selig werden, wenn er lehrt, eine Messe, bei der die Gläubigen nicht aus dem Kelch trinken dürfen, ist keine Kommunion mit dem Herrn? Wem kann man noch etwas glauben, wenn er lehrt, der Herr habe verboten zu schwören?«

»Und deshalb hat man den Hus und den Drändorf verbrannt?», zweifelte der Junge nachdenklich, »hätte man sie nicht überzeugen können, daß sie irren?« »Das ist nicht so einfach; die antworten auf alles, was man ihnen vorhält, immer wieder: 'aber die Bibel sagt!' Als ob das Wort der Bischöfe weniger wert wäre! Und damit stiften sie Aufruhr, weil es viele gibt, die durch solche Lehren verleitet werden, den Fürsten und Bischöfen überhaupt nicht mehr zu gehorchen, sondern nur noch diesen Wanderpredigern.«
»Und wenn sie doch recht hätten?« »Bub, sag das nicht laut, damit's niemand hört! Willst du auch wie dieser Martin Borchard drei Monate lang mit dem Bußkreuz durch Heidelberg laufen oder gar wie dieser Johannes Hus oder der Johannes Drändorf öffentlich bei lebendigem Leibe verbrannt werden?«
Johannes Drändorf wurde 1390 in der Markgrafschaft Meißen geboren. Er stammte aus einem Rittergeschlecht, war aber von Jugend an mit bürgerlichen Altersgenossen seiner Heimatstadt befreundet. Durch Einflüsse von Waldenserpredigern begeisterte er sich für das Ideal der »Armut Christi« und wollte Priester werden. Seine Studien führten ihn nach Prag und Dresden. 1417 wurde er in Prag zum Priester geweiht. 1424 zog er mit seinem Diener, dem aus seiner Heimatstadt stammenden Weber Martin Borchard von Böhmen ins Fränkische und an den Oberrhein. Er siedelte sich vorübergehend in Speyer an und nahm von hier aus Verbindung mit den Städten Heilbronn und Weinsberg auf, indem er sie in ihrem Kampf um Selbständigkeit zunächst schriftlich beriet. Als er sie schließlich persönlich besuchte, wurde er im Januar 1525 verhaftet und am 4. Februar in den Kerker im Heidelberger Schloß überführt. Am 13. Februar wurde der Prozeß eröffnet, am 17. erfolgte die Verbrennung auf dem Schindwasen an der heutigen Bergheimer Straße in Heidelberg (Straßenbahndepot).

Das Ende der Kirchenspaltung

Im Prozeß gegen Hus war sich das Konzil schnell einig gewesen; anders sah es bei der Frage nach dem rechten Oberhaupt der Christenheit aus. Wer sollte Papst sein? Die Spanier hielten zu ihrem Landsmann Benedikt XIII., die Italiener zu Johannes XXIII., von den

Deutschen viele zu Gregor XII. Dieser zeigte sich als der Vernünftigste der drei Päpste. Er war bereit zurückzutreten und den Weg für eine Neuwahl freizumachen, wenn die beiden anderen ebenso handeln würden. Nach einigem Druck erklärte sich auch Johannes XXIII. dazu bereit. Nun sollte mit Benedikt verhandelt werden. Sigmund selbst wollte die Verhandlungen führen. Mitten in die Vorbereitungen hinein platzte aber die Nachricht: Papst Johannes ist heimlich aus der Stadt geflohen. In der Kleidung eines Bogenschützen hatte er die Stadt verlassen und war den Rhein hinunter nach Schaffhausen gefahren.
Dort befahl er allen kirchlichen Würdenträgern, bei Strafe des Kirchenbanns Konstanz zu verlassen und sich bei ihm einzufinden. Das Konzil beschloß jedoch, beisammenzubleiben und notfalls ohne den Papst zu tagen. Sigmund selbst rüstete zu einem Kriegszug gegen Schaffhausen. Daraufhin floh der Papst nach Breisach am Rhein. Dort erreichte ihn eine Gesandtschaft des Konzils, die ihn zu einer freiwilligen Rückkehr nach Konstanz bewegen wollte.
Der Herzog von Österreich hatte dem Papst zur Flucht verholfen. König Sigmund sprach die Reichsacht über ihn aus. Als der Herzog merkte, daß seine Feinde über seine Länder herfielen, betrachtete er den Papst als Pfand. Er dachte: Übergebe ich den Papst dem König, kann ich vielleicht auf Gnade rechnen. So führte er Johannes nach Radolfzell, hielt ihn zuerst in einem Gasthaus fest und brachte ihn dann in einen festen Turm, wo er von Söldnern des Königs bewacht wurde. Nun willigte der Papst in seine Abdankung ein. Er wurde in die bischöfliche Burg Gottlieben gebracht, von dort durch den Pfalzgrafen in die Burg Mannheim. Hier mußte der Unglückliche in scharfer Haft vier Jahre zubringen. Erst im April 1419 wurde er wieder freigelassen.
Der zweite Papst, Gregor XII., dankte feierlich ab. Jetzt ging es noch um Benedikt XIII. Dieser ging nach Spanien und protestierte gegen das Konzil, indem er den Kirchenbann über alle verhängte, die seine Absetzung verlangten. Aber seine Anhänger verließen ihn. In einem feierlichen Gottesdienst wurde der Papst für abgesetzt erklärt. Dieser Erklärung des Konzils stimmten die wichtigsten Fürsten in Europa zu. Damit konnte ein neuer Papst gewählt und die kirchliche Einheit wiederhergestellt werden.
Inzwischen stellten aber viele Teilnehmer die Frage: Wann werden die

notwendigen Reformen in der Kirche behandelt? Es ging vor allem um die Regelung der päpstlichen Einkünfte, um die Stellung der Kardinäle und die Art und Weise, wie kirchliche Ämter vergeben werden sollten. In langen Verhandlungen stellte man ein Programm von achtzehn Punkten auf, welches allerdings erst auf weiteren Konzilien zu bearbeiten war.

Immerhin gelang es, sieben Reformerlasse zu verabschieden, darunter Bestimmungen über das Leben und die Tracht der Geistlichen, Aufhebung von übermäßigen Steuern kirchlicher Grundbesitzer, Beschränkung des päpstlichen Zehntrechtes usw.

Schließlich drängte alles auf eine Papstwahl. Im Kaufhaus zu Konstanz fand die Wahl statt. Gewählt wurde der Kardinal Colonna, der sich Martin V. nannte. Die Christenheit hatte wieder ein allgemein anerkanntes Oberhaupt.

Auf dem Konzil war es neben den kirchlichen Fragen auch um wichtige Probleme des Reiches gegangen. So wurde der Nürnberger Burggraf Friedrich von Hohenzollern mit der Mark Brandenburg belehnt, der Streit des Königs mit dem Herzog von Österreich nach einigem Hin und Her beigelegt.

Am 22. April 1418 fand in Anwesenheit von König und Papst die letzte Sitzung statt. Der Papst erklärte feierlich seine Zustimmung zu allen Beschlüssen des Konzils. König Sigmund dankte der Versammlung für ihre Arbeit. Damit war das Konzil beendet. Seine wichtigste Aufgabe, die Einheit der Kirche wiederherzustellen, hatte es gelöst. Die fast ebenso wichtige, die Kirche zu erneuern, hatte es zaghaft begonnen. Der Prozeß gegen Hus verdunkelte allerdings die Erinnerung an diese großen Kirchenversammlung.

Totentanz und Sterbekunst

Gevatter Tod lacht. Hüpfend geigt er einen Reigen und damit einem Musikanten das Sterbelied. Nach Meinung des Malers heißt es so:

> Mit deiner schallmeyen thue jetz schweigen
> ein hopper tantz dir ich will geigen
> ja unser spill wär gar nit gantz
> wan du nit wärest bey unserem tantz

Totentanz

Das Bild mit diesem Text befindet sich in der Beinhauskapelle von Bleibach im Breisgau. Ähnliche Bilder gab es seit dem 14. und 15. Jahrhundert in Kirchen und Klöstern, in Kapellen und auf Friedhofsmauern, aber auch in vielen Büchern. Auf allen sieht man das Totengerippe tanzend, singend und spielend, wie es seine Opfer mitzieht. Ihnen bleibt keine Zeit zur Klage. Besonders berühmt war die Bilderreihe von Basel. Sie umfaßte 39 Bilder auf einer Klostermauer. Diese wurde zwar durch Brand zerstört, aber der bekannte Künstler Matthäus Merian hat die Bilder in Kupferstichen festgehalten. Vom Papst zum Kaiser, vom Kaiser zum König, vom König zur Jungfrau und zum Kind eilt der Tod. Dem Kardinal entreißt er den Hut, zieht die Äbtissin wegen ihres Umfangs auf und verneigt sich spöttisch vor der Jungfrau. Alle zwingt er zum Tanz, zum »Totentanz«, wie man diese Bilder nennt. Sie entstanden in der Zeit der großen Pestepidemien, die in mehreren Wellen ganz Europa heimsuchten und Dörfer und

Städte entvölkerten. So wurde Heidelberg mindestens 14 mal von der Pest heimgesucht. Von einer Pestwelle in Basel wird berichtet, daß man täglich ungefähr 300 Tote gezählt habe. Diese Epidemien zeigten den Menschen immer wieder sehr eindringlich, wie vergänglich menschliches Leben ist. Die Totentanzbilder wollten daran erinnern, riefen zu Buße und Umkehr auf und wiesen die Menschen darauf hin, daß der Tod alle gleichmacht. Er zwingt arm und reich, jung und alt, schön und häßlich in seinen Reigen.
Allerdings gingen die Menschen des Mittelalters viel selbstverständlicher mit dem Tod um als wir heute. Bis ins 18. Jahrhundert war der Friedhof ein Ort der Geselligkeit, wo religiöse und weltanschauliche Versammlungen abgehalten wurden. Manchmal war er auch einfach ein Treffpunkt zur Unterhaltung. Dort gab es lärmende Händler und kleine Verkaufsbuden. Wer nicht plötzlich starb, bereitete sich auf den Tod vor. Sterbebüchlein unterwiesen die Menschen in der »Ars moriendi», der »Kunst des Sterbens«. Darin war beschrieben, wie sich der Sterbende verhalten sollte, aber auch, was die Angehörigen zu tun hatten. Sie umstanden den Sterbenden und hörten seine letzten Anordnungen. Ein Priester erteilte die Absolution. Die Sterbestunde galt als Prüfung für das ewige Leben.

Politische Geschichte		**(Badische) Kirchengeschichte**	
1356	Goldene Bulle: Kaiserwahl durch die Kurfürsten ohne päpstliche Bestätigung		
		1386	Gründung der Universität Heidelberg
1409	Konzil von Pisa; drei Päpste		
1414–18	Konzil von Konstanz	1415	Hus wird als Ketzer verbrannt
		1445	Papst bestätigt Walldürn als Wallfahrtsort

5. Kapitel

Am Vorabend der Reformation

Bissige Kritik an der Kirche

»man find't jetzt viele junge Pfaffen,
die soviel können wie die Affen,
und nehmen doch Seelsorg auf sich,
doch man kaum einem vertraut ein Viech.
Wissen soviel vom Kirch' Regieren
als Müllers Esel vom Komponieren.«

Diese Verse stammen aus dem »Narrenschiff», einem Gedicht, in dem an 112 verschiedenen Narrengestalten die Zustände jener Zeit kritisiert werden. Es erschien 1494 in Basel. Sein Verfasser war Sebastian Brant. Er machte damit seinem Ärger über die Zustände in der Kirche Luft.

Brant gehörte zur führenden Schicht des Bürgertums. Er stammte aus Straßburg, studierte in Basel Rechtswissenschaft und wurde dort auch Professor. Um 1500 wurde er von seiner Heimatstadt Straßburg zum Kanzler berufen. Kaiser Maximilian machte ihn zum Mitglied des kaiserlichen Hofgerichts in Speyer.

Brants Reime sind zwar holprig, aber sein »Narrenschiff« wurde massenhaft gedruckt. Er stellt spöttisch dar, was seine Zeitgenossen an den Zuständen in Kirche und Gesellschaft bedrückt. Schuld an allen Mißständen ist der mangelnde Gebrauch der Vernunft. Viele Adlige ließen ihre Kinder in Klöster aufnehmen, wo sie ihren höfischen Lebensstil fortsetzten. Viele Reiche erwarben die Pfarrechte und die damit verbundenen Einnahmen (Pfründen) für ihre Kinder und ließen die Gottesdienste durch schlecht bezahlte Priester halten. Diese mußten sich oft mehr schlecht als recht durchschlagen.

Damit sein Buch auch von denen verstanden wurde, die nicht lesen konnten, enthielt es viele Holzschnittbilder; denn:

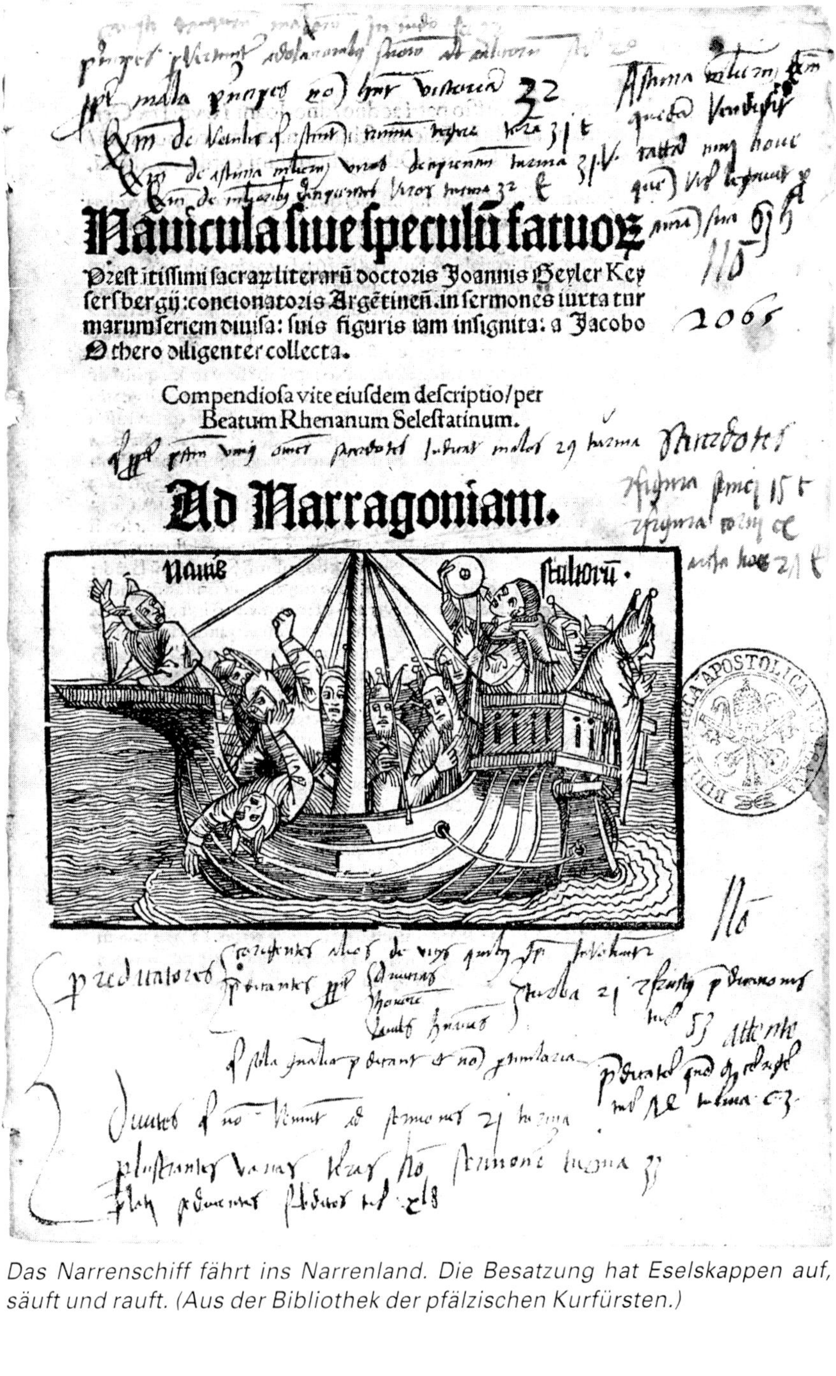
Nauicula siue speculũ fatuoꝝ

Prestātissimi sacrarū literarū doctoris Joannis Geyler Keysersbergij: concionatoris Argētineñ. in sermones iuxta turmarum seriem diuisa: suis figuris iam insignita: a Jacobo Othero diligenter collecta.

Compendiosa vite eiusdem descriptio/per Beatum Rhenanum Selestatinum.

Ad Narragoniam.

Das Narrenschiff fährt ins Narrenland. Die Besatzung hat Eselskappen auf, säuft und rauft. (Aus der Bibliothek der pfälzischen Kurfürsten.)

»Wer vielleicht nicht könnt lesen,
der sieht im Malen wohl sein Wesen«,

d.h. er kann wenigstens die Bilder betrachten und verstehen.
Brant hat viele beeinflußt. Johann Geiler von Kaysersberg, der berühmteste Prediger Straßburgs jener Zeit, hat eine ganze Predigtreihe zu diesem Thema gehalten. Sein Schüler Jakob Otter hat sie unter dem Titel »Schifflein oder Spiegel der Dummen« herausgegeben.
Ein anderer Kritiker war Thomas Murner. Er stammte ebenfalls aus dem Elsaß, war Rechtsgelehrter und Priester, und schrieb 1512 in Freiburg zwei Bücher ähnlicher Art: »Narrenbeschwörung« und »Schelmenzunft«. Dort kann man z.B. lesen:

> »Jetzt rennen die Prälaten auf die Jagd, den armen Leuten durch die Felder. Die Kirchenpfründen werden vornehmen Kindern schon in den Windeln erteilt, und wenn sie erwachsen sind, wollen sie nicht die Messe singen; aber die Gulden stecken sie ein. Soll ich beichten, muß ich in die Tasche greifen; soll ich zum Sakrament gehen, ebenso. Die Dekane dürfen nicht gegen den Bischof für den gemeinen Nutzen sprechen, sondern müssen schwören, ehe sie Dekane werden, nach des Bischofs Pfeife zu tanzen. Dazu werden sie von Seiner Hochwürden, wenn die Köchin ruft: Uns ist ein Knäblein geboren - als Paten begrüßt. - Der Glaube geht auf Stelzen und bricht sich demnächst den Hals. Man traut auf den Spruch, Sankt Peters Schiff könne nicht untergehen, und doch schwankt es schon gewaltig.«

Murner hat sich wegen seiner scharfen Art nicht immer beliebt gemacht. 1530 fand er vorübergehend auch Zuflucht beim Kurfürsten von der Pfalz, ehe er Priester in seinem Geburtsort Oberehnheim im Elsaß wurde. Trotz seiner Kritik an den Zuständen der Kirche wurde er ein entschiedener Gegner Luthers.

Badische Markgrafen sorgen für Ordnung in der Kirche

1515 trat Markgraf Christoph I. von Baden zurück. Er teilte seine Herrschaft an drei Söhne auf. Während seiner Regierungszeit hatte sich Christoph viele Mitsprachemöglichkeiten in kirchlichen Angelegenheiten gesichert und gegenüber den Bischöfen durchgesetzt, weil viele Pfarrer und Klöster ihre eigentlichen Aufgaben nicht mehr genügend ernst nahmen. »Narrenschiff« und »Narrenbeschwörung«

machen deutlich, welchen Eindruck die Geistlichen damals bei den Leuten hinterließen.
Christophs Sohn Philipp I. hatte einen überaus tüchtigen und gelehrten Kanzler namens Feus. Er war in Baden-Baden geboren und Professor der Rechtswissenschaft an der Universität Freiburg, ehe er das Kanzleramt übernahm. Wie es Gelehrte damals häufig taten, gab er sich einen lateinisch klingenden Namen und nannte sich Vehus. Unter diesem Namen wurde er weithin bekannt.
Hieronymus Vehus war in Kirchenfragen der Berater Markgraf Philipps. In sogenannten »Mandaten« regelte dieser die Rechte und Pflichten der Pfarrer.
Das erste Mandat verpflichtete die Pfarrer, die Predigten nicht zu gegenseitigen Beschimpfungen zu mißbrauchen und Gelehrtenstreitigkeiten nicht auf die Kanzeln zu tragen.
Die folgenden Mandate regeln die bürgerlichen Rechte und Pflichten der Priester: sie werden ganz normale Bürger, unterstehen den weltlichen Gerichten und haben am Ort ihrer Gemeinde zu wohnen. Vor allem aber müssen sie heiraten, wenn sie nicht völlig auf geschlechtliche Beziehungen verzichten können. Diese Frage war Philipp besonders wichtig, weil das »schändliche, unehrliche Leben« dem »gemeinen Mann zum Ärgernis« diente. Deshalb wiederholte er ein Mandat vom April 1525 bereits nach vier Monaten und drohte dem Amtmann persönliche Bestrafung an, falls dieser Befehl nicht streng durchgeführt würde. Vor allem mißfiel es dem Markgrafen, daß »einige ihre Mägde tagsüber aus dem Haus tun, sie aber nachts wieder bei sich haben«, also eine heimliche Ehe führten, aber so taten, als hätten sie ihre Magd entlassen.

Bauern fordern ihre gottgegebenen Rechte

Der Mann auf dem Faß ist ganz eindeutig als Bauer zu erkennen, denn er trägt eine Hacke auf der Schulter. Seine linke Hand läßt erkennen, daß er seinen Zuhörern etwas Wichtiges erklärt; und diese scheinen ihm gespannt und zustimmend zuzuhören. Man sieht es an ihren Gesichtern, einige halten die Hände, als ob sie klatschen wollten. »Predigender Bauer« heißt dieser Holzschnitt. Und predigende Bauern gab es um 1500 häufig; denn sie fühlten sich um ihre von Gott gegebenen Rechte betrogen. Betrogen fühlte man sich von den Fürsten und Grundherren, die immer neue Verordnungen erließen, in denen sie die Rechte der Bauern immer mehr einschränkten und die Abgaben erhöhten. Betrogen fühlte man sich aber auch von den Klöstern, die durch Stiftungen immer mehr Grundbesitz erhielten und sich wie die Grundherren verhielten. Zunächst ging es um ganz selbstverständliche Dinge, die man zum Teil auch humorvoll zur Sprache brachte. Eine Gruppe von Bauern nannte sich »Der arme Konrad«, was soviel heißen soll wie »Der arme Mann«, weil Konrad oder Kunz damals ein weitverbreiteter Name war. Sie haben häufig mit Liedern und Schwänken die Probleme der Bauern ins Bewußtsein gebracht:

Predigender Bauer

In Bühl hat der »Arme Konrad« 1514 folgende Forderungen erhoben:

1. Wenn das Jagdwild der Adligen im Weinberg eines Bauern Schaden anrichtet, soll er das Recht haben, diese Tiere zu verscheuchen, zu fangen oder zu erschießen und als Schadenersatz zu behalten.
2. Bei kinderlosen Ehepaaren soll die Ehefrau Erbin des verstorbenen Mannes sein und nicht der Besitz an den Grundherrn fallen.
3. Wenn auch das Fischen den Bauern nicht mehr erlaubt war, so sollte doch ein Bauer, der eine schwangere Frau hatte, für diese wenigstens ab und zu einen Fisch fangen dürfen, ohne bestraft zu werden.
4. Für die Erzeugnisse Bühler Bauern auf fremder Gemarkung sollte der Zoll wieder abgeschafft oder auf die alten, niedrigeren Sätze zurückgenommen werden.
5. Die Abgaben an Futterhafer sollten verringert werden.

6. Die Gerichte sollten nicht so streng sein, zu verlangen, daß ein Nachbar den anderen anzeigt.
7. Schuldbriefe sollten ihre Gültigkeit verlieren, wenn die Schuld abgedient war.
8. Das herrschaftliche Wiesengelände sollte den Bauern als Weide überlassen werden zu dem Pachtpreis, der jetzt als Ertrag eingeht.

Man wundert sich, daß solche selbstverständlichen Dinge als Bitte vorgetragen werden mußten.

Joß Fritz und der Bundschuh

Wesentlich radikaler war der »Bundschuh«. Diese Bauernbewegung war schon sehr viel früher entstanden und war vielleicht zunächst eine Schutzorganisation gegen wild umherziehende Söldnerhorden, die Armagnaken.

Der Bundschuh kämpfte für dieselben Rechte, gab aber seinen Forderungen immer noch eine religiöse Sinndeutung. Jesus hat am Kreuz seinen Lieblingsjünger und seine Mutter füreinander verantwortlich gemacht. So sind beide Sinnbild christlicher Nächstenliebe. Daran wollten die Bauern erinnern und erbaten von der Kirche Verständnis für ihre Not, wenn sie auf die Fahne schwören. Sie hatten jedoch keine Hemmungen, für diese Rechte auch zu kämpfen, wie man an ihren Schwertern und Dolchen sieht.

Bundschuh heißt der Bauernschuh, der mit Lederriemen kreuzweise am Bein festgeschnürt wurde. Er war das Gegenstück zum Ritterstiefel. Als Zeichen des Widerstandes wurde er oft auf einen Spieß gesteckt.

Die bedeutendste Persönlichkeit der Bundschuhbewegung war Fritz Joß aus Untergrombach bei Bruchsal. Sein Vater war Leibeigener des Bischofs von Speyer. Joß Fritz wurde um 1470 geboren, war als Landsknecht weit herumgekommen und ab 1501 bemüht, die Zustände im Reich zu reformieren. 1502 wurde er aus seiner Heimat vertrieben und tauchte für einige Jahre unter. 1513 organisierte er den Lehener Bundschuh. In vierzehn Punkten wurde das Programm festgelegt. Viele Forderungen waren dieselben wie beim Armen Konrad und ähnlichen Bewegungen. Es ging aber nicht nur

Bauern schwören auf die Fahne des Bundschuhs von Lehen bei Freiburg. Sie zeigt Jesus am Kreuz mit Maria und dem Lieblingsjünger. Zu Füßen der beiden knien zwei Bauern.

Joß Fritz

um mehr Rechte für die Bauern. Die Lehener forderten eine Reform der mittelalterlichen Rechtsordnung zum Schutz des Einzelnen vor der Willkür kleiner Herren. Dies macht schon der erste Artikel des Lehener Bundschuhs deutlich:
»1. Solle niemand mehr einen anderen Herrn als Gott, den Kaiser und den Papst anerkennen.«
Ähnlich enden die Artikel.
Joß Fritz wollte also kein Terrorist sein, sondern einen gerechten Staat gründen.
Joß Fritz wurde von den einen gefürchtet, von den anderen bewundert; denn er schien unverwundbar zu sein. Jedesmal, wenn seine Bauerntruppen geschlagen wurden, gelang es ihm zu entkommen. Einige Zeit später tauchte er dann irgendwo anders auf.
Er hatte sich einen Plan ausgedacht, wie er unauffällig für seinen Lehener Bundschuh werben konnte. Überall auf den Jahrmärkten gab es Bettler, Gaukler und Händler. Sie hatten mit vielen Leuten zu tun. Unter sie mischte er seine Vertrauensleute. So konnten sie unauffällig Bundesgenossen für die Sache der Bauern gewinnen.

Diese alle verbreiteten im einfachen Volk die Pläne von Joß Fritz. Als ein Plan zum Überfall der Stadt Freiburg von einem Bauern verraten wurde, dem man dafür seine Schulden erließ, war Joß Fritz gerade in Villingen und konnte in die Schweiz entkommen. Ähnlich entkam er auch zehn Jahre später, und niemand weiß, wann und wo er zuletzt lebte und starb.

Politische Geschichte		(Badische) Kirchengeschichte	
1475–1515	Markgraf Christoph v. Baden		
1493–1519	Kaiser Maximilian	1494	Sebastian Brants Narrenschiff
1513	Lehener Bundschuh		
1514	Bauernbewegung »Armer Konrad«		
1515	Markgraf Philipp I. v. Baden in Durlach Markgraf Ernst in Emmendingen	1522–1528	Kirchenmandate Philipps

Kaiser Karl V.

deutschen Fürsten. Er wußte, daß er damit die Erwartungen vieler Leute zum Ausdruck brachte.

Karl V. galt als sehr frommer Kaiser. Man hoffte daher, daß er Not und Unrecht abschaffen könnte, worunter viele litten.

1521 kam er zum ersten Mal nach Deutschland; denn er hatte den Reichstag nach Worms einberufen, wo er mit den Fürsten und Vertretern der Reichsstädte über die wichtigsten Fragen des Reiches beraten wollte. Dazu gehörte auch der Streit um Glaubensfragen, den Luther mit seinen Thesen über den Ablaßhandel ausgelöst hatte.

Auch Luther war nach Worms eingeladen worden. Sein Landesherr, Kurfürst Friedrich der Weise, wollte, daß der Reichstag über Luther nicht urteilte, ohne ihn persönlich angehört zu haben.

Der Kaiser versicherte, daß Luther frei nach Worms und wieder nach Wittenberg reisen dürfe. Luther war unter diesem kaiserlichen Schutz zuversichtlich nach Worms gereist; er war überzeugt, der Kaiser und alle Fürsten würden einsehen, daß seine Forderungen mit dem Wort Gottes übereinstimmen, und der Kirche, dem Kaiser und jedem einzelnen Menschen nur Nutzen bringen.

Aber der Kaiser und die Mehrheit des Reichstags dachten anders. Sie wollten zwar Mißstände in der Kirche beseitigen, sie lehnten es aber ab, die Heilige Schrift zum einzigen Maßstab jeder kirchlichen Ordnung zu machen. Vor allem hielt man es für gefährlich, wenn jeder seinem eigenen Gewissen folgte.

Der Kaiser wollte, daß Luther seine Lehren widerruft. Luther erhielt jedoch nochmals Bedenkzeit für einen Tag. In dieser Zeit versuchten einige Fürsten, Luther zum Nachgeben zu bewegen. Sie hielten Luther vor, wenn sich jeder auf sein Gewissen beruft, dann gibt es in der Christenheit keine Einigkeit.

Aber Luther konnte nicht nachgeben, und der Kaiser hielt es für seine Pflicht, »den alten Glauben zu schützen«. Deshalb ordnete er schriftlich an, Luther und seine Anhänger mit der Reichsacht zu bestrafen und sie auf jede geeignete Art auszutilgen. Die Fürsten sollten diesen kaiserlichen Erlaß als Reichstagsbeschluß annehmen.

Fürstliche Versuche zur Rettung der Reform

Die Kurfürsten berieten über diesen kaiserlichen Erlaß. Sie befürchteten, daß es keine Reformen zur Erneuerung der Kirche gibt, wenn Luther verurteilt wird. Auch hatten sie Sorge, daß es zu Aufruhr und Bürgerkrieg kommen könnte. Sie schlugen eine kleine Kommission vor, die nochmals mit Luther reden sollte. Der Kaiser stimmte zu. Den Vorsitz dieser Kommission hatte Hieronymus Vehus, der Kanzler des Markgrafen von Baden. Er war Jurist und hatte einige Jahre als Professor der Rechtswissenschaft an der Universität Freiburg gelehrt, ehe ihn Markgraf Philipp zu seinem Kanzler machte.

Vehus stellte in seinem Bericht an den Markgrafen von Baden dar, was er unternommen hatte. Als badischer Kanzler wollte er mit Luther nicht über den Inhalt seiner Bücher verhandeln. Er fühlte sich auf diesem Gebiet nicht als Fachmann.

Er redete auf Luther ein und gab ihm zu überlegen, daß er die Einheit der Kirche zerreißt, wenn er nicht nachgibt. Er verglich die Kirche mit dem ungenähten Rock Jesu, von dem das Johannesevangelium erzählt. Wenn noch nicht einmal die heidnischen Soldaten wagten, diesen Rock zu zerteilen, dann kann Luther das noch viel weniger wagen! Dieses Beispiel war ihm vielleicht deshalb eingefallen, weil auch der Erzbischof von Trier zu der Verhandlungskommission gehörte. Wenige Jahre zuvor war im Trierer Dom erstmals ein Gewand ausgestellt worden, das man für dieses Kleidungsstück Jesu hielt. Es wurde bereits seit Jahrhunderten als Zeichen für die Einheit der Kirche angesehen.

Andere gaben ihm zu überlegen, ob es nicht hochmütig ist, als einzelner Mönch und Theologieprofessor sich gegen die ganze Kirche zu stellen. Das beeindruckte Luther sehr, weil er sich selbst immer wieder die Frage stellte, ob er aus Rechthaberei oder aus Gehorsam gegen Gott handle. Er hat dagegen die Art, wie Vehus mit im redete, sehr angenehm empfunden und sich durch ihn ernstgenommen gefühlt. In einem Brief an den Grafen von Mansfeld hat er ausdrücklich betont und auch bei den Verhandlungen gegenüber Vehus bestätigt, er sei noch nie so gütig und zurückhaltend behandelt worden.

Dennoch war Luther nicht bereit zu widerrufen, weil ihn bisher noch niemand überzeugen konnte, daß seine Lehre im Widerspruch zur Bibel stand.

Enttäuscht ritten Kanzler Vehus und einige Fürsten, die alles versucht hatten, Luther doch noch umzustimmen, über den Marktplatz von Worms. Da eilte ihnen plötzlich Dr. Konrad Peutinger nach, der als Vertreter der Stadt Augsburg an den Verhandlungen teilgenommen hatte, und teilte Vehus mit, Luther habe soeben erklärt, er wäre bereit, seine Schriften dem Kaiser und Reichstag zur Begutachtung vorzulegen, wenn sichergestellt sei, daß dabei nicht gegen das Wort Gottes verstoßen werde.

Das war ein neuer Hoffnungsschimmer! Sofort eilte Vehus zu den übrigen Mitgliedern der Kommission, die er auf der Rathaustreppe traf, und teilte ihnen diese Nachricht mit, ehe er die anderen Fürsten unterrichtete.

Peutinger hatte allerdings in seiner Freude mehr gehört, als Luther gesagt hatte. Das stellte sich am anderen Morgen heraus. Luther wollte seinen Schriften eine Erklärung vorausschicken, in der nochmals festgehalten wurde, daß die Wahrheit des Wortes Gottes nicht geschmälert werden dürfe, weil Gottes Wort frei ist und Menschen darüber nicht zu entscheiden haben.

Vehus wußte, daß der Kaiser Schwierigkeiten machen konnte. Deshalb versuchte er Luther zu beruhigen, es sei in einer christlichen Versammlung selbstverständlich, daß alles an Gottes Wort geprüft wird, und müsse nicht ausdrücklich betont werden. Er schaffe damit nur Mißtrauen. Vehus und Peutinger beschworen Luther gemeinsam, nicht durch Sturheit auch die vielen guten Vorschläge zu gefährden, die in seinen Schriften stehen. Luther erbat sich erneut Bedenkzeit.

Nach dem Mittagessen ging die Diskussion weiter. Peutinger ahnte eine Lösung und fragte Luther, ob er bereit sei, ein Konzil über seine Schriften entscheiden zu lassen.

Luther willigte unter drei Bedingungen ein: Das Konzil solle bald stattfinden; es sollte nur über die umstrittenen Punkte verhandelt werden; er selbst sollte über alles frei predigen dürfen außer den umstrittenen Fragen.
Leider war dies doch nicht die erhoffte Lösung. Für den Kaiser war das Ergebnis der mühevollen tagelangen Verhandlungen nicht annehmbar. Er hatte nur zugestimmt, daß die Kommission Luther noch zum Widerruf zu überreden versuchte, nicht die Angelegenheit erneut aufrollen sollte. Auch Luther wünschte nur noch eine baldige, sichere Heimreise. Am Abend des 25. April, genau eine Woche nach Luthers erster Rede vor dem Reichstag, kamen die Vertreter des Kaisers mit einem Notar und teilten Luther mit, daß er Worms verlassen müsse und noch einundzwanzig Tage Schutz für die Heimreise genieße.
Erst vier Wochen nach Abschluß des Reichstags, als gar nicht mehr alle Fürsten in Worms waren, wurde das Wormser Edikt erlassen. Darin verurteilte der Kaiser als Schutzvogt der Kirche Luther als Ketzer und verhängte die Reichsacht über ihn und seine Anhänger. Ein gutgemeinter Versuch des badischen Kanzlers war fehlgeschlagen.

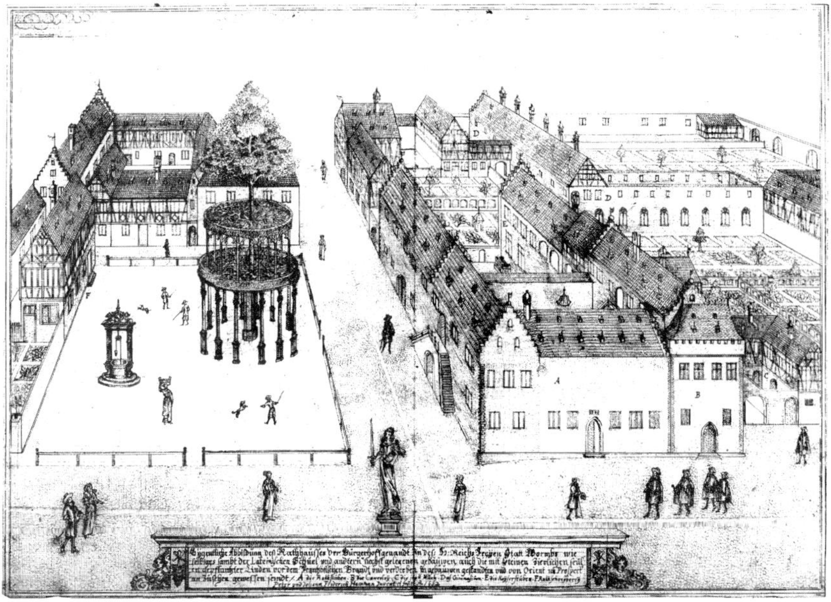

Das Rathaus zu Worms im 16. Jahrhundert

Seitdem heißen sie Protestanten

Die Fürsten gingen mit dem Wormser Edikt unterschiedlich um. Diejenigen, die bereits abgereist waren, fühlten sich nicht an diesen kaiserlichen Erlaß gebunden, die anderen verstanden ihn als Verbot der neuen Lehre Luthers, nicht als Verbot von notwendigen Reformen.
Erzherzog Ferdinand von Österreich, der seinen Bruder Karl V. in Deutschland vertrat, mußte daher 1526 einen Reichstag nach Speyer einberufen, der darüber entscheiden sollte, welche kleineren Verbesserungen man bis zur endgültigen Entscheidung durch ein Konzil durchführen durfte.
Das genügte den Reichsstädten nicht. Sie setzten einen Beschluß durch, daß sich jeder Fürst oder Rat einer Stadt in Fragen der Kirchenreform so verhalten dürfe, wie sie es sich vor Gott und Kaiser zu verantworten getrauen. Einen bemerkenswerten Kurs steuerte Markgraf Philipp I. von Baden. Einerseits blieb er ein klarer Gegner Luthers und seiner Lehre; andererseits setzte er reformatorisch gesinnte Pfar-

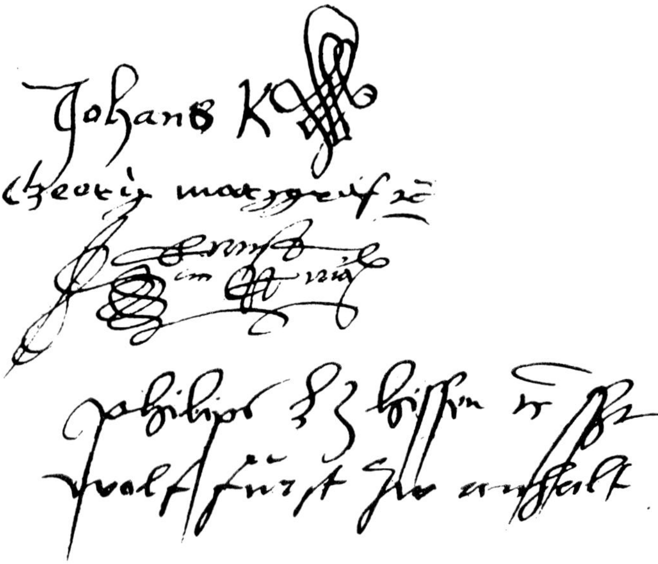

Unterschriften der evangelischen Fürsten auf der Protestationsurkunde: Johans K(urfürst von Sachsen), Georig marggraf ek. (zu Brandenburg) Ernst von Lüneburg, Philips L(andgraf) z(u) Hessen etc. sst., Wolf Fürst zu Anhalt

rer ein, »solange einer sich gut und zurückhaltend verhält«. Einerseits ordnete er an, daß das Abendmahl wie gewohnt nur mit der Austeilung von Brot gefeiert wird. Andererseits erlaubte er, daß Untertanen, die im Sterben liegen, das Abendmahl mit Brot und Wein empfangen können. Er wollte auf jeden Fall das Gewissen nicht beschweren. Philipp fühlte sich damit voll im Einverständnis mit dem Reichtag von Speyer.
Drei Jahre später hatte sich die Situation total verändert.
1529 wollte Ferdinand die Durchführung des Wormser Edikts erneut durchsetzen. Wieder berief er den Reichstag nach Speyer ein. Die freien Reichsstädte erhoben Protest. Man könne nicht von Gottes Wort abfallen. Zwei benachbarte, heute badische Städte am Bodensee, vertraten unterschiedliche Standpunkte: Überlingen verlangte die strenge Durchführung des Wormser Edikts, Konstanz beanspruchte, auch künftig Glaubensfragen selbst zu entscheiden.
Philipp I. von Baden versuchte einen Vermittlungsvorschlag durchzubringen, aber er hatte damit keinen Erfolg. So beschloß die Mehrheit, daß das Wormser Edikt wieder streng einzuhalten sei.
Die evangelischen Fürsten und Städte, darunter Konstanz und Straßburg, legten gegen diese Mehrheitsentscheidung in einer langen Schrift Protest ein und erklärten: »Wenn es um Gottes Ehre und der Seelen Seligkeit geht, muß ein jeder für sich selbst vor Gott stehen und Rechenschaft geben, also daß sich dabei niemand mit dem Handeln oder Beschließen einer Minderheit oder Mehrheit entschuldigen kann.« Dieser Protest wurde auch von der Stadt Konstanz unterzeichnet.
Allerdings wurde diese Protestation der evangelischen Stände nicht zu den offiziellen Reichsakten genommen. Seither werden die Evangelischen auch Protestanten genannt.

Ein Kurpfälzer in Wittenberg: Philipp Melanchthon

Ein steiler Aufstieg

»Philipp sticht mit feinen Nadeln; diese Stiche sind schwer zu heilen und tun weh. Ich aber steche mit einem Schweinespieß.« Mit diesen Worten hat Luther einmal die unterschiedliche Art beschrieben, wie

Melanchthon nach Lucas Cranach

sein Freund Philipp Melanchthon und er sich mit den Meinungen ihrer Gegner auseinandersetzten. Melanchthon war neben Luther der bedeutendste Vertreter der deutschen Reformation.
Er war ein sehr scharfsinniger, aber auch feinfühliger Mensch. Dies sieht man auch an dem Bild von Lukas Cranach, das in der Karlsruher Kunsthalle hängt.
Philipp Melanchthon wurde am 16. Februar 1497 in Bretten geboren. Seine Eltern waren angesehene Leute. Sein Vater stammte aus Heidelberg und war ein begabter Waffenschmied. Deshalb hat ihn der Kurfürst Philipp von der Pfalz sehr früh zu seinem Rüstmeister gemacht. Seinen ersten Sohn nannte er zu Ehren des Kurfürsten Philipp.
Seine Mutter stammte aus einer reichen Brettener Kaufmannsfamilie. Ihr Onkel war der berühmte Gelehrte Johannes Reuchlin aus Pforzheim. Er nahm den kleinen Philipp auf, als dessen Vater früh starb. Ihr Vater war der Brettener Großkaufmann Hans Reuter, Hoflieferant beim Kurfürsten Philipp und von diesem zum Amtsschultheiß von Bretten eingesetzt. Sein Reichtum war so groß, daß er 1504 bei einer Belagerung Brettens, die der damals siebenjährige Philipp miterlebte, die Bezahlung der Soldaten übernahm, die Bretten retteten.
In Pforzheim besuchte Melanchthon die Lateinschule. Reuchlin, sein Onkel, hat ihn trotz seiner jungen Jahre wegen seiner außergewöhnlichen Begabung so ernst genommen, daß er ihn nur noch mit der griechischen Übersetzung seines Familiennamens ansprach: von nun an nannte auch er sich Philipp Melanchthon, obwohl er eigentlich Schwarzerd hieß. Schon mit zwölf Jahren nahm er an der Universität Heidelberg sein Studium auf. Als er dieses mit fünfzehn Jahren been-

det hatte, konnte er trotz bestandener Prüfung nicht Magister werden, weil er noch zu jung war. Verärgert ging er an die Universität Tübingen. Dort wurde er 1514 Magister für griechische Sprache und Philosophie.

1517 wurde Melanchthon auf Empfehlung Reuchlins als Professor für die griechische Sprache und Redekunst an die Universität in Wittenberg berufen. Luther traute dem schmächtigen Melanchthon zunächst nicht viel zu. Er änderte aber seine Meinung sofort, als er seine erste Vorlesung hörte. Er war geradezu begeistert über dessen Vorschläge zur Reform der Universität.

Loci communes

Luther schrieb an den kursächsischen Kanzler Spalatin: »Ich begehre keinen anderen Lehrer im Griechischen, solange uns dieser Mann erhalten bleibt.«

Ein andermal schrieb Luther, der sooft er konnte, seine Vorlesungen besuchte: »Ich bin älter als er. Aber das hindert mich nicht, von ihm zu lernen. Ich sage es frei heraus, er versteht mehr als ich, dessen ich mich auch gar nicht schäme.«

Viele Jahre später sagte Luther einmal bei einem Tischgespräch: »Philipp schrieb gute Bücher und niemand schrieb Besseres über die Buße. Dazu der Brief an die Römer und die Kolosser sowie die Loci Communes [erste evangelische Glaubenslehre]; das sind göttliche Bücher... . Ach wie fein ist's, jetzt zu studieren im Vergleich zu früher!«

Melanchthon verdankte Luther nicht weniger. Oft war er als ängstliche Natur auf Luthers Ermutigung und Glaubenszuversicht angewiesen. Auch Studenten schätzten Melanchthon so hoch ein wie Luther. Es sind uns Notizen erhalten geblieben, bei denen ein Student in den gedruckten Bibeltext Luthers Auslegung des Römerbriefs eingetragen hat, auf der linken Seite die Erklärungen Melanchthons.

Melanchthon drängt Luther zur Übersetzung des Neuen Testaments

Melanchthon begann in Wittenberg mit einer neuen Art der Bibelauslegung. Bisher erklärten die Theologen die Bibel, indem sie vor allem die Schriften der Kirchenväter zu Hilfe nahmen. Diese waren wie die offizielle Bibelübersetzung lateinisch verfaßt. Melanchthon forderte wie andere Gelehrte der Zeit, »zurück zu den Ursprüngen«. Das Neue Testament ist in griechischer Sprache geschrieben. Er war als Professor der griechischen Sprache nach Wittenberg berufen worden. Deshalb behandelte er in seinen Griechisch-Vorlesungen auch Schriften aus dem Neuen Testament. Diese legte er erstmals in ihrem fortlaufenden Zusammenhang aus, nicht mehr, wie es bisher üblich war, nach den lateinischen Erläuterungen mittelalterlicher Theologen zu einzelnen Stichworten. Die Forderung der Wissenschaftler, »zurück zum Ursprung», mußte vor allem für die Bibel gelten, wenn man sie ohne Entstellungen lesen wollte. Melanchthon wagte damit etwas Neues und hatte Erfolg. Zu seinen Vorlesungen drängten sich 500 bis 600 Studenten in den Saal, auch Luther war begeistert.

Aber nicht nur die Studenten sollten die Bibel richtig verstehen lernen, sondern alle Menschen sollten selbst in der Bibel nachlesen können, was Gott ihnen verheißt und von ihnen erwartet. Dazu war eine gewissenhafte Übersetzung ins Deutsche nötig, die sich so genau wie möglich an den Urtext hielt und trotzdem eine leicht verständliche Sprache verwendete.

Melanchthon wußte, das kann nur einer. Deshalb drängte er Luther, zunächst einmal das Neue Testament zu übersetzen. Es gab zwar schon andere deutsche Übersetzungen einzelner Evangelien und Briefe und der ganzen Bibel; aber sie waren wenig brauchbar. Man sprach in Deutschland so unterschiedliche Dialekte, daß ein Wittenberger einen Lörracher oder Heidelberger nicht ohne weiteres verstand. Es gab auch noch keine deutschen Rechtschreibregeln. Luther verwendete daher die Amtssprache des sächsischen Hofes, vereinfachte sie aber so, daß sie nicht nur die Gebildeten verstehen konnten.

Luther begann seine Bibelübersetzung mit dem Neuen Testament. Dies geschah auf der Wartburg bei Eisenach. Dort wurde Luther nach dem Wormser Reichstag von seinem Kurfürst verborgen, weil sein Leben durch die Reichsacht bedroht war.

Luthers Freund Melanchthon war in mehrfacher Weise an Luthers Übersetzung des Neuen Testaments beteiligt. Er überzeugte ihn von der Notwendigkeit der Übersetzung und besorgte ihm als wichtigstes Hilfsmittel ein griechisches Neues Testament, das Erasmus von Rotterdam zwei Jahre vorher in Basel veröffentlicht hatte. Schließlich schaute er Luthers Übersetzung nochmals durch, bevor sie im September 1522 in Wittenberg veröffentlicht wurde. Man nannte sie »Septembertestament«. Einige Ausgaben waren illustriert.

An die hebräische Bibel wagte sich Luther von Anfang an nicht allein. Hierbei war er auf die Hilfe von Melanchthon und anderen besonders angewiesen. Im »Sendbrief vom Dolmetschen« schrieb er 1530, daß sie gemeinsam oft vierzehn Tage oder auch drei bis vier Wochen nach der richtigen Übersetzung eines einzigen Wortes gesucht haben. Im Hiobbuch hat Luther mit Melanchthon und dem Hebräischprofessor Aurogallus manchmal in vier Tagen nur drei Zeilen übersetzt.

Aus dem Septembertestament

Luther gab sich auch nicht mit der einmal fertiggestellten Übersetzung zufrieden. Er arbeitete ständig an der Verbesserung, und zwar nicht allein, sondern mit einer ganzen Kommission. Von 1539 bis 1541 tagte Luther wöchentlich an einem Nachmittag mit einem Kreis von Bibelfachleuten. Einer der wichtigsten Mitarbeiter war wieder Melanchthon. Jeder der Gelehrten brachte seine Spezialkenntnisse ein, es wurden auch jüdische Auslegungen verwendet; man wollte nichts übersehen, was zum besseren Verstehen helfen konnte. Sogar bei Handwerkern hat

man sich nach den richtigen Fachausdrücken erkundigt. Auf jeden Nachmittag war man gut vorbereitet. Es wurde genau Protokoll geführt.
Dort heißt es, daß am Ende einer Sitzung meistens das besondere Sprachgefühl Luthers für die endgültige Formulierung entscheidend war. Er fand dank der Gründlichkeit seiner Mitarbeiter immer das treffende Wort. Gelegentlich steht aber auch am Rand die Bemerkung: »auf den Rat Philipps«.

Melanchthon und das Augsburgische Bekenntnis

Kaiser Karl V. war zum ersten Mal seit dem Wormser Reichstag wieder in Deutschland. Diesmal sollte die Glaubensfrage gründlich geklärt werden. Zum Reichstag in Worms war nur Luther vorgeladen worden, um seine Schriften zu widerrufen. In Augsburg sollten die Evangelischen Gelegenheit haben, ihren Glauben darzulegen. Das war ein großer Unterschied! Luther selbst durfte allerdings nicht nach Augsburg; denn er stand noch unter der Reichsacht. Darum mußte er etwa 250 km entfernt auf der Festung Coburg bleiben, weil es zu gefährlich war, das Gebiet des Kurfürsten von Sachsen zu verlassen.

Melanchthon 1540

Luther wurde durch Boten laufend über die Ereignisse in Augsburg unterrichtet. Deshalb wissen wir aus den erhaltenen Briefen über die Vorgänge ziemlich genau Bescheid. Es kam aber auch manchmal zu Verzögerungen bei der Postzustellung; das führte zu Unsicherheit und Ängsten.
Melanchthon war im evangelischen Lager inzwischen so aner-

kannt, daß er mit der Abfassung der Bekenntnisschrift beauftragt wurde, die dem Reichstag vorgelegt werden sollte.
Er benutzte dazu ähnliche Zusammenfassungen Luthers; aber er bemühte sich, weniger die Unterschiede als die Gemeinsamkeiten mit der mittelalterlichen Kirche herauszustellen. Er hoffte, damit die endgültige Anerkennung der evangelischen Bewegung durch den Reichstag zu erreichen. Bei allem Entgegenkommen wurden aber die Hauptanliegen des evangelischen Glaubens deutlich. Am 25. Juni verlas Christian Beyer, der kursächsische Kanzler, das Bekenntnis vor den Mitgliedern des Reichstags, wenn auch unter Ausschuß der interessierten Öffentlichkeit.
Luthers Meinung über Melanchthons Bekenntnis war zwiespältig. Er lobt es, hält es aber für das Höchstmaß an Zugeständnissen. Etwa sechs Wochen vor der öffentlichen Verlesung schrieb Luther an seinen Landesfürsten, Johann den Beständigen: »Ich habe die Rechtfertigungsschrift M. Philipps durchgelesen: sie gefällt mir sehr gut und ich weiß nichts daran zu verbessern oder zu ändern; es würde auch nicht passen, weil ich nicht so sanft und leise treten kann.«

Reformation in der Reichsstadt Konstanz

Wie die Reformation in Konstanz begann

»Fragt man einen geborenen Konstanzer, bist du ein Schwabe oder bist du ein Thurgauer oder ein Schweizer: Er sagt nein dazu und will nur ein Konstanzer sein.« So steht es in einer alten Chronik aus dem Jahr 1527. Die Konstanzer waren selbstbewußte, reiche Bürger. Ihre Stadt war eine freie Reichsstadt. Ihren Reichtum verdankten sie dem Handel mit Leinen, das sie nach Italien lieferten, und Gewürzen, die sie von dort nach Deutschland einführten. Außerdem war Konstanz Sitz eines Bistums, das im Norden bis nach Stuttgart und im Süden bis Graubünden reichte.
Als Luthers Protest gegen den Ablaß und seine Forderung, das Evangelium unverfälscht zu verkündigen, auch in Konstanz bekannt wurden, gab es dort bald Anhänger Luthers.
Dazu gehörte auch der Domprediger Wanner und ein Hilfsprediger an

St. Stephan namens Jakob Windner, »der war ein wohl belesener Mann in der Heiligen Schrift ... und hatte großen Zulauf von den Leuten; denn jedermann war begierig, die neue Lehre zu hören«, heißt es in einer Chronik. Als 1520 die Pfarrstelle an der Nachbarkirche frei wurde, sorgte der Stadtrat dafür, daß er zum Pfarrer berufen wurde, obwohl ein anderer ein schriftliches Versprechen des Papstes besaß. Die Konstanzer wollten selbst bestimmen, wer bei ihnen Pfarrer ist.

Kurze Zeit danach verlangte die päpstliche Partei in Konstanz, daß der Verkauf von Lutherschriften verboten werden solle. Der Rat beschloß daraufhin, »Man soll niemand wehren, Bücher zum Verkauf anzubieten; denn es ist eine freie Ware.«

Am 2. Februar 1523 sollte ein Tübinger Prediger im Konstanzer Dom gegen die lutherischen Lehren predigen; aber der Domprediger Wanner betrat sofort nach dem Ende des Läutens die Kanzel, so daß der Tübinger Prediger, der etwas zu spät kam, wieder gehen mußte. Der Bischof Hugo von Landenberg war darüber sehr empört. Aber der Rat der Stadt teilte Wanner mit, er sei mit seinem Verhalten »wohl zufrieden« und »bat ihn dabei, er wolle mit seinem Predigen fortfahren. Sie wollten ihm hiermit Schutz und Geleit zusagen.«

Drei Jahre später verlegte der Bischof seinen Sitz von Konstanz nach Meersburg.

Das Selbstbewußtsein des Stadtrats war für die Anhänger der Reformation sehr nützlich. Aber es konnte auch gefährlich werden, wenn

Konstanz im 16. Jahrhundert

sich die Mehrheiten änderten. Der spätere Reformator Ambrosius Blarer, der selbst aus einer vornehmen Konstanzer Familie stammte, sah dies voraus. Er fragte bei Zwingli, dem Reformator von Zürich, an, ob es nach der Heiligen Schrift einem Stadtrat erlaubt sei, über Fragen des Gottesdienstes zu entscheiden.

Blarer meinte, der Rat müsse nur dafür sorgen, daß die Gläubigen Gottesdienste besuchen können, die ihrer Überzeugung entsprechen. Er wollte den alten Zwang nicht durch einen neuen Zwang ersetzen. Zwingli war anderer Meinung: Ein Stadtrat vertrete den Willen der christlichen Gemeinde und habe deshalb das Recht, auch solche Fragen zu entscheiden.

Gegen den Willen des Bischofs

Im Sommer 1523 mußte sich der Domprediger Wanner vor dem bischöflichen Gericht verantworten. Man warf ihm vor, er benehme sich nicht wie ein Priester, liebe Geselligkeit und Musik, beschimpfe die Bischöfe und predige gegen den Ablaß. Er wurde jedoch »gegen den Willen des Bischofs« nicht abgesetzt und durfte wie bisher predigen; denn das Gericht fürchtete einen Volksaufruhr und den Widerstand des Rats, wenn man etwas gegen Wanner unternehmen würde.

Im Oktober wurde der Hilfsprediger Bartholomäus Metzler vor das bischöfliche Gericht geladen. Die Verhandlung fand nach dem Abendgottesdienst im Kreuzgang des Münsters statt. Davor drängte sich die Bevölkerung. Der angeklagte Hilfsprediger wurde von hochangesehenen Bürgern der Stadt begleitet: Bürgermeister Bartholomäus Blarer, dem Reichsvogt, dem Zunftmeister, einem Ratsherrn und den drei Predigern Ambrosius Blarer, Johann Wanner und Jakob Windner. Metzler mußte sich nicht verteidigen; dies besorgte der Bürgermeister für ihn. Er betonte, daß Metzler auf Befehl des Rats predige. Dieser sei die ordnungsgemäße Obrigkeit der Stadt; er werde Metzler schützen, solange er Gottes Wort nach der Schrift predige.

Damit bestritt der Rat das Lehramt der Kirche. Luther hatte im Mai dieses Jahres in einer Schrift dargelegt, daß eine Gemeinde selbst das Recht hat, die Lehre der Prediger zu beurteilen und diese ein- und abzusetzen. Dies war auch die Überzeugung der Konstanzer. Für sie war der bürgerliche Gemeinderat zugleich der Kirchengemeinderat.

Sie verlangten eine Verhandlung über die 34 Anklagepunkte gegen Metzler vor dem Rat. Der Bischof gab auf.
Viele Jahre später mußte Ambrosius Blarer erleben, daß der Rat auch gegen ihn vorging, weil er gegen einen Ratsbeschluß gepredigt hatte. Man verlangte, Kritik am Rat dürfe nicht in der Predigt vorgebracht werden. Dies war eine gefährliche Entwicklung.

Ambrosius Blarer, ein gefragter Reformator

Ambrosius Blarer wurde 1492 in Konstanz geboren. Er stammte aus einer angesehenen Familie der Stadt. Sein Vater war Ratsherr, der Vater seiner Mutter war Arzt. Sein jüngerer Bruder Thomas studierte Rechtswissenschaft, er selbst unterbrach sein Studium in Tübingen und ging in das Kloster Alpirsbach im Schwarzwald. Von dort wurde er wieder an die Universität gesandt, um sein Studium abzuschließen. Später wurde er Stellvertreter des Abtes. In einem Brief an seine Schwester Margaretha hat er seinen Schritt in das Kloster begründet. Es war für ihn ein Ort der Ruhe und des ungestörten Lebens mit Gott.
In Tübingen lernte er Melanchthon kennen. Sein Bruder Thomas ging sogar mit diesem nach Wittenberg. Thomas war sehr schnell von Luther begeistert und sandte seinem Bruder Ambrosius dessen Schriften, »ehe sie von geistlicher oder weltlicher Obrigkeit verboten und verdammt« wurden.

Ambrosius Blarer

1522 trat Ambrosius Blarer aus dem Kloster aus und zog in seine Heimatstadt Konstanz. Das Kloster hatte er verlassen, weil sein Abt meinte, er habe sich zuviel mit der Lehre Luthers beschäftigt. Damit hatte er recht.
In Konstanz lebte er zunächst bei seiner Mutter und Schwester und übernahm keine öffentlichen

Ämter. Er führte einen eifrigen Briefwechsel mit den Führern der Reformation in anderen süddeutschen und schweizerischen Städten. Auch vor Gericht stand er einem Konstanzer Prediger als Gutachter bei. Aber er wollte sich selbst nicht als Prediger berufen lassen. Erst 1525 erklärte er sich bereit, samstags abends in der Kirche St. Stephan zu predigen. Von nun an war Blarer der eigentliche Reformator von Konstanz, obwohl er kein Pfarramt innehatte.

Geburtshaus von Ambrosius Blarer

Zwischen Luther und Zwingli brach ein Streit um das Abendmahl aus. Luther glaubte: Der Leib und das Blut Christi sind im Brot und Wein des Abendmahls gegenwärtig. Für Zwingli war das Abendmahl eine Erinnerungsfeier an den Tod Jesu für die Menschen.
Blarer wollte die Gläubigen nicht mit dem Theologenstreit belasten. In einer Predigt in Bern sagte er, beide stimmten darin überein, »daß wir damit in großer Dankbarkeit ein Gedächtnis halten seines bitteren Leidens und Sterbens, seines Leibes, der für uns gegeben, und seines Bluts, das für uns vergossen ist zur Abwaschung unserer Sünde«. Wer aber nicht weiß, was er in dem Theologenstreit über die Gegenwart des Leibes Christi im Abendmahl für richtig halten soll, »wird darum nicht ausgeschlossen sein von Christus Jesus«.
Gleichzeitig rief er denen, die sich für Luther oder Zwingli entschieden hatten, zu: »Sei doch eines solchen... Geistes und brüderlichen Herzens, daß du die anderen, die das Gegenteil für richtig halten, nicht verdammst, noch von deiner Liebe ausschließest, sondern bedenke, wie hoch und teuer uns Christus die Liebe befohlen habe.«
Blarer wurde 1532 nach Esslingen berufen. Danach wirkte er in verschiedenen Städten sowie am Hof des Herzogs von Württemberg.

Als seine Schwester Margaretha mit ihrem Waisenhaus in Geldnöte kam, mußte Blarer 1537 eine feste Anstellung als Kirchenbeamter der Stadt Konstanz annehmen. So wurde seine auswärtige Tätigkeit mehr und mehr eingeschränkt. 1548 wurde über Konstanz die Reichsacht verhängt. Blarer zog sich in die Schweiz zurück. Dort starb er am 6. Dezember 1564 in Winterthur im Alter von 71 Jahren.

Eine seltene Perle – Margaretha Blarer

Wer heute durch eines der schmalen Gäßchen der Konstanzer Altstadt geht, entdeckt dort an einer Hauswand in der Katzgasse 7, daß hier der Konstanzer Reformator Ambrosius Blarer geboren wurde. Es wird jedoch verschwiegen, daß Blarers Schwester Margaretha in ihrem Elternhaus jahrelang Waisenkinder und Arme betreute sowie viele Gäste aus ganz Europa.

Sie sah es als Gottes Willen an, daß sie mit ihrem ererbten Vermögen anderen in ihrer Not half. Martin Bucer, der befreundete Straßburger Reformator, hat sie deshalb einmal in einem seiner vielen Briefe mit der »seltenen Perle« aus dem Gleichnis Jesu verglichen. Ihr Name bedeutet »Perle«. Sie machte ihm alle Ehre. Bei ihrem Tod hat ihr Bruder Ambrosius über sie gedichtet:

> Der armen Kind hast viel ernährt,
> sie treulich g'lehrt
> Gottsfurcht, Arbeit und Lesen.
> Drin g'habt groß Fleiß
> auf b'sondre Weis',
> ...
> Gnadreich zu trösten war dein Mund
> zu aller Stund
> all angefochtne Herzen
> Dein Herz ist g'sein (gewesen)
> ein edler Schein
> voll Gottes Wort,
> das war dein Hort,
> damit hast g'heilt groß Schmerzen.

Ohne solche praktische Nächstenliebe hätte die reformatorische Botschaft wenig überzeugt. Doch war Margaretha Blarer nicht nur wohl-

Straßburg im 16. Jahrhundert (Sebastian Münster)

er ohne diese leben könnte. Er blieb jedoch standhaft und behielt Jakob Otter. Als der Reichstag von Speyer 1529 allerdings beschloß, daß die Reformation wieder bekämpft werden müsse, wurde er von Kurfürst Ludwig V. von der Pfalz gezwungen, Jakob Otter zu entlassen.

Otter ging zunächst nach Solothurn, wo er sich aber nicht wohlfühlte, weil er auf Ablehnung stieß. So nahm er eine Stelle in Aarau an und wurde dann 1532 auf Empfehlung Ambrosius Blarers nach Esslingen gerufen. Dort konnte er bis zu seinem Tod 1547 erfolgreich wirken und sogar als Vertreter der Stadt an den Verhandlungen in Wittenberg über das gemeinsame lutherische Bekenntnis teilnehmen.

»Armer, verjagter Leute Mutter«: Katharina Zell

Man muß schon genau hinsehen, um zu entdecken, was das Besondere an dem abgebildeten Titelblatt ist. Äußerlich sieht es genau so aus wie viele Druckwerke jener Zeit. Außergewöhnlich ist jedoch, daß diese Schrift von einer Frau verfaßt wurde. Das paßt nicht zu dem, was wir über die Stellung der Frauen in der Gesellschaft des 16. Jahrhunderts wissen. Wer war diese Katharina Schützin?

Sie wurde etwa 1497 in Straßburg geboren und war die Tochter des angesehenen Bürgers und Schreinermeisters Schütz. Kurz vor Weihnachten 1523 heiratete sie den Straßburger Münsterpfarrer Matthäus Zell. Getraut wurden die beiden von Martin Bucer, den Zell kurz vorher bei sich aufgenommen hatte.

Zell war bei der Straßburger Bevölkerung ein sehr angesehener Prediger. Der Bischof verbot ihm aber das Betreten der Kanzel im Münster, weil er ein Anhänger Luthers war. Da bauten die Schreiner der Stadt eine tragbare Kanzel aus Holz und trugen sie mit Erlaubnis des Stadtrats in die Mitte des Münsters, wenn Matthäus Zell predigte.

Brief von Katharina Zell geb. Schütz

Für Katharina Zell war die Ehe von Anfang an mit Aufregungen und Opfern verbunden. Zunächst wehrte sie sich mit einer theologischen Streitschrift an den Straßburger Bischof gegen üble Nachreden, weil sie einen gebannten Priester heiraten wollte. Darin wies sie das Recht der Priesterehe aus der Bibel nach und drohte mit der Veröffentlichung dieser Schrift. Der Stadtrat mußte vermitteln.

Vor allem aber einigte sie sich mit ihrem Mann im Ehevertrag, »armer und verjagter Leute Mutter zu sein, solange uns Gott beieinander ließe.« Dazu hatte sie ihr Leben lang reichlich Gelegenheit.

Im Juni 1524 kam Jakob Otter mit etwa 150 Männern aus Kenzingen an. Achtzig davon nahm Katharina Zell im Pfarrhaus auf, für die ande-

ren besorgte sie Quartiere in der Stadt, bis diese im September wieder in ihre Heimat zurückkehren konnten.
Aber das war ihr nicht genug. Sie schrieb, wie wir gesehen haben, an die besorgten Kenzinger Frauen. In dieser Schrift vertröstete sie die Frauen nicht mit allgemeinen Aufmunterungen, sondern führte an Bibeltexten aus, welchen Sinn Leiden für den Menschen haben kann. Man lernt dabei, nicht zu sehr an der Welt zu hängen, sondern an Gott. Und Anfechtung gehört zu jedem richtigen Glauben. Es ist ehrenhafter, die Frau eines Mannes zu sein, der für seinen Glauben geradesteht, als die Frau des Kaisers zu sein und mit ihm auf dem Thron zu sitzen.
Ihr Haus war auch vielen bekannten Theologen geöffnet, die Zuflucht suchten, oder auf der Durchreise waren. Mit vielen führte sie theologische Gespräche oder Briefwechsel. Dabei fragten sie und ihr Mann nicht danach, ob die Zufluchtsuchenden sich zu Luther oder Zwingli oder einer der kleineren reformatorischen Gruppen hielten. »Wir sind auch nit gezwungen gewesen, eines jeden Meinung oder Glaubens zu sein, sind aber schuldig gewesen, einem jeden Lieb, Dienst und Barmherzigkeit zu beweisen. So hat uns unser aller Meister Christus gelehrt.«
Nach diesem Grundsatz halfen sie. Als sie bei einer Badekur in Wildbad war, schrieb sie an den Konstanzer Reformator Ambrosius Blarer, sie habe ihn gegenüber anderen Badegästen verteidigt, als diese ihn kritisierten.
Nach dem Tod ihres Mannes kamen jüngere Pfarrer nach Straßburg. Sie wollten eindeutiger gegen Irrlehrer vorgehen und sie nicht mehr beherbergen. Daraufhin verfaßte Katherina Zell erneut eine Streitschrift gegen den neuen fanatischen Glaubenseifer.
1562 starb eine Frau, die schwärmerischen Gruppen nahestand. Als man ihr das Begräbnis verweigern wollte, ließ sich die schwerkranke Katharina Zell auf den Friedhof tragen und hielt die Leichenpredigt. Im September 1562 starb sie dann selbst.

Die Gengenbacher geben Auskunft über ihren Glauben

Gengenbach war eine freie Reichsstadt. Sie wurde von einem Rat der Bürgerschaft geleitet. Deshalb war die Bürgerschaft in der Wahl ihrer

Kurtze vnd Einfältige form eines Christlichen Catechismi / für die Kirchen zu Gengenbach zusamen gefasset.

ANNO 1545

Gengenbacher Katechismus

Pfarrer selbständig. Der Bischof von Straßburg mußte die Wahl nur genehmigen.

In Gengenbach wurde schon sehr früh ein Pfarrer angestellt, der reformatorisch predigte. Der Straßburger Bischof erhob dagegen Einspruch. Die Stadtväter antworteten ihm, der Reichstag von Speyer habe den Fürsten und Städten erlaubt, mit der Reformation so zu verfahren, wie sie es vor Gott und ihrem Gewissen verantworten können. So wurde Gengenbach und die dazugehörigen Täler sehr früh evangelisch.

Jahrelang wurden die Kinder im evangelischen Glauben unterrichtet. Schließlich wünschten die Bürger von den Pfarrern, daß sie das Wichtigste über den evangelischen Glauben aufschreiben. Sie wollten selbst ihre Kinder und Hausangestellten danach unterrichten. Die Pfarrer verfaßten den Gengenbacher Katechismus und die Kinder schrieben dieses Büchlein ab. Bald stellte sich heraus, daß das Abschreiben zu langsam und zu mühsam war. Weil es von den Kindern »auch zum Teil sehr falsch abgeschrieben« wurde, ließ es der Rat 1545 drucken.

So erhielt Gengenbach einen eigenen Katechismus, ehe in Baden und in der Kurpfalz die Reformation eingeführt wurde. Dieser beginnt wie der heutige badische Katechismus mit der Frage: »Was (für eines) Glaubens bist du?« Antwort: »Ich bin ein Christ.«

Wie die Ladenburger um einen Pfarrer kämpften

Kurfürst Ludwig V. der Pfalz wollte Mißstände in der Kirche beseitigen, aber keine neue Glaubenslehre einführen. Er duldete evangelische Prediger, solange keine Beschwerden gegen sie eingingen. Sein Bruder Friedrich II., der 1544 sein Nachfolger wurde, war gegenüber der Reformation aufgeschlossener. 1545 erließ er eine Kirchenordnung, in der zum Beispiel geregelt war, daß Pfarrer heiraten und Gemeindeglieder beim Abendmahl den Kelch empfangen durften; außerdem wurde die deutsche Sprache für den Gottesdienst erlaubt. Damit sollte offiziell geregelt werden, was schon längst an vielen Orten in der Kurpfalz üblich war. Die Übernahme des lutherischen Glaubens war damit noch nicht verbunden.

In Ladenburg wurde um diese Zeit Heinrich Eckart vom Bischof in Worms als Hilfsprediger eingesetzt, aber nicht zum Pfarrer ernannt. Er war sehr beliebt als Prediger und Seelsorger. Obwohl er seit Jahren mit seiner Haushälterin zusammenlebte und sieben Kinder hatte, unternahm niemand etwas. Erst als er sie 1554 in einem öffentlichen Gottesdienst heiratete, setzte ihn der Bischof ab.

Die Ladenburger stellten daraufhin ihren beliebten Seelsorger in eigener Verantwortung an. Sie sagten, sie hätten früher »im Vortrage des wahren, lauteren Wortes Gottes... Mangel gespürt« und befürchteten, daß sie und ihre Kinder ohne diesen Prediger schnell in ein unanständiges und gottloses Leben verfallen könnten. Deshalb bezahlten sie ihn aus eigenen Mitteln. Die Gottesdienste ließen sie ihn in einer Kapelle des Hospitals halten, weil ihm die Pfarrkirche verboten war.

Zunächst schien alles gut zu gehen. Der Bischof rührte sich nicht. Einige Zeit später traf aber ein Bote des Kaisers ein. Er drohte eine hohe Geldstrafe an, falls die Ladenburger Heinrich Eckart nicht absetzen würden. Die Ladenburger waren empört, weil ihnen Ungehorsam gegen den Bischof und den Kaiser vorgeworfen wurde. Deshalb baten sie »als arme beraubte Untertanen« Kurfürst Friedrich, sich für sie einzusetzen. Dieser forderte den Kaiser auf, die Anordnung »wieder aufzuheben und den Eckart in seiner gegenwärtigen Stellung zu belassen«. Der Kurfürst wies darauf hin, daß zu Augsburg gerade über einen Religionsfrieden verhandelt wird.

Ehe der Streit geklärt war, starb Kurfürst Friedrich. Sein Neffe Ottheinrich wurde sein Nachfolger. Jetzt wurden die Ladenburger vom Kaiser vor das höchste deutsche Gericht, das Reichskammergericht, geladen. Der neue Kurfürst schrieb aber dem Gericht einen gesalzenen

Brief. Darin stellte er fest, daß für die Ladenburger Angelegenheiten er als Landesfürst und nicht das Kammergericht zuständig sei. Der Anwalt des Wormser Bischofs bestritt dies mit juristischen Spitzfindigkeiten. Wie die Sache ausgegangen ist, weiß man nicht; denn mittlerweile hatte Ottheinrich in der Kurpfalz die Reformation eingeführt. Damit war die Sache von selbst erledigt.

Politische Geschichte	**(Badische) Kirchengeschichte**
	1483 Martin Luther in Eisleben geb.
	1492 Ambrosius Blarer in Konstanz geb.
	1497 Philipp Melanchthon in Bretten geb.
	1513–1521 Papst Leo X.
	1517 Luthers Thesen über den Ablaß
	1518 Melanchthon in Wittenberg
	1518 Luther in Heidelberg
1519–1556 Karl V.	1520 Hauptschriften Luthers
1521 Reichstag in Worms Wormser Edikt: Luther in Reichsacht	1521 Kirchenbann gegen Luther Luther auf dem Reichstag in Worms Luther auf der Wartburg Anfang der Bibelübersetzung
	1522–1524 Jakob Otter in Kenzingen
1524–1525 Bauernkrieg	1523 Beginn der Reformation in Konstanz
1526 Reichstag in Speyer: Duldung	
1529 Reichstag in Speyer: Protestation	1529 Marburger Gespräch Luther/Zwingli
1530 Reichstag von Augsburg →	1530 Augsburgisches Bekenntnis
	1534 Gründung des Jesuitenordens
	1536 Calvin in Genf
	1545 Gengenbacher Katechismus
	1545 Trienter Konzil gegen die Reformation
1546–1547 Schmalkaldischer Krieg	1546 Luthers Tod
1555 Augsburger Religionsfriede →	1555 Anerkennung der Lutheraner; bis 1648 geltendes Recht: »cuius regio, eius religio« (Landesfürst legt die Konfession fest)

7. Kapitel

Zwischen Herrschaft und Fürsorge: Die Landesherren und die Reformation

Ritter Albrecht von Rosenberg schafft sich seine eigene Landeskirche

Um 1550 herrschten im Bauland viele kleinere und größere Landesherren. Mehrere Bischöfe und Klöster sowie Grafen und Ritter besaßen dort Dörfer oder kleinere Gebiete. Manche teilten sich sogar in die Herrschaft einzelner Gemeinden. Oft war unklar, wer in kirchlichen Fragen bestimmen durfte. Im Augsburger Religionsfrieden von 1555 wurde den Landesherren das Recht zugesprochen, die Religion ihrer Untertanen zu bestimmen. Dies ermöglichte es größeren und kleineren Fürsten und Rittern, in ihrem Gebiet die evangelische Lehre einzuführen. Einer von ihnen war der Ritter Albrecht von Rosenberg; er gründete sogar eine eigene kleine Landeskirche.
Als Albrecht damit begann, hatte er schon einen bewegten Lebenslauf hinter sich. Als Landsknechtsführer kämpfte er gegen Frankreich und gegen die Türken. Schließlich brachte er es zum kaiserlichen Feldmarschall. Der Kaiser selbst schlug ihn zum Ritter. Obwohl er dem katholischen Kaiser treu gedient hatte, neigte er selbst schon jahrelang der evangelischen Lehre zu. Als er 1557 endgültig heimkehrte, beschloß er, in seinen Gebieten um Boxberg herum die Reformation einzuführen. Als erstes brauchte er einen guten geistlichen Berater. Als ihm der Rothenburger Prediger Konrad Hochmuth empfohlen wurde, ließ er diesen ohne Wissen des Rates dieser Stadt zu sich kommen und setzte ihn in Boxberg als Prediger ein. Dann schrieb er nach Rothenburg:

> »Mein gantz freundlich willig dienst zuvor insonders liebe Herren, gute freunde und nachbarn. Demnach ich euren praedicanten, Herrn Conrad

> Hochmuth, zu einem prediger allhier gen Boxberg auf und angenommen, meine arme underthanen daselbst mit predigen, brauchen der hl. sacramenten und andern nothwendigen kirchengebräuchen zu versehen, bin ich guter zuversicht, ihr mir denselben gütlich und freundlich folgen lassen werdet ...«

Die Rothenburger verwunderten sich über diese Art, ihnen den Pfarrer gleichsam zu stehlen. Sie teilten Albrecht mit, daß sie Hochmuth nicht freigeben würden. Daraufhin bat Albrecht sie inständig, ihm Hochmuth zu lassen, da er »sein armes völklein hie zu versehen« habe. Schließlich stimmte der Rat zu und Hochmuth wurde der erste evangelische Pfarrer in Boxberg.

Nach und nach setzte Albrecht in allen Orten, die ihm in kirchlichen Fragen unterstanden, evangelische Pfarrer ein. Wo er dazu kein Recht hatte, versuchte er, im Tausch gegen eigenen Landbesitz, diese Rechte von anderen Landesherren zu erlangen. Innerhalb von fünf Jahren gelang es ihm, seinen Herrschaftsbereich mit evangelischen Pfarrern zu besetzen. Das Volk war begeistert, weil nun alle das Abendmahl mit Brot und Wein empfangen und die reine Lehre nach der Heiligen Schrift hören durften.

Danach erließ Albrecht eine »Polizeiordnung« für seine Gebiete, die auch die kirchlichen Fragen regelte. Wer den Gottesdienst nicht besuchte, wurde bestraft. Der Schultheiß und zwei weitere Gemeindebürger hatten während des Sonn- und Feiertagsgottesdienstes die Straßen zu überwachen. Wer zu dieser Zeit im Wirtshaus oder bei der Arbeit angetroffen wurde, mußte acht Tage bei Wasser und Brot verbringen. Das Glücksspiel und der Wirtshausbesuch wurden eingeschränkt, die Speisen und Getränke bei Tauf- und Hochzeitsfesten begrenzt. Besonders hart war die Bestrafung der Gotteslästerung. Hier drohten Prügel oder auch das Gefängnis.

Mitten in diesen Vorschriften findet sich auch schon ein Stück kirchlicher Lebensordnung. Es geht um Abendmahl, Eheordnung und die Einrichtung kirchlicher Visitation.

Zum Abendmahl wird gesagt:

> »Es solle sich auch ein jeder mentsch zu jeder zeith gegen Gott erkennen, und so oft er sich seiner selbst sünden halber erinnert, sich mit Gott zu versöhnen und das sacrament zu empfahen begehren. Und muß sich darumb nit im jahr nur einmahl heißen empfahen, sondern wan und so oft ihn seine sündt dohin tringen, solches zu begehren, dan

je öffter sich einer gegen Gott erzeigt, je besser seiner seel heyl und seeligkeit sind«.

Für die Ehe gilt: Voreilige Eheversprechen Minderjähriger ohne Zustimmung der Eltern, Vormünder oder Verwandten werden für ungültig erklärt und die Beteiligten bestraft.
Schließlich ließ Albrecht durch Beauftragte das Gemeindeleben regelmäßig überprüfen. Wer als Pfarrer angestellt wurde, mußte ein Examen ablegen. Alle Pfarrer mußten nachweisen, daß sie die reine Lehre verkündigten und das notwendige Wissen für ihr Amt mitbrachten. Für Albrecht war Bildung und Wissen besonders wichtig. Die Schulordnung, die er 1562 erließ, ist ein Beweis dafür.
Nach der Besetzung der Pfarrstellen war mit dieser Gemeinde- und Schulordnung praktisch eine eigene kleine Landeskirche entstanden.

Einführung der Reformation in Baden und der Kurpfalz

Kurfürst Ottheinrich von der Pfalz

1556 wurde Ottheinrich Kurfürst von der Pfalz und führte unmittelbar danach die Reformation ein. Er war zuvor schon über 30 Jahre Pfalzgraf von Neuburg an der Donau gewesen und hatte dort die Reformation eingeführt. Weil er jedoch hohe Schulden hatte, mußte er 1544 die Regierung niederlegen. Man hätte ihn wieder eingesetzt, wenn er zur katholischen Kirche zurückgekehrt wäre. Dies lehnte er aber ab. 1552 durfte er als Herrscher wieder zurückkehren. Im Februar 1556 starb sein Onkel Friedrich II. Im März trat Ottheinrich die Nachfolge in Heidelberg an. Am 4. April, dem Ostertag 1556, erließ er eine neue Kirchenordnung, die fast wörtlich

Badische Kirchenordnung von 1556

mit der zwei Jahre älteren aus Neuburg übereinstimmte.
Im Vorwort erklärte er, wie sich sein Glaube entwickelt hat. Seinen Theologen gab er den Auftrag, die Neuburger Ordnung nochmals an der Bibel zu überprüfen. Die Pfarrer sollen die neue Ordnung sich und den Leuten fleißig einprägen, »danach lehren, tun und leben«.

Ganz anders liest sich das Vorwort zur Kirchenordnung des badischen Markgrafen Karl II. in Durlach, die ebenfalls 1556 erlassen wurde. Er weist darauf hin, daß schon sein Vater, Markgraf Ernst, »die wahre, prophetische, christliche Religion und Lehre erkannt« und vor allem am Hof geduldet habe. Doch der Satan habe ihn gehindert, etwas zu ändern. Auch er sei von seinem Regierungsantritt 1552 bis jetzt durch den Satan an der Einführung der Reformation gehindert worden.
Den Mut zu diesem Schritt gewann er erst, als es vom Reichstag in Augsburg 1555 jedem Fürsten »freigestellt wurde, ohne Befürchtungen vor der weltlichen Gewalt, in seinem Gebiet« eine Kirchenordnung nach dem Augsburgischn Bekenntnis einzuführen. Dies bringt er offen zum Ausdruck.

Der einzige Trost im Leben und im Sterben: Der Heidelberger Katechismus

Friedrich III.: Einigung auf biblischer Grundlage

1559 wurde Friedrich Kurfürst von der Pfalz Nachfolger seines kinderlos gestorbenen Onkels Ottheinrich. Zu seinem Entsetzen mußte er feststellen, daß es unter den Pfarrern heftigen Streit über die Frage

gab, wie man sich vorzustellen habe, daß Christus bei der Feier des Abendmahls anwesend sei.
Die einen hielten sich streng an die Formulierungen des Bekenntnisses, das die Evangelischen 1530 auf dem Reichstag von Augsburg vorgelegt hatten. Dort »wird gelehrt, daß der wahre Leib und das wahre Blut Christi wirklich unter der Gestalt von Brot und Wein im Abendmahl gegenwärtig sind«.
Dies war anderen noch viel zu katholisch. Sie waren der Meinung, die Schweizer Reformatoren hätten eindeutig dargelegt, im Abendmahl werde Christus nicht mit dem Mund gegessen, sondern sei Speise für die Seele. Brot und Wein seien Zeichen dafür, daß Christus für die Gläubigen anwesend ist.
Da sich zwei Pfarrer an der Heiliggeistkirche auf der Kanzel ständig gegenseitig beschimpften, statt der Gemeinde Gottes Wort zu verkündigen, entließ Friedrich beide.
Damit war aber die Streitfrage noch nicht gelöst. Friedrich sandte deshalb eine Abordnung nach Wittenberg und bat Philipp Melanchthon um ein theologisches Gutachten.
Melanchthon gab einen Rat, der zu großen Veränderungen führte, ohne daß Melanchthon dies wollte. Er empfahl, sich an das Wort des Apostels Paulus zu halten: »Das Brot, das wir brechen, ist die Gemeinschaft mit dem Leib Christi.« Damit konnte man die Frage übergehen, ob Christus im Brot oder in der Seele gegenwärtig ist.
Dies war für Friedrich eine wirklich biblische Auskunft, alles andere nur menschliche Streiterei. Melanchthon hatte ihm klargemacht, daß Christus uns im Abendmahl zweierlei gibt: Er macht uns zu seinen Gliedern und macht uns nach dem Tod wieder lebendig. Darin besteht der Trost der Abendmahlsfeier.
Kurfürst Friedrich war fest davon überzeugt, mit dieser Erklärung genau das zu sagen, was im Augsburger Bekenntnis gemeint ist; denn dort fehlt im lateinischen Text der umstrittene Satzteil »unter der Gestalt von Brot und Wein«.
Dies war wichtig; denn bei dem Augsburger Religionsfrieden von 1555 wurden nur die evangelischen Staaten anerkannt, die das Augsburgische Bekenntnis von 1530 unterschrieben hatten, nicht die Evangelischen in der Schweiz, Frankreich, Schottland und Holland. Wäre Friedrich vom Augsburger Bekenntnis öffentlich abgefallen, dann

hätte die Kurpfalz nicht mehr den Schutz des Friedensvertrags genossen.

Fürstenhochzeit mit Streitgespräch

Im selben Jahr wurde seine erst elfjährige Tochter Dorothea Susanna mit dem Herzog von Sachsen-Weimar verheiratet. Aus diesem Grunde war eine große Zahl von Fürsten, Grafen und Baronen in Heidelberg. Dies hielt Friedrich für die passende Gelegenheit, eine öffentliche Diskussion über die richtigen Auffassungen vom Abendmahl führen zu lassen.
Das Streitgespräch dauerte fünf Tage. Man rechnete im voraus damit, daß die Bevölkerung und die Studenten großes Interesse daran hatten. Man erwartete viele Besucher und erhitzte Gemüter. So traf man umfangreiche Sicherheitsvorkehrungen. Dies geht aus dem Einladungsschreiben des Rektors der Universität hervor.
Er verlangte, daß alle Besucher in anständiger Kleidung kommen, vor allem aber die Studenten »in würdiger Haltung, ohne Hüte, Waffen oder lange Degen« vor der Universität warteten, bis die offiziellen Staatsgäste Platz genommen hatten. Ansonsten sollten sie nichts beschädigen, still und bescheiden zuhören, keine Zwischenrufe machen oder durch Unruhe, Zischen oder andere Geräusche die Diskussion der Gelehrten stören. Für Verstöße wurden schwere Strafen angedroht.
Das Ergebnis dieser Diskussion war, daß Friedrich noch überzeugter an seiner Auffassung festhielt.

Die neue Kirchenordnung

Nach jahrelangen Auseinandersetzungen hielt es Friedrich für unbedingt notwendig, seinem Land eine einheitliche Kirchenordnung zu geben. Er hatte festgestellt, daß seine Vorgänger zwar »allerhand christliche und nützliche Ordnungen« zur Ehre Gottes erlassen hatten. An diese hätte man sich aber nicht gehalten. Die Pfarrer und Lehrer hätten die Jugend nur fahrlässig oder gar nicht im Glauben unter-

richtet und ihnen unnötige Streitfragen statt der biblischen Botschaft beigebracht.
Er gab den Professoren der Universität den Auftrag, die Kirchenordnung zu erarbeiten. Sie waren inzwischen alle Anhänger Calvins, auch der Professor für Dogmatik, Zacharias Ursinus. Er verfaßte zusammen mit seinem Vorgänger den Heidelberger Katechismus. Dieser wurde 1563 zusammen mit Olevians Kirchenordnung veröffentlicht.
Gleich die erste Frage des Katechismus macht deutlich, daß es Kurfürst Friedrich um einen Glauben ging, der im Leben und beim Sterben genügend Kraft gibt, weil man weiß, daß man zu Jesus Christus gehört.

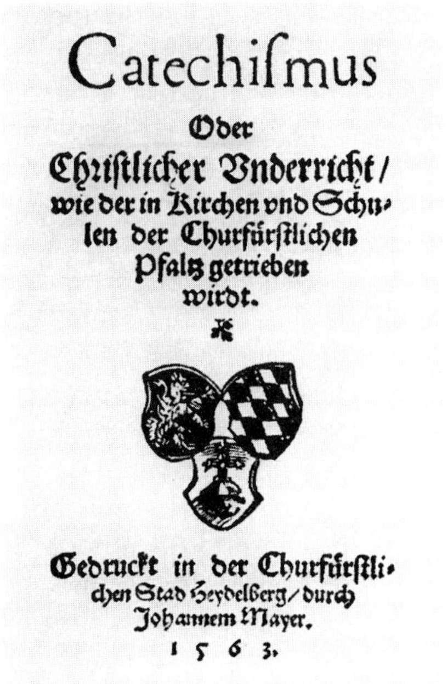
Catechiſmus
Oder
Chriſtlicher Underricht /
wie der in Kirchen vnd Schu-
len der Churfürſtlichen
Pfaltz getrieben
wirdt.

Gedruckt in der Churfürſtli-
chen Stad Heydelberg / durch
Johannem Mayer.
1 5 6 3.

Heidelberger Katechismus

Der Heidelberger Katechismus ist noch heute eine der wichtigsten Bekenntnisschriften der Reformierten Kirche in aller Welt.

Achtung vor dem Glauben anderer

Der gebürtige Brettener Philipp Melanchthon hatte das Bekenntnis verfaßt, das 1530 beim Reichstag in Augsburg von den Anhängern Luthers gemeinsam unterzeichnet wurde. Bald ging der Streit um einzelne Formulierungen los. Melanchthon hatte ihn teilweise selbst ausgelöst, weil er den Wortlaut des Bekenntnisses veränderte. Die lutherischen Theologen und Landesfürsten einigten sich 1576 über die umstrittenen Fragen in der »Konkordienformel«.
Einige badische Pfarrer hätten diese jahrelangen Bemühungen beinahe zu Fall gebracht. Sie hatten keine Einwände gegen den Inhalt dieser Bekenntnisschrift; aber sie waren davon überzeugt, daß man

anderen den eigenen Glauben nicht aufzwingen darf. Deshalb weigerten sich die Pfarrer von Binzen, Eimeldingen, Efringen, Niedereggenen und Tüllingen, die Konkordienformel zu unterschreiben, wenn sie nicht den Zusatz erhielt: »Andersdenkende Personen und Kirchen verdammen wir nicht.« Dies war man den schweizerischen Reformierten in Basel und Umgebung schuldig. So blieben sie hart, als Abgesandte des markgräflichen Hofs sie zu überreden versuchten. Erst als in einem Vorwort dieser Grundsatz schriftlich festgehalten wurde, leisteten auch sie ihre Unterschrift. So haben sie der Duldsamkeit in Glaubensfragen einen wichtigen Dienst erwiesen.
Im eigenen Glauben gewiß sein und Andersdenkende trotzdem achten, dies nennt man seither »badische Liberalität«. Als 1821 die Reformierten und Lutheraner in Baden sich zusammenschlossen, hat sich diese Liberalität erneut bewährt. Bei der Frage über das Abendmahl hat man Sinn und Bedeutung der Feier beschrieben, »ohne jedoch damit in Hinsicht der besonderen Vorstellungen darin die Gewissen binden zu wollen.«

»Zum Glauben kann und soll man niemand zwingen«

Dies hatte Martin Luther 1523 gefordert. Es war ein erster Schritt auf dem Weg zur Glaubens- und Gewissensfreiheit. Die Fürsten dachten damals noch anders. Markgraf Karl II. von Baden hatte 1556 als letzter der deutschen Fürsten die Reformation offiziell eingeführt. Als er starb, waren seine drei Söhne noch unmündig. Sie wurden am Hof in Stuttgart erzogen. Später bekam jeder die Herrschaft über einen Landesteil.
1583 wurde Ernst-Friedrich Markgraf von Baden-Durlach, dem nördlichsten Teil. Er war durch fleißiges Bibelstudium ein Anhänger Calvins geworden. Die Calvinisten gingen mit den kirchlichen Reformen weiter als Luther. Sie nannten sich deshalb »Reformierte«.
Ernst-Friedrich wollte in seinem Gebiet wie in der Kurpfalz den Heidelberger Katechismus einführen und allmählich reformierte Pfarrer und Staatsräte einsetzen. In der neuen Residenzstadt Durlach ging dies ohne Schwierigkeiten. Aber die Stadt Pforzheim wollte sich ihren Glauben nicht vorschreiben lassen. So wäre es beinahe zu einem

Pforzheimer Siegel von 1601

Krieg zwischen den Bürgern der Stadt und dem Markgrafen gekommen.
Begonnen hatte alles mit einer Predigt des Pforzheimer Dekans Unger. Als dieser 1601 die neue Politik Ernst-Friedrichs erkannte, griff er den Markgrafen öffentlich an. Er bezog die Warnung Jesu vor falschen Propheten auf die Reformierten. Darauf setzte Ernst-Friedrich ihn und alle Pforzheimer Pfarrer ab und wollte drei reformierte Pfarrer einsetzen.
Die Pforzheimer Bürger versammelten sich auf dem Marktplatz und schworen, daß sie lieber sterben wollten, als sich einen anderen Glauben aufzwingen zu lassen. Sie bildeten einen Ausschuß von dreizehn Männern, der für Glaubensfragen zuständig sein sollte. Außerdem machten sie sich ein eigenes Siegel mit dem Bild des auferstandenen Christus und den Worten »Siegel der Pforzheimer Konkordie«. So bildeten sie gewissermaßen eine eigene Kirche. Die Hofräte sagten dem Markgrafen, wie unklug er vorgegangen war. Er hätte zuerst einflußreiche Bürger gewinnen müssen, ehe er Neuerungen einführt.
Drei Jahre später zog der Markgraf dann doch mit einem Heer nach Pforzheim. Die Bürger verrammelten die Stadttore mit Pferdewagen und anderen Gegenständen. Es kam aber nicht zum Kampf, denn Ernst-Friedrich erlitt einen Schlaganfall und starb in Remchingen. Er zog nicht als Eroberer, sondern als Toter in die Stadt und wurde in der Schloßkirche beigesetzt.

Emmendingen bleibt evangelisch

Karl II. hinterließ seinen drei Söhnen je einen Teil der Markgrafschaft Baden. Jakob übernahm 1584 die Regierung im Hochberger Land und machte Emmendingen zu seiner Hauptstadt. Er war wie seine Brüder evangelisch erzogen worden. Als Student stand er aber auch unter

dem Einfluß seines gelehrten Onkels, des Erzbischofs von Trier. So war ihm katholisches Gedankengut sehr gut vertraut.
Seine Zeitgenossen beschreiben ihn als besonders schön, hochgewachsen und kräftig. Er war sehr gebildet und sprachbegabt, andererseits sportlich und kriegsbegeistert. Seine militärischen Dienste bot er erfolgreich mehreren evangelischen Fürsten an. Als er in spanische Dienste trat, kämpfte er auf der katholischen Seite. Mit Glaubensüberzeugungen hatte dies nichts zu tun, sondern mit der Freude am Kämpfen.
Jakobs Leibarzt war Johannes Pistorius, ein lutherischer Pfarrerssohn. Dieser trat zunächst vom Luthertum zum reformierten Calvinismus über und wurde schließlich ein eifriger Katholik. So setzte er auch alles daran, seinen Landesherren für seinen eigenen Glauben zu gewinnen. Dies gelang ihm. Jakob wollte jedoch zuvor ein Religionsgespräch zwischen lutherischen und katholischen Gelehrten durchführen. Dort sollte öffentlich festgestellt werden, daß die katholische Kirche im Recht ist. Pistorius hatte aber schon vorher notiert: »Ob es zur Disputation kommt oder nicht, er wird in seinem Vorhaben nicht wankend werden.«
Im Juni 1590 fand dieses Religionsgespräch statt. Dazu waren aber nur Pfarrer und Beamte eingeladen, die beim Markgrafen bedienstet waren. Der Sohn eines Teilnehmers, Johannes Fecht, sah dies als Schachzug des Markgrafen an, weil damit alle Gesprächsteilnehmer »sowohl durch die Macht des Fürsten als auch durch die Bedeutung des Ortes eingeschüchtert wurden und nichts zu entgegnen wagten, so daß die anwesenden Bediensteten das Urteil des Fürsten für die Partei des Papstes entweder durch Beifall oder durch Kopfnicken bestätigten«.
Bei dem Gespräch ging es um Unterschiede der Schriftauslegung zwischen Lutheranern und Reformierten und die Frage, ob vor Luther schon andere Kirchenlehrer ähnliche Auffassungen gelehrt hätten. Bei der Schlußsitzung tobte heftiges Gewitter. Jeder Donnerschlag ist im Protokoll vermerkt. Er wurde von jeder Partei als Gottes Zustimmung für ihre Auffassung gedeutet.
Nun ging alles sehr rasch. Am 17. Juni war das Gespräch beendet, am 25. Juli trat Jakob im Kloster Tennenbach offiziell in die katholische Kirche ein. Am 18. August feierte Papst Sixtus V. in Rom ein

großes Dankfest. Georg Friedrich, der jüngste Bruder Jakobs, war damals gerade in Rom und schrieb: »Der Papst hat die Prozession trotz seinem hohen Alter barfuß begleitet, und ist dann wenige Tage darauf gestorben.«

Als dieses Dankfest in Rom stattfand, war der Grund zum Feiern schon nicht mehr vorhanden. Am Abend vorher war nämlich Markgraf Jakob gestorben. Über die Ursache seines Todes gab es schon damals die verschiedensten Gerüchte. Offiziell hieß es, er habe wenige Tage vorher bei der Rückreise von einer Badekur in Villingen Kirschen gegessen und darauf Wasser getrunken. Sein Leibarzt Pistorius berichtete, er habe bei der Obduktion eine Arsenvergiftung festgestellt, die von den Gegnern seines Übertritts zur katholischen Kirche stammen müsse. Jakob selbst hat auf dem Sterbebett seinen Tod als Strafe Gottes dafür angesehen, daß er nicht schon früher katholisch wurde.

Nach seinem Tod fiel die Herrschaft an seinen älteren Bruder Ernst-Friedrich. Jakob hatte angeordnet, daß die evangelischen Pfarrer innerhalb von drei Wochen ihr Amt niederlegen und innerhalb von drei Monaten das Pfarrhaus verlassen mußten. Aus Freiburg und anderen katholischen Gebieten waren schon neue Pfarrer angefordert. Dies konnte Markgraf Ernst-Friedrich noch rückgängig machen.

sprach, die Rechte der evangelischen Landstände und die der Protestanten allgemein zu achten. Als er das Versprechen brach, geriet Böhmen in Aufruhr. Die Unzufriedenen trafen sich 1618 in Prag zu einem Protestantentag. Eine radikale evangelische Gruppe drang in die Prager Burg ein und warf zwei königliche Statthalter zum Fenster hinaus. Diese überlebten den Sturz mit geringen Verletzungen und flohen eilig.
Der Versuch des Kaisers und einiger Fürsten, einen Kompromiß zwischen Ferdinand und den Böhmen herbeizuführen, schlug fehl. Der Kaiser starb kurz darauf. Im August 1619 setzten die Böhmen Ferdinand ab. Neun Tage später wurde dieser in Frankfurt zum deutschen Kaiser gewählt. Fast gleichzeitig wählten die Landstände in Prag den Pfälzer Kurfürsten zum König von Böhmen. Dieser schwankte, ob er die Wahl annehmen sollte. Seine Räte in Heidelberg, seine kurfürstlichen Kollegen und vor allem sein Schwiegervater, der König von England, rieten ihm ab: Der Kaiser und das katholische Fürstenbündnis, die Liga, seien zu mächtig und die evangelischen Fürsten nicht zur Hilfe bereit. Schließlich änderte Friedrich seine Haltung. Er erklärte, es sei protestantische Christenpflicht, die Wahl anzunehmen. Im Herbst brach er mit großem Gefolge nach Böhmen auf, zog feierlich in Prag ein und wurde am 4. November 1619 im Veitsdom gekrönt. Er selbst gewann zwar Sympathien, aber seine mitgebrachten Beamten verärgerten vor allem die Prager; sie wollten den Calvinismus in Böhmen einführen.
Inzwischen war es dem katholischen Kaiser gelungen, die Fürsten der evangelischen Union vertraglich zur Neutralität zu verpflichten. Nun zog das kaiserliche Heer zusammen mit bayerischen Truppen der Liga nach Böhmen. Am Weißen Berg wurden die Truppen Friedrichs entscheidend geschlagen. Friedrich mußte mit Gemahlin und Gefolge überstürzt fliehen. Sein Land wurde ihm weggenommen. Die kaiserlichen Truppen unter Tilly zogen anschließend in die Kurpfalz, wo inzwischen schon die Verbündeten des Kaisers, die Spanier, eingefallen waren. Nur der Markgraf Georg Friedrich von Baden-Durlach wollte dem Pfälzer Kurfürsten und damit der protestantischen Sache helfen. Nach Anfangserfolgen wurde er bei Wimpfen besiegt. Die Bevölkerung der Pfalz und der Markgrafschaft Baden-Durlach mußten schwer unter dem Krieg leiden. Heidelberg und Mannheim wurden

geplündert, teilweise zerstört, die wertvolle Bibliothek aus der Heiliggeistkirche weggeschleppt. Niemand ahnte aber damals, daß damit ein Krieg begonnen hatte, der Deutschland dreißig Jahre lang verwüsten sollte.

Mutter aller Bibliotheken: Die Palatina

Rund zweihundert Jahre lang, von 1419 bis 1623, besaß Heidelberg eine Büchersammlung, die unter dem Namen Bibliotheca Palatina (»Bibliothek der Pfalz») in ganz Europa bekannt und berühmt wurde. Sie war auf den Emporen der Heiliggeistkirche untergebracht und konnte von Lesern des Heiliggeiststiftes sowie der Universität genutzt werden. Von Gelehrten wurde sie die »Mutter aller Bibliotheken« genannt. Die Bücher standen nicht in Regalen wie in heutigen Büchereien, sondern lagen auf Pulten. Sie waren mit Ketten oder Stangen, welche durch Ringe an den Buchbeschlägen liefen, an den Pulten befestigt. So konnte man die Bücher lesen, aber nicht vom Pult wegnehmen.

Eine Bücherschenkung für die Universität und 152 handgeschriebene Bände, welche Kurfürst Ludwig III. dem Heiliggeiststift vermachte, bildeten die Grundlagen für die Sammlung der Palatina. 1559 erbte die Bibliothek die Bücher und Handschriften des Kurfürsten Ottheinrich, die dieser auf Reisen und Kriegszügen teilweise gekauft, teilweise erbeutet hatte. Eine gewaltige Erweiterung erfuhr die Bibliothek durch Ulrich Fugger, der aus der weltberühmten Augsburger Kaufmannsfamilie stammte. Nach Studien in Italien und Frankreich kehrte er nach Augsburg zurück und wurde evangelisch. Protestantische Gelehrte sammelten sich um ihn, der weitgereist und sehr belesen war. Mit großer Leidenschaft kaufte er immer neue Bücher, bis er 160.000 Gulden Schulden hatte. Er wurde in Schuldhaft genommen und ein Teil seines Besitzes verkauft. Nach seiner Freilassung übersiedelte er nach Heidelberg. Der Kurfürst hatte ihn eingeladen. Mit vier Wagen voll Büchern, die zusammen 253 Zentner wogen, kam er an und übergab die kostbare Fracht der Palatina. Darunter waren hebräische, griechische und lateinische Handschriften, aber auch mittelalterliche, mit echtem Gold verzierte Evangelienbücher und andere seltene Stücke. Später kamen weitere Käufe des Kurfürsten hinzu, so

BAP. PLATINAE HISTORIA,

Von der Bäpst vnd Keiser leben.

Von Petro vnnd Tiberio an biß auff Carolum V. vnd Paulum III. Des Jars M. D. XLVI continuirt vnd zůsammen tragen.

Mit einer nützlichen Vorred an den Durchleuchtigen / Hochgebornen / Fürsten vnd Herrn / Herrn Otthainrichen Pfaltzgrauen bei Rhein / Hertzogen in Nidern vnd Obern Baiern.

Straßburg.

M. D. XLVI.

daß die Palatina bei Ausbruch des Dreißigjährigen Krieges über achttausend Bände zählte.
Nach der Eroberung Heidelbergs und der Kurpfalz durch Tilly 1622 gab der Kaiser das Land dem bayerischen Kurfürsten Maximilian. Dieser schenkte die Palatina dem Papst »als ein beuth zur erzaigung meiner gehorsambisten schuldigen affection«. Ein griechischer Gelehrter wurde vom Vatikan beauftragt, die Bibliothek in Besitz zu nehmen und sie sicher nach Rom zu bringen. Die Heidelberger Bevölkerung leistete passiven Widerstand, als die Schätze verpackt werden sollten. Holz für Kisten und Stricke waren nicht zu bekommen. Die Soldaten des Begleitkommandos zersägten Pulte und Schränke der Stiftsbibliothek und rissen die Täfelung in kurfürstlichen Zimmern herunter, um Kisten herzustellen. Tücher und Stricke wurden von Worms und Speyer geholt. Am 14. Februar 1623 verließen die fünfzig Wagen mit den Büchern in 184 Kisten unter dem Schutz von 60 Musketieren die Stadt Heidelberg und kamen nach beschwerlicher und gefahrvoller Reise Ende Juli in Rom an. Dort sind die meisten Stücke noch heute in der Bibliothek des Vatikans zu finden. Die Trauer über den Verlust der Palatina war groß. Wahrscheinlich wären aber die Bücher in den Franzosenkriegen verbrannt, wenn sie nicht nach Rom gebracht worden wären. Später kam übrigens ein kleiner Teil zurück und gehört heute zu den Kostbarkeiten der Heidelberger Universitätsbibliothek.

Die badischen Markgrafschaften im Dreißigjährigen Krieg

Als 1618 der große Krieg ausbrach, herrschten die Markgrafen von Baden-Durlach auch über Baden-Baden. Sie hatten vor mehr als zwanzig Jahren das Land als Pfand für die Schulden besetzt, die sie für den damaligen Markgrafen von Baden-Baden, ihren Vetter, bezahlen sollten. Der Verschuldete starb 1600 und hinterließ einen kleinen Sohn. Diesem wollten die Baden-Durlacher das Land nicht zurückgeben.
Die Vettern hatten verschiedene Bekenntnisse. Die Baden-Durlacher waren evangelisch, die Markgrafen von Baden-Baden katholisch. Die Einwohner dieses Landes zwischen Acher und Murg waren während

Links: Papstgeschichte aus der Sammlung der Palatina

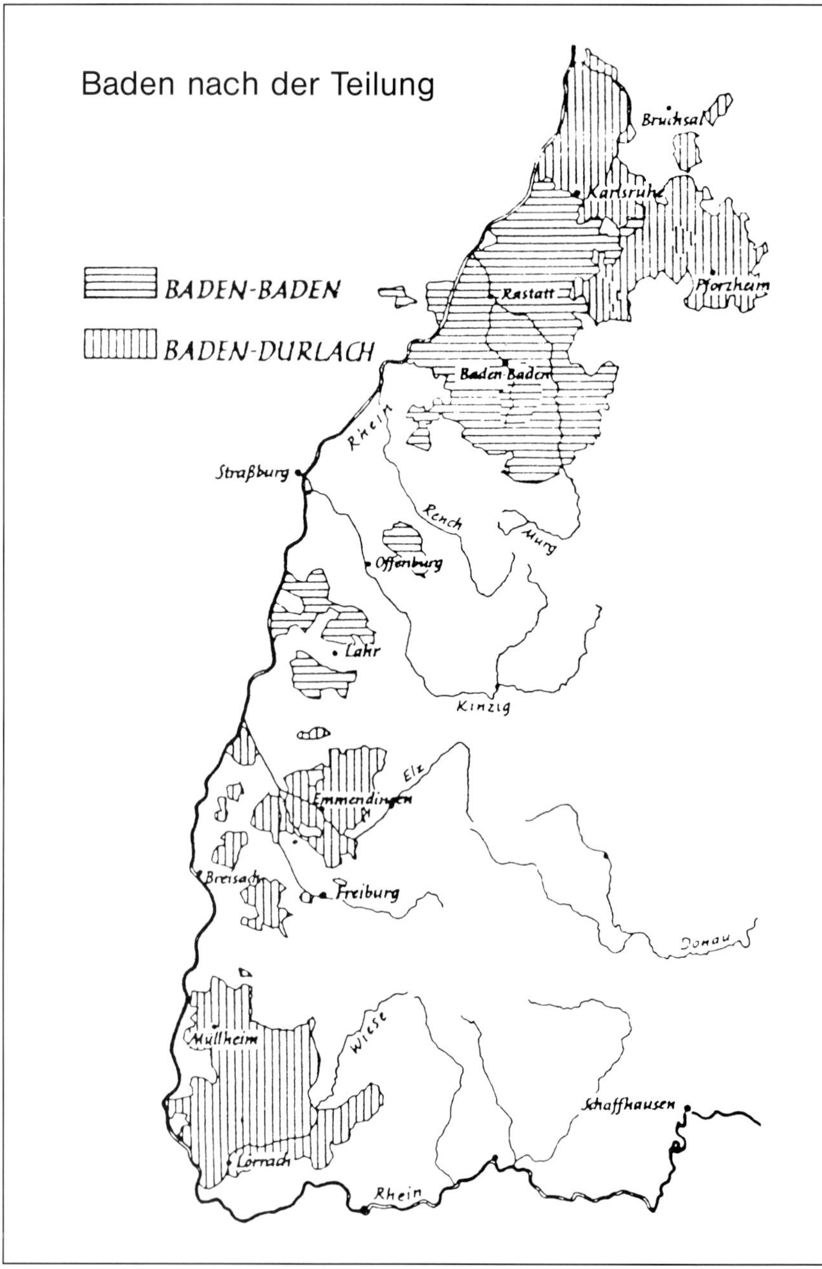

Karte der Markgrafschaften nach der Teilung von 1535

der Baden-Durlacher Herrschaft größtenteils evangelisch geworden. Die Markgrafschaft Baden-Durlach war mit der Kurpfalz verbündet und wurde wie diese in den ersten Kriegsjahren verwüstet. Die Markgrafschaft Baden-Baden wurde jedoch zunächst kaum vom Krieg erfaßt, denn nach der Schlacht am Weißen Berg und den weiteren Niederlagen der Evangelischen durch die kaiserlichen Truppen hatte 1622 der Reichshofrat in Wien entschieden, daß der inzwischen herangewachsene katholische Markgraf Wilhelm als rechtmäßiger Herrscher sein Land, die Markgrafschaft Baden-Baden, zurückbekommen sollte. Das Urteil war den Richtern leicht gefallen, da der Baden-Durlacher Markgraf nach der Niederlage seiner Truppen gegen die Kaiserlichen auf der Flucht war. Mit Wilhelm kamen die tüchtigen Helfer der Gegenreformation, Jesuiten und Kapuziner, ins Land. Sie sorgten dafür, daß die Einwohner der Markgrafschaft Baden-Baden sehr schnell wieder katholisch wurden. Baden-Durlach blieb zwar evangelisch, aber die Klöster mußten wieder den Orden zurückgegeben werden.
Zehn Jahre lang blieben die beiden Fürstentümer von kriegerischen Handlungen weitgehend verschont; dann kamen die Schweden. Der Baden-Badener Markgraf floh, der Durlacher verbündete sich mit ihnen. Der schwedische Kanzler übergab ihm wieder Baden-Baden. Nun sollten die Leute von neuem lutherisch glauben. Wer daraufhin allzuschnell sein Bekenntnis wechselte, mußte es zwei Jahre später büßen. Nach der Niederlage der Schweden bei Nördlingen 1634 kam Markgraf Wilhelm zurück und mit ihm die vertriebenen Jesuiten. Wer es ablehnte, seinem »Mutwillen zu entsagen», also evangelisch bleiben wollte, mußte die Markgrafschaft verlassen. Manche wurden innerhalb von drei Tagen ausgewiesen. Selbst in Gebieten, die schon seit der Reformationszeit evangelisch waren, wurden die Pfarrer ausgewiesen, die Kirchen gesperrt und die evangelischen Schüler in katholische Schulen geschickt. Die Jesuiten übernahmen den Unterricht an den höheren Schulen des Landes. In Ettlingen und Baden-Baden bekamen sie Ordenshäuser.
Markgraf Friedrich V. von Baden-Durlach mußte nach Straßburg fliehen. Sein Land wurde von den Kaiserlichen besetzt und wie schon zu Anfang des Krieges geplündert. Dann wurde es Markgraf Wilhelm übergeben, der hier allerdings nicht mit Gewalt zum katholischen Glauben bekehren wollte. Erst mit dem Westfälischen Frieden 1648

erhielt Friedrich seine Markgrafschaft zurück. Sie sah fürchterlich aus. Die Bevölkerung war auf ein Viertel der Vorkriegszahl geschrumpft, die Äcker waren verwüstet, Straßen zerstört, Häuser verbrannt. Südlich der Markgrafschaft Baden-Baden wurden nicht nur badische, sondern auch andere Gebiete viel stärker vom Krieg heimgesucht. So hatte Renchen, das dem Bischof von Straßburg gehörte, noch 17 von einst 180 Bürgern und die Dörfer des Klosters Schwarzach noch 155 von ehemals 550 Einwohnern.

Die Mauer in der Heiliggeist-Kirche

Im Jahre 1556 wurden die Kurpfälzer evangelisch. Bis zum Jahr 1634 mußte die Bevölkerung achtmal die Konfession wechseln, weil seit dem Augsburger Religionsfrieden (1555) die Konfession der jeweiligen Herrschaft von den Bewohnern ihres Landes übernommen werden mußte (cuius regio eius religio). In einer Chronik aus dem Jahr 1645 heißt es : »Das seynd nun viel unterschiedliche Veränderungen, so sich in kurzer Zeit begeben, dergleichen vielleicht an keinem Ort und in keinem Land geschehen sein.« Man kann sich vorstellen, was es für die Menschen bedeutete, immer neu vor die Entscheidung gestellt zu werden, entweder gegen ihre Überzeugung die Konfessionen zu wechseln oder die Heimat zu verlassen. Verheerende Folgen für die Glaubwürdigkeit des Glaubens sind darüber hinaus anzunehmen, wenn Glaube erzwungen wird und erzwungener Glaube gelebt werden soll.
So wurden die Friedensbestrebungen unter Karl Ludwig (1649-1680) in den folgenden Jahren Anlaß zu großen Hoffnungen. Lutheraner und Reformierte kamen einander näher. Der Kurfürst, selbst reformiert, rief nach den schweren Verlusten des Dreißigjährigen Krieges reformierte, lutherische und andere Gruppen der Reformation ins Land. Man lernte voneinander. In Heidelberg gestattete der Kurfürst den Lutheranern öffentliche Gottesdienste in der Spitalkirche. Eine Zeitlang benutzten Lutheraner und Reformierte gemeinsam die Peterskirche. Schließlich erlaubte der Kurfürst den Lutheranern den Bau einer eigenen Kirche: Im Jahr 1661 wurde die Providenzkirche (Kirche der göttlichen Vorsehung) eingeweiht. In Mannheim wurde 1680 die »Konkordienkirche« (Kirche der Eintracht) für Reformierte,

Lutheraner und Katholiken von Vertretern der drei Konfessionen eingeweiht. Auch damals gab es schon Bestrebungen, die beiden evangelischen Konfessionen zur Einheit zu führen.

Heiliggeist-Kirche in Heidelberg (Merian 1620)

Die Zeit der Hoffnung endete jäh nach dem frühen Tod Karls, des Sohnes von Karl Ludwig. Nur fünf Jahre dauerte seine Regierungszeit; er hatte die Versöhnungspolitik seines Vaters zwar nicht fortgesetzt, war aber bei der Duldung der Konfessionen geblieben. Nach seinem Tod kam das katholische Fürstenhaus Pfalz-Neuburg an die Macht. Eine lange Leidenszeit für die evangelische Bevölkerung begann. Sie dauerte bis zum Jahr 1803.

Bei Kurfürst Philipp Wilhelm (1685-90), der als Siebzigjähriger an die Regierung kam, hielten sich die Probleme noch in Grenzen. Bei seinem Regierungsantritt hatte er versprochen, die bestehende Konfession zu achten; daran hielt er sich auch. Er förderte freilich den katholischen Glauben. So stellte er den katholischen Christen seine Schloßkirche in Heidelberg zur Verfügung. Auch ein Kloster konnte errichtet werden; 1688 wurde das Kapuzinerkloster fertiggestellt.

Schlimm wurde es für die Protestanten unter dem neuen Kurfürsten Johann Wilhelm (1690-1716). Es war die Zeit des Pfälzischen Erbfolgekrieges, der der Bevölkerung in der Kurpfalz so große Leiden brachte. Im Jahre 1693 wurde Heidelberg erobert. Alle Kirchen, außer der Kirche der Kapuziner, wurden zerstört. Nach dem Wiederaufbau wurde den Katholiken eine weitere Kirche, die Jakobskirche, zur Verfügung gestellt. Mehrere Klöster wurden in der reformierten Stadt neu gegründet. 1703 wurde der Bau des großen Jesuitenkollegs begonnen. Vor allem häuften sich aber die Übergriffe in bestehende Rechte der Evangelischen. Die evangelischen Untertanen mußten die katholischen Feiertage mitfeiern, alle reformierten Kirchen wurden für die lutherischen und katholischen Gottesdienste geöffnet. Für 240 Kirchen des Landes erhielten die Katholiken die Mitbenutzung. Sie wurde zum Teil mit Polizeigewalt durchgesetzt. Im Jahr 1705 wurde eine Reihe von Kirchen den Reformierten schließlich ganz genommen und den Katholiken übergeben: Von je sieben Dorfkirchen erhielten die Katholiken immer zwei. Hatten die Städte nur eine Kirche, sollte diese durch eine Mauer geteilt werden. Damals wurde auch die Heiliggeistkirche durch eine Mauer getrennt, obwohl es in Heidelberg mehrere Kirchen gab. Die Katholiken erhielten den Chor mit einem besonderen Eingang, die Evangelischen das Schiff und den Turm. Die Glocken wiederum wurden den Katholiken zum Gebrauch überlassen. Diese »Vereinbarung« wurde vom Kaiser genehmigt. Der Papst erklärte sie für »null und nichtig», weil eine kirchengesetzliche Teilung mit »Ketzern« unmöglich sei. Damit konnte sich der Kurfürst von den Rechtsverpflichtungen, die ihm vertraglich auferlegt waren, entbunden fühlen.

Im Jahre 1716 wurde Karl Philipp Kurfürst. Vor seinem Amtsantritt war er Priester in Tirol. Er verschärfte die Religionspolitik weiter und verbot den Evangelischen 1719 den Gebrauch des Heidelberger Katechismus. Schon von Tirol aus hatte er den katholischen Dekan in Heidelberg angewiesen, den Reformierten auch Schiff und Turm der Heiliggeistkirche zu nehmen, obwohl in diesen Jahren gerade die große Jesuitenkirche gebaut wurde und die katholische Gemeinde nur ein Drittel der Bevölkerung ausmachte. Der katholische Dekan versuchte zunächst eine gütliche Regelung, umsonst. Der Kurfürst drängte auf die Verwirklichung seines Wunsches. Der reformierte Kirchenrat wurde aufs Schloß zitiert. Dort versprach man, eine neue Kirche für die Evangelischen zu bauen. Da der Erzbischof von Trier gerade zu Besuch sei, könne er die zurückgegebene Kirche sofort weihen. Die Übergabe müsse aber umgehend erfolgen; nur unter dieser Bedingung würden die Kosten für die neue Kirche übernommen. Der Kirchenrat erbat sich noch Bedenkzeit. Am nächsten Tag schon wurde ihm das allerhöchste Mißfallen darüber ausgesprochen, daß die Kirche noch gestern und heute von der evangelischen Gemeinde benutzt

worden sei. Der Schlüssel sollte schleunigst herausgegeben werden. Der Kirchenrat verweigerte es. Daraufhin wurde ihm eine Frist von fünf Tagen gesetzt; man würde dem Glöckner nach Ablauf dieser Frist den Schlüssel notfalls mit Gewalt nehmen. Darauf wurde der Schlüssel ins Pfarrhaus gebracht. Am Tag des Ablaufs der Frist wurde der Glöckner auf dem Weg ins Pfarrhaus festgehalten. Man machte ihm vor, der Kirchenrat habe der Herausgabe des Schlüssels zugestimmt. In der Zwischenzeit hatten sich reformierte Bürger in der Kirche mit einem zweiten Schlüssel eingeschlossen und die Schlösser verändert. Mit Hilfe des Uhraufziehers drangen Beauftragte des Kurfürsten aber durch eine kleine Pforte in den Turm, von da aus auf eine der Emporen, von wo sie sich mit den Glockenseilen in das Schiff herabließen. Von innen öffneten sie die Riegel des Portals. Ein kurfürstlicher Rat, der katholische Dekan, der Weihbischof von Worms, ein Oberst mit einigen Soldaten, einige Tiroler Steinmetze und mit ihnen eine Menge Leute drangen in die Kirche ein und begannen, die Mauern abzureißen. Damit war evangelischer Gottesdienst nicht mehr möglich.
Nun versammelten sich die Evangelischen täglich im Freien. Dies wurde ihnen bald verboten. Darauf riefen sie das Reich an. Die Reichsstände griffen die Angelegenheit auf. Der preußische König, Friedrich Wilhelm I., sandte einen Minister an den kurfürstlichen Hof, um dort deutlich zu machen, daß der Kurfürst den Reichsfrieden gebrochen habe. Auch der englische König und die holländische Regierung versuchten durch Gesandte, den Kurfürsten zur Rückgabe des Schiffs an die Evangelischen zu bewegen. Selbst katholische Priester in Heidelberg rieten dem Kurfürsten zum Einlenken. Er aber, gestärkt durch ein Schreiben des Papstes, blieb bei seiner Entscheidung und hoffte auf das Schweigen des Kaisers. Der Erzbischof von Canterbury stärkte wiederum durch ein Schreiben den Evangelischen den Rücken. Prinz Eugen von Savoyen trat beim Kaiser für die Sache der Evangelischen ein. Dieser schritt dann endlich ein und sandte am 25. März 1720 einen Kurier zum Kurfürsten mit dem Befehl, das Kirchenschiff den Reformierten wieder zurückzugeben.
Der aber rief die Bürgerschaft zusammen und drohte, mit seinem ganzen Hofstaat von Heidelberg wegzuziehen, die Neckarbrücke abzubrechen und dafür zu sorgen, daß Heidelberg zum Dorf herabsinke und Gras auf den Straßen wachse. Ohne die Gesandten aus ande-

ren Staaten hätte die Bürgerschaft unter dieser Drohung wohl nachgegeben. Als ein zweiter kaiserlicher Kurier mit Gewaltanwendung drohte, mußte sich der Kurfürst fügen. Die Mauer wurde wieder aufgebaut! Aus Freude über die wiedergewonnene Kirche stifteten damals Gemeindeglieder Tauf- und Abendmahlsgeräte, die heute noch im Gebrauch sind. Der Kurfürst aber machte seine Drohung, Heidelberg zu verlassen, wahr: 1720 zog er nach Mannheim um. Die evangelische Bevölkerung wurde weiterhin benachteiligt.

Dies änderte sich auch nicht mit dem Kurfürsten Karl Theodor (1743-1799), der so viel für die Kurpfalz und die Förderung der Kultur und Kunst getan hat. Evangelische wurden in den Staatsdienst nicht übernommen. Pfarrern und evangelischen Lehrern wurde die Besoldung vorenthalten. Gemischte Ehen wurden nur unter dem Versprechen katholischer Kindererziehung erlaubt. Unter dem Druck der Verhältnisse traten viele Familien, vor allem verarmte, zum römisch-katholischen Glauben über, damit sie finanziell unterstützt wurden. Tausende jedoch wanderten nach Amerika aus. Auch an der Universität hatten die Evangelischen einen schlechten Stand: Evangelische Professoren wurden kaum mehr berufen. 1793 gab es in der Pfalz rechts des Rheins nur noch drei evangelische Staatsbeamte. Evangelische Dorfbürgermeister waren höchst selten.

Die Verhältnisse änderten sich erst im Jahre 1803, als die rechtsrheinische Pfalz mit der Markgrafschaft Baden zum neuen Kurfürstentum vereinigt wurde. Mit Kurfürst Karl Friedrich, dem späteren Großherzog, der einen lutherischen Vater und eine reformierte Mutter hatte, konnten die pfälzischen Protestanten aufatmen. Die Benachteiligungen hörten auf.

Die Mauer in der Heiliggeistkirche, das Symbol der Trennung zwischen den Konfessionen, stand allerdings weiter. Im Jahre 1874 wurde der Chor durch Staatsgesetz der neuentstandenen altkatholischen Kirche zum Gebrauch übergeben. Zum 500. Jubiläum der Universität im Jahr 1886 fiel die Mauer, mußte aber nach vielen Streitigkeiten im Jahre 1893 erneut aufgerichtet werden. Im Jahre 1936 wurde die Mauer dann endgültig beseitigt. Das Erzbischöfliche Ordinariat in Freiburg hatte sich den Wünschen der Evangelischen Landeskirche geöffnet und den Chor an diese verkauft, ein kleines Zeichen für ein neues Miteinander der Konfessionen.

	Politische Geschichte		**(Badische) Kirchengeschichte**
1608	«Union« als politisches Bündnis der Protestanten unter Führung Friedrichs IV. von der Pfalz gegründet		
1609	«Liga« als politisches Bündnis der Katholiken unter Maximilian von Bayern	1613	Johann Amos Comenius in Heidelberg
1618–1648	Dreißigjähriger Krieg		
1618	Abfall der Böhmen vom Kaiser (»Prager Fenstersturz«)		
1619	Wahl Friedrichs V. v. d. Pfalz zum böhmischen König (»Winterkönig«)		
	Schlacht am Weißen Berg →	1620	Evangelische Gebiete unter katholischer Herrrschaft
		1623	»Palatina« von Heidelberg nach Rom überführt
		1634	Ausweisung der Evangelischen aus der Markgrafschaft Baden-Baden
1648	Friede von Münster und Osnabrück (»Westfälischer Friede«) →		Anerkennung der Lutheraner und Reformierten Recht des Landesfürsten die Konfession des Landes zu bestimmen, ohne Zwang der Untertanen.
1649–1680	Kurfürst Karl Ludwig von der Pfalz	1661	Lutherische Providenzkirche in Heidelberg
1685–1690	Kurfürst Philipp Wilhelm von Pfalz-Neuburg (katholisch)	1705	Enteignung von Kirchen der Reformierten in der Pfalz; Mauer in der Heidelberger Heiliggeistkirche
1688–1697	Pfälzische Erbfolgekriege		
1690–1716	Johann Wilhelm		
1716	Kurfürst Karl Philipp	1719	Verbot des Heidelberger Katechismus; Enteignung der Heiliggeistkirche
1720	Verlegung der Residenz nach Mannheim	1720	Rückgabe des Schiffs der Heiliggeistkirche an die Reformierten, erneute Mauer
1743–1799	Karl Theodor		

9. Kapitel

Aufklärung: Vernünftiger Glaube und Toleranz

Fremde finden bei uns eine neue Heimat

An einem Tag des Jahres 1697 legte ein Schiff am Rheinufer bei Knielingen an. Männer, Frauen und Kinder mit Säcken, Körben und Kisten beladen, betraten das Land. Viel brachten sie nicht mit, denn ein langer beschwerlicher Weg lag hinter ihnen. Sie waren Waldenser und kamen aus dem hochgelegenen Cluson-Tal in den savoyischen Alpen westlich von Turin. Um ihres Glaubens willen hatte sie der französische König Ludwig XIV. von Haus und Hof vertrieben. Der Markgraf von Baden-Durlach hatte sich bereit erklärt, die von Not, Verfolgung und Entbehrung Gezeichneten aufzunehmen. In der Markgrafschaft sollten sie eine neue Heimat finden.

Das Land, in das sie kamen, hatte schwere Zeiten hinter sich. Kaum waren die Schäden des Dreißigjährigen Krieges notdürftig beseitigt, verwüsteten die Heere des französischen Königs Dörfer und Städte. Viele Häuser waren zerstört, andere standen leer, deren Bewohner geflohen und nicht zurückgekehrt waren. Die Felder lagen brach, und die wenigen Menschen führten ein armseliges Leben. Ein Wiederaufbau benötigte neue Ansiedler. Deshalb waren dem Markgrafen wie auch anderen deutschen Fürsten die Flüchtlinge (Réfugiés) aus Frankreich nicht nur aus Glaubensgründen willkommen; sie sollten auch zur Belebung der Wirtschaft beitragen.

In Knielingen und Mühlburg herrschte große Aufregung unter den Einwohnern. Sie hatten keine Lust, diese »Welschen« in ihre Gemeinden aufzunehmen. Obwohl es evangelische Glaubensbrüder waren, betrachtete man sie als unerwünschte Eindringlinge. Der Markgraf aber ließ seinen Räten keine Ruhe, bis diese einen geeigneten Platz für die Fremden gefunden hatten. Im Dorf Neureut waren infolge der

Kriege nur noch wenige Einwohner am Leben. Dort siedelte der Markgraf die 58 Waldenser-Familien an. Die Neureuter willigten ein, und jeder Familie wurde die gleiche Menge Landes zugeteilt.
Die erste Zeit in der neuen Heimat war hart. Die Siedler errichteten einfache Blockhütten in der Verlängerung des alten Dorfes. Dann gingen sie daran, das verwüstete Land wieder urbar zu machen. In mühseliger Arbeit beseitigten sie Gestrüpp und Hecken, jäteten Unkraut, pflügten und pflanzten an. Der zähe Fleiß der Kolonisten lohnte sich. Bald konnten die Blockhütten festen Häusern weichen. Eine eigene Kirche wurde zum Mittelpunkt der neuen Siedlung.
Einige Jahre später mußte der Pfarrer von »Welsch-Neureut« eine zweite Gemeinde mitversorgen, die am Ostrand des Hardtwaldes entstanden war. Auch hier drehte es sich um französische Flüchtlinge, die dem Vernichtungsfeldzug gegen die Hugenotten entronnen waren. Ihnen hatte der Markgraf 1699 ein Stück Land zur Rodung und Bebauung zugewiesen. In der ersten Zeit wohnten diese Siedler in leeren Häusern im Nachbardorf Spöck. Bald kam es aber zu Spannungen zwischen den Einheimischen und den Fremden. Schuld daran waren sowohl konfessionelle Unterschiede (die Einheimischen waren Lutheraner, die Réfugiés waren von Calvin geprägt) und die Steuerfreiheit der Zugewanderten. Der Streit entzündete sich z. B. daran, daß die »Franzosen« nicht die vielen Feiertage hielten, sondern hier und da zum Ärgernis der Einheimischen allerhand Arbeiten verrichteten. So war es für beide Seiten erfreulich, daß die Kolonisten bald ihr neu errichtetes Dorf beziehen konnten, das den Namen »Friedericiana Vallis« (Friedrichstal) erhielt. Betritt man heute den Vorraum der Evangelischen Kirche auf dem großen Marktplatz in Friedrichstal, der nach französischem und wallonischem Vorbild die Mitte des quadratisch angelegten Dorfes bildet, so findet man an der Wand zwei Zeichen: das Hugenottenkreuz und das Wappen der Waldenser. Das eine zeigt eine brennende Kerze und die Inschrift »Das Licht scheint in der Finsternis», das andere, das Hugenottenkreuz mit der Unterschrift »Haltet Stand!« Von Anfang an ließen sich nämlich auch Flüchtlinge waldensischer Herkunft in der neuen Gemeinde nieder, wie überhaupt die Verbindung zwischen den hugenottischen und waldensischen Fremdenkolonien recht eng war. Nicht nur in der Markgrafschaft Baden, sondern in vielen Teilen Baden-Württembergs

Hugenottenkreuz und Waldenserwappen in der Kirche zu Friedrichstal

entstanden solche Siedlungen, deren Namen heute noch zum Teil an die alte Heimat der Einwanderer erinnern: Le Balme (Palmbach bei Karlsruhe) Groß- und Klein-Villars (bei Bretten), Pinache (bei Mühlacker), Perouse (bei Leonberg) und noch viele andere mehr.
Das Dorf Friedrichstal entwickelte sich langsam. Im Jahr 1710 bekam es seinen eigenen Pfarrer, der mit seiner Familie das neu erbaute Pfarrhaus beziehen konnte. 16 Jahre lang diente die große Stube als Gottesdienstraum. In dieser Zeit wurde der Wunsch nach einer eigenen Kirche immer größer. Die Gemeinde versuchte, mit fürstlicher Erlaubnis Neubürger aus der Schweiz und aus den großen Fremdenkolonien im Hessischen anzuwerben. Sie stärkten die Einwohnerzahl und damit auch das Einkommen das Gemeinde. Außerdem stellte der Landesherr das Baumaterial zur Verfügung. Die Bürger selbst starteten eine Kollekte, die sich auf die Erträge aus dem Tabakanbau bezog (Tabakkollekte). Im Jahr 1726 konnte man endlich eine eigene Kirche bauen. In dieser wurde noch über ein halbes Jahrhundert lang französisch gepredigt. Die Pfarrer kamen aus Basel, wurden vom dortigen

Kirchenrat finanziell unterstützt und verstanden beide Sprachen. Erst allmählich hielt die deutsche Sprache in den neuen Dörfern Einzug.

Gefängnis für Kirchenbaukollekte

Anfang des 18. Jahrhunderts war die lutherische Gemeinde in Leimen so groß geworden, daß sie nicht mehr in den bisher benutzten Betsaal paßte. So baute man im Jahr 1714 eine kleine Kirche. Sie bestand aus Holz und hatte einen Dachreiter mit einer kleinen, gespendeten Glocke. Der Bau hatte die arme Gemeinde in große Schulden gestürzt. Deshalb versuchte sie, durch Sammlungen (Kollekten) in anderen Gebieten und Ländern zu Geld zu kommen. Leute wurden ausgeschickt, die solche Kollekten beibringen sollten. Natürlich waren sie mit Ausweisen der Gemeinde versehen.
So machte sich auch der Kandidat der Rechte, Johann Philipp Koch, auf den Weg. Zusammen mit dem Schulmeister Johann Kaspar Schmitt zog er über Thüringen nach Sachsen. In beiden Ländern erhielten sie die Erlaubnis, vor Kirchentüren zu sammeln. Sie brachten auch einiges zusammen, aber nach Ansicht von Koch war es noch zu wenig. So setzte er die Reise fort, kam nach Schlesien und schließlich auf der Rückreise durch die Reichsstädte Nürnberg, Ulm und Augsburg. Dort konnte er allerdings nicht viel bekommen, denn die Städte hatten sehr viel für die Vertriebenen aus Salzburg gespendet. So beschloß er, nach Brandenburg zu ziehen. Als er endlich nach Berlin kam, wollte man zuerst seinen Ausweis prüfen. Nach einigen Tagen wurde ihm eröffnet, daß in Preußen Sammlungen verboten seien. Koch wurde gewarnt, sich weiterhin in Brandenburg aufzuhalten. Trotzdem ging Koch nach Potsdam, wo sich König Friedrich Wilhelm I. gerade aufhielt. Der König war als streng und sparsam, man kann auch sagen geizig, bekannt. Während Koch im Schloßhof auf den König wartete, wurde er auf dessen Befehl festgenommen und ins Gefängnis eingeliefert. Man behauptete, sein Ausweis sei gefälscht. Dem geizigen König gefiel diese Auskunft. Er sah in jedem Kollektensammler einen Schwindler, der sich auf bequeme Art Geld verschaffen wollte. So wurde Koch ins Gefängnis geworfen und alles, was er bei sich trug, wurde ihm abgenommen. Der arme Mann, der schon längere Zeit an einer Brustkrankheit litt, lag nun über ein Jahr in

ungesunden Kellerlöchern. Dann stellte sich seine Unschuld heraus. Von Leimen aus hatte man nämlich alles versucht und endlich über den preußischen Gesandten in Frankfurt erreicht, daß Koch wieder freigelassen wurde. Als kranker und gebrochener Mann verließ er den Kerker. Über sein weiteres Schicksal ist uns nichts bekannt.

Kirchliches Leben zur Zeit Karl-Friedrichs von Baden

Im Jahr 1783 errichtete die Gemeinde Eutingen bei Pforzheim einen Gedenkstein mit der Inschrift: »Wanderer dieser Straße! Sag deinem Land und der Welt unser Glück. Hier ist der edelste Mann Fürst!« Der Gedenkstein galt Karl-Friedrich, dem Markgrafen von Baden. Zuerst regierte er die lutherische Markgrafschaft Baden-Durlach. 1771 erbte er die katholische Markgrafschaft Baden-Baden. Bei der politischen Neuordnung Deutschlands infolge der napoleonischen Kriege erhielt das Land seine heutige Gestalt. Karl-Friedrich wurde Kur-fürst, dann Großherzog von Baden. Sein Land hatte jetzt 909 000 Einwohner, nämlich 616 000 Katholiken, 231 000 Lutheraner und 62 000 Reformierte.
Karl-Friedrich war ein frommer Mann, zugleich ein von den Gedanken der Aufklärung bestimmter Fürst. Er war überzeugt: Eine lebendige und gut geordnete Kirche fördert Pflichtbewußtsein und Gemeinsinn als christliche Tugenden und trägt so zum Fortschritt und Wohlergehen des ganzen Volkes bei. Als Landesherr, der zugleich Oberhaupt der Kirche war, beeinflußte er in diesem Sinne das kirchliche Leben. Er führte die Aufsicht über die Pfarrer, kümmerte sich um die rechte Lehre und die Ordnung des Gottesdienstes, sorgte für die Pflege der Kirchengebäude und förderte die Armenkassen und mildtätigen Stiftungen. Für die Erreichung seiner Ziele brauchte er vor allem die Pfarrer. Das wirkte sich auf ihre Berufspflichten aus. Selbstverständlich mußten sie wie heute Gottesdienste halten, Trauungen, Taufen und Beerdigungen, Hausbesuche machen, Gaben für Notleidende verwalten und den Aufbau der Gemeinde fördern. Zugleich waren sie auch Standesbeamte; ihre Eintragungen in die Kirchenbücher waren die einzigen amtlichen Urkunden über Leben und Sterben der Menschen. Anders als heute führten sie auch die Aufsicht über die Schule. Jedes Vierteljahr führten sie eine feierliche Schulvisitation durch. Sie über-

Der Obelisk in Eutingen erinnert an die Aufhebung der Leibeigenschaft

prüften die Lernfortschritte, setzten die Ferientermine fest und kümmerten sich um neue Schulen für Ältere: Näh-, Spinn- und Strickschulen für die Mädchen, Fortbildungsschulen für die Jungen. Für bessere Lehrkräfte hatte der Markgraf selbst gesorgt. Er hatte ein Lehrerseminar in Karlsruhe gegründet.

Der Dienst des Pfarrers wurde kontrolliert. Jedes Jahr war Kirchenvisitation. Dafür war der Spezialsuperintendent (heute Dekan) zuständig. Er leitete auch die jährliche Pfarrkonferenz oder Pfarrsynode. Sie fand im Sommer statt, begann morgens um 7 Uhr und Teilnahme war Pflicht. Wenn ein Pfarrer schwänzte, wurde ihm eine saftige Geldbuße auferlegt. Ausführlich wurde über die rechte Lehre in Predigt und Unterricht sowie über Fragen der Gemeindearbeit gesprochen. Der Markgraf ließ sich persönlich über die Ergebnisse der Kirchenvisitation und der Pfarrsynoden unterrichten. Wenn es notwendig war, ergriff er Maßnahmen. Dazu drei Beispiele:

1749 errichtete er einen Unterstützungsfonds für die Pfarrbesoldung. Daraus erhielten die ärmsten Pfarrer einen Zuschuß, so daß jeder ein Mindesteinkommen hatte.

1755 befahl er den Pfarrern, bei ihren Hausbesuchen nachzuschauen, ob jede Familie eine Hausbibel besitzt. Wenn Armen der Kauf zu teuer war, wurde an sie eine Bibel kostenlos ausgegeben.
1770 führte er nach dem Vorbild der Kirche in Württemberg die Feier der Konfirmation ein.
Karl-Friedrich sorgte auch dafür, daß die seit über hundert Jahren übliche »Kirchenzensur« strenger durchgeführt wurde. Wenn ein Gemeindeglied den Gottesdienst schwänzte oder anderweitig den Sonntag entheiligte, Streit in der Familie anzettelte oder groben Unfug auf der Straße trieb, einen über den Durst trank oder in der Advents- oder Fastenzeit Zeit tanzte, wurde er zuerst vom Pfarrer unter vier Augen »ins Gebet genommen«. Halfen dessen Ermahnungen nicht, wurde er vor die Kirchenzensur geladen. Ihr gehörten neben dem Pfarrer und dem Bürgermeister weitere gewählte »Kirchenrüger« an. Diese Gruppe konnte entehrende Strafen verhängen: Geldstrafen, zeitweiliger Ausschluß vom Abendmahl, Prügelstrafe oder gar »Eintürmung« bis zu einer Dauer von 48 Stunden.
Unter Karl-Friedrich konnten Christen verschiedener Konfessionen ungestört miteinander leben. Bereits Carl-Wilhelm, der Großvater des Markgrafen, hatte bei der Gründung von Karlsruhe den Ansiedlern

Karlsruher Schloß

Religionsfreiheit gewährt: Jeder Christ, gleich welcher Konfession er angehöre, sei willkommen! 1722 waren sowohl die lutherische als auch die reformierte Kirche eingeweiht worden. Auch die Katholiken wurden begünstigt: Ein Kirchenbauplatz wurde ihnen kostenlos zur Verfügung gestellt. Karl-Friedrich gewährte einen Zuschuß zu den Baukosten und 1768 konnten sie ihr eigenes Gotteshaus einweihen. Als er die katholische Markgrafschaft Baden-Baden erbte, nahm er die Einwohner in gleicher Weise unter seinen landesherrlichen Schutz. Dennoch gab es einen Prozeß vor dem Reichsgericht, als die evangelische Regierung in Karlsruhe auch die Verwaltung der katholischen Gebiete übernahm. Die Frage lautete: Darf die katholische Kirche in Baden von einer evangelischen Regierung verwaltet und beaufsichtigt werden? Karl-Friedrich meinte: Dem Schutz- und Aufsichtsrecht des Landesherrn unterstehen die katholischen Untertanen genausogut wie die evangelischen. Er achtete streng darauf, daß die katholische Kirche nicht benachteiligt wurde.
Den Gegensatz zwischen den Lutheranern, die die Mehrheit bildeten, und den Reformierten wollte Karl-Friedrich abbauen. Er regte an, daß sich die Pfarrer in Notfällen gegenseitig aushelfen. Er erlaubte reformierten Gemeindegliedern auf ihren Wunsch, an lutherischen Abendmahlsfeiern teilzunehmen. Endlich schloß er den lutherischen Kirchenrat in Karlsruhe und den reformierten Kirchenrat in Heidelberg 1807 zum Evangelischen Oberkirchenrat in Karlsruhe zusammen. Dies war eine Vorstufe zur Union, die dann 1821, zehn Jahre nach dem Tod Karl-Friedrichs, geschlossen wurde.

Predigt im Zeitalter der Aufklärung

Das 18. Jahrhundert nennt man das Zeitalter der Aufklärung. Der Mensch sollte wagen, seine Vernunft zu gebrauchen und dabei ein anständiges Leben zu führen. Auch viele Pfarrer begeisterteten sich für die Gedanken der Aufklärung. Damals könnte folgendes Gespräch stattgefunden haben:
»Muß ich nächsten Sonntag wieder in die Kirche? Laß mich daheimbleiben, ich stelle auch nichts an!« Karl hatte sich diese Bitte an seinen Vater lange überlegt. Er erklärte: »Ich verstehe die langen Predigten nicht. Zwei Stunden dauern sie und sie sind voll von gelehrten

Wörtern!« Der Vater brauste auf: »So etwas will ich nicht noch einmal hören! Was soll ich dann dem Kirchenrüger sagen, wenn der mich fragt, wo Du bist? Außerdem bekommen wir jetzt einen neuen Pfarrer. Vielleicht magst Du seine Predigten lieber. Damit Du besser aufpaßt, wirst Du von jetzt an ein Kirchenheft führen! Du schreibst den Kirchennamen des Sonntags auf und worüber der Pfarrer gepredigt hat. Und die Bibelstelle! Und den wichtigsten Vers des Predigttextes! Und den Hauptgedanken des Pfarrers!«
Karl erledigte, was ihm aufgetragen war. Als sich der Vater ein halbes Jahr später das Heft vorlegen ließ, enthielt es unter anderem folgende Einträge:

1. Advent: Matth 21,18	Jesu Einzug in Jerusalem »Andere hieben Zweige von den Bäumen und streuten sie auf den Weg»: Wir dürfen kein Holz stehlen!
3. Advent: Matth 11,8	Jesu Urteil über Johannes den Täufer »Wolltet ihr einen Menschen in weichen Kleidern sehen?»: Wie wir uns als Christen richtig kleiden sollen
1.Weihnachtstag: Luk. 2,7	Jesus wird im Stall von Bethlehem geboren »Maria legte Jesus in eine Futterkrippe»: Warum es nützlich ist, Tiere im Stall zu füttern
Septuagesimae: Matth 20,7	Das Gleichnis von den Arbeitern im Weinberg »Es hat uns niemand eingestellt»: Arbeit haben ist schön, arbeitslos sein ist schlimm
Laetare: Joh. 6,13	Jesus speist fünftausend Menschen »Da sammelten die Jünger und füllten von den fünf Gerstenbroten zwölf Körbe mit Brocken, die denen übrigblieben, die gespeist worden waren»: Vom Nutzen der Ordnung und Sauberkeit im Haushalt
Karfreitag: Luk. 23,42	Jesus muß am Kreuz sterben »Jesus, gedenke an mich, wenn du in dein Reich kommst!»: Warum Christen das Andenken an die Verstorbenen bewahren
Ostersonntag: Luk. 24,1	Die Frauen besuchen das Grab Jesu »Am ersten Tag der Woche sehr früh kamen die Frauen zum Grab» Es ist sehr nützlich, früh aufzustehen
Ostermontag: Luk. 24,13	Der auferstandene Jesus erscheint den Jüngern von Emmaus »Und siehe, zwei von den Jüngern gingen an demselben Tag in ein Dorf»: Spazierengehen ist gesund und lehrreich!
Pfingstsonntag Apg 2, 3:	Die Ausgießung des Heiligen Geistes zu Pfingsten »Es erschienen ihnen Zungen, zerteilt wie von Feuer»: Wie wir uns bei Gewittern fromm und vorsichtig verhalten sollen

»Ein gut geführtes Heft!« lobte der Vater. »Du hast Dir wirklich Mühe gegeben. War es sehr schwer?«
»Nein, den neuen Pfarrer verstehe ich viel besser als den alten. Er redet so praktisch und nicht dauernd von dem, was wir glauben sollen.«
»Das stimmt», sagte der Vater, »er redet von unseren Sachen. Man kann viel lernen!«
»Woher weiß er die neuen Sachen?« fragte Karl.
»Für die Predigten bekommen die Pfarrer oft Anweisungen, manchmal von unserem Markgrafen persönlich. Denk an die Stallfütterung. Weißt Du, gescheite Leute haben herausgebracht, daß die Kühe mehr Milch geben, wenn Klee und anderes Futter angebaut und im Stall verfüttert wird. Dann kriegen wir Bauern auch mehr Geld. Das sollten die Pfarrer bekanntmachen . . . und die Bauern hören es, weil sie in die Kirche gehen müssen!«
Karl lachte. »Recht hat er, unser Markgraf!«
»Manches hat mir bei dem alten Pfarrer doch besser gefallen», meinte der Vater bedächtig. »Seine Predigten waren schwer, aber er hat uns gesagt, was wir Christen glauben sollen und was im Glauben richtig oder falsch ist. Der neue Pfarrer redet viel von vernünftigen Lebensregeln. Wie wir fromme Christen sein können, darüber sagt er wenig. Auch anderen ist das schon aufgefallen. Ob nicht beides gut wäre, Lebensregeln und Frömmigkeit?«

Juden in einer christlichen Stadt

Zwei Besucher betreten den jüdischen Friedhof bei Sulzburg. Der ältere Herr ist Jude, der während der nationalsozialistischen Herrschaft aus Deutschland ausgewandert war. Jetzt möchte er die Gräber seiner Vorfahren wiedersehen. Seine Begleiterin, eine vierzehnjährige Verwandte, ist Christin. Der Friedhof ist auf einem Berghang angelegt. Eine Treppe in der Mitte steigt etwa 40 Meter in die Höhe und teilt den Friedhof in zwei Hälften.
»Wir wollen uns zuerst die linke Hälfte, den älteren Teil, anschauen!« schlägt der alte Herr vor. Das Mädchen zögert. »Unsere Friedhöfe sind wie schöne Parks angelegt mit Blumen, Sträuchern, schönen Hecken,

Bäumen. Bei Euch dagegen wuchert alles vor sich hin, Gras, Moos, Flechten... .« »Versteh' bitte, auf einem Friedhof überlassen wir Juden die letzte Ruhestatt eines Toten allein Gottes Fürsorge. Im Tod sind alle gleich, und die Ruhe der Toten ist uns heilig.«

»Also deshalb sind alle Grabsteine gleich, und einen schrägstehenden laßt Ihr so, wie er ist!« Das Mädchen schaut sich eine Inschrift genau an. »Die hebräischen Buchstaben kann ich nicht lesen!« »Aufgeschrieben ist der Name, ein Segensspruch und der Todestag, aber nicht der Geburtstag.« »Dann kannst Du ausrechnen, wie alt so ein Grab ist?« »Ja, das da stammt aus dem Jahr 1730.« »Das ist jetzt über 265 Jahr her! Werden bei Euch die Gräber nicht nach einer gewissen Zeit aufgelassen und neu belegt?« »Wir Juden übereignen einem Verstorbenen sein Grab für immer. Deshalb legen wir unsere Friedhöfe stets auf unfruchtbaren und unebenen Böden an. Dennoch ist die Ruhe der Toten immer wieder gestört worden. Der Sulzburger Friedhof ist vermutlich schon 1546 angelegt worden, dem Todesjahr Martin Luthers. Damals stellte der Landesherr, Markgraf Karl II. von

Jüdische Grabsteine

Baden-Durlach, die Juden unter seinen Schutz, und so wagten sie es, sich hier niederzulassen.«
»Das mit dem Schutz verstehe ich nicht.« »Fremde und Andersgläubige waren damals in einem christlichen Land rechtlos. Die 'Allgemeinen Menschenrechte' sind erst viel später ins Bewußtsein getreten. Darum brauchten wir, wenn wir uns irgendwo einrichten wollten, den Schutz des Landesherren.« »Und der Markgraf hat ihn den Juden gewährt?« »Nicht umsonst! Sie mußten wie überall Schutzgeld bezahlen, jedes Jahr neu! Und wenn der Landesherr auf das Geld nicht mehr angewiesen war oder aus irgendeinem Grund gegen uns feindselig wurde, kündigte er seinen Schutz und vertrieb uns. Das erlitten die Sulzburger Juden 1577.«
»War der Friedhof dann verlassen?« »Natürlich! Die Christen ließen ihr Vieh auf dem 'Judenkirchhof' weiden, und die Grabsteine verwendeten sie zum Häuserbau. Etwa 140 Jahre lang.« »Darum gibt es aus der ältesten Zeit keine Grabsteine mehr! Und dann, so denke ich, brauchte ein neuer Markgraf wieder Geld und erlaubte Juden, wieder in Sulzburg zu wohnen?« »Ja, und sie durften ihren Friedhof wieder instandsetzen.«
Das Mädchen geht ein paar Schritte hinüber zum rechten, jüngeren Teil des Friedhofes. Auf dem steilen Gelände waren Terrassen angelegt worden. Die Gräber waren zum Teil eingefaßt, die Grabsteine unterschiedlich groß. Neben hebräischen gab es auch deutsche Inschriften, auch waren bisweilen Ornamente eingeritzt. »Du, der alte Teil gefällt mir eigentlich besser. Durch die neuen Gräber bleiben Unterschiede im Leben über den Tod hinaus sichtbar. Das Grab dort fällt mir besonders auf... .« »Das Grab des Landrabbiners Isaak Kahn! Er wirkte hier von 1744 bis 1797, bis zu seinem Tod mit 85 Jahren. Früher gab es ja keinen Ruhestand und keine Rente. Seine Gemeinde liebte ihn tief und setzte ihn deshalb in einem Ehrengrab bei.«
»Was ist ein Landrabbiner?« »Weißt Du was? Ich zeige Dir jetzt noch die Gräber unserer Vorfahren, mit denen Du ja auch verwandt bist. Der letzte wurde 1938 hier begraben. Zum Zeichen, daß wir die Gräber besucht haben, legen wir Steine darauf. So ist es bei uns Sitte. Dann gehen wir wieder und essen miteinander zu Mittag. Ich krieg' allmählich Hunger. Beim Essen können wir weiterreden.«
In der gemütlichen Gaststube nahm der Onkel seine Erzählung wieder

auf. »So wie wir Juden einen eigenen Friedhof hatten, so bildeten wir auch im Leben eine Sondergruppe. Durch die Gesetze des Markgrafen war uns verboten, ein Grundstück oder ein Haus zu kaufen oder Mitglied einer Zunft zu werden. Darum durften wir auch kein Handwerk ausüben. So blieb uns nur der Geldverleih gegen Zins und der Handel mit Vieh, Kleidern, Getreide, Früchten oder Wein. Die Ärmeren handelten mit abgetragenen Sachen oder mit Haushaltswaren für den täglichen Bedarf. Einkaufen und mit Gewinn verkaufen - davon mußten wir unser Leben fristen. Die Familienväter waren die Woche über unterwegs. Aber am Freitagabend kehrten sie, wenn möglich, zu ihren Familien zurück. Denn dann begann der Sabbat. Am Samstagmorgen kamen alle Gemeindeglieder zum Gottesdienst im Betsaal zusammen.«

»War der Landrabbiner so etwas wie ein jüdischer Pfarrer?« »Nicht ganz! Er war für alle Juden zuständig, die im Markgräflerland bis zur Schweizer Grenze wohnten. Darum konnte er am Sabbat nicht überall sein. Den Gottesdienst leitete der Gemeindevorsteher. Jeder, dem er die Erlaubnis erteilte, durfte predigen.« »Dann war es für die Sulzburger etwas Besonderes, daß der Landrabbiner hier wohnte?« »Ganz sicher. David Kahn, der Vater von Isaak, ist 1727 von Breisach am Rhein nach Sulzburg umgezogen. Es war zentraler gelegen, und zwischen Juden und Christen herrschte ein gutes Verhältnis. In der alten Dorfchronik von Britzingen, einem Nachbarort, wird berichtet: 'Habe offt von meinem Vater selig hören sagen, daß man vermeint, wenn die damahlen Juden von Sulzburg mit ihrer Kunst das Feuer nicht gestillet, der Flecken wäre ganz abgebronnen.'« »Find ich echt gut von den Juden!« »Um des guten Verhältnisses willen haben am Begräbnis eines Juden auch viele Christen teilgenommen. Als später die Juden eine eigene Schule bauen durften, hatte die Kirchengemeinde nichts dagegen, daß der Bauplatz direkt neben der alten Klosterkirche St. Cyriak lag. Bei der Schuleinweihung haben alle mitgefeiert.«

»Du hast immer noch nicht verraten, was der Landrabbiner zu tun hatte.« »Er war vor allem Seelsorger und Lehrer. Für uns sind ja Gottes Gebote ganz wichtig. Sie müssen ständig der Gemeinde eingeprägt werden. Dann war der Landrabbiner auch Richter... Er mußte Erbstreitigkeiten schlichten, Eheverträge aushandeln und Anzeigen

gegen Gemeindeglieder nachgehen. Wir Juden unterstanden ja nicht den öffentlichen Gerichten - ausgenommen bei schweren Verbrechen wie Totschlag. Der Landrabbiner mußte deshalb nicht allein die hebräischen, sondern auch die Gesetze des christlichen Landes kennen. Er war ein unmittelbarer Untertan des Markgrafen und unterstand nicht den nachgeordneten Behörden. Seine Wahl durch unsere Gemeinde mußte vom Markgrafen bestätigt werden, andernfalls konnte er sein Amt nicht antreten. Auch gehörte er zu den wenigen, die lesen und schreiben konnten. Woher sollten die Judenkinder es auch lernen? Ihnen war der Besuch einer öffentlichen Schule verboten.« »Aber später, so erzähltest Du, hatten die Juden eine eigene Schule.« »Ja, allmählich wurden die harten Bedingungen gemildert. Die Französische Revolution von 1789 mit ihrer Parole Freiheit, Gleichheit, Brüderlichkeit, wirkte sich aus. Der erste Großherzog Karl Friedrich erklärte 1808 die Juden zu Staatsbürgern.« »Wieviele Juden lebten damals in Sulzburg?« »1783 waren von 689 Einwohnern 121 Juden, 1864 von 1296 416 Juden. Das sind etwa ein Drittel der Bevölkerung! Du siehst, die Gemeinde ist damals ständig gewachsen. Deshalb wurde uns erlaubt, eine Synagoge zu bauen. Sie wurde 1823 eingeweiht. Fünf Jahre später wurden wir von allen Schutzgeldabgaben befreit. 1862 wurde das Gesetz zur bürgerlichen Gleichstellung der Juden erlassen - in Baden als erstem deutschen Land! Seitdem dürfen jüdische Kinder alle öffentlichen Schulen, auch Gymnasien, besuchen, und die jüdische Schule wurde deshalb aufgehoben.«
»Gibt es bekannte Juden, die in Sulzburg zur Schule gegangen sind?«
»Ich kenne zwei: Gustav Weil übersetzte die berühmte Märchensammlung Tausendundeine Nacht in die deutsche Sprache. Er wurde als erster Jude von der Heidelberger Universität zum Professor ernannt. Der andere Jude heißt Ernst Leitz und ist der Erfinder der Leitz-Camera, abgekürzt Leica. Die Sulzburger Schule trägt heute seinen Namen.«
»Wie ist es den Sulzburger Juden während der Hitlerherrschaft ergangen?« »Das ist eine Geschichte, die mir sehr weh tut. Davon will ich jetzt nicht reden. Vielleicht ein andermal!«

Politische Geschichte		(Badische) Kirchengeschichte	
		1697	Waldenser landen bei Knielingen
		1699	Gründung der Hugenottensiedlung Friedrichstal
1715	Gründung der Stadt Karlsruhe		
1746-1811	Regierung Karl-Friedrichs von Baden	1749	Karl Friedrich ordnet die Pfarrbesoldung1770
1771	Vereinigung der Markgrafschaften Baden-Durlach und Baden-Baden	1770	Einführung der Konfirmation in Baden
1789	Französische Revolution		
		1799	Kurfürst Max Joseph schafft Gleichberechtigung der Konfessionen
1808	Juden werden badische Staatsbürger		

10. Kapitel

Aufbrüche am Beginn des 19. Jahrhunderts

Die Jugend sucht neue Wege

Heidelberg war gegen Ende des 18. Jahrhunderts zu einem Provinznest geworden. Nachdem die Kurfürsten als Herren von Bayern Stadt und Land von München aus regierten, war die alte Hauptstadt der Kurpfalz zur Bedeutungslosigkeit herabgesunken. Doch mit Beginn des neuen Jahrhunderts wurde Heidelberg aus seinem Dornröschenschlaf geweckt. Durch die Neuordnung Deutschlands und Europas unter dem siegreichen französischen Kaiser Napoleon wurde die rechtsrheinische Kurpfalz Teil des badischen Staates. Die Regierung in Karlsruhe unter Großherzog Karl-Friedrich bemühte sich redlich, der Stadt und vor allem der Universität neue Impulse zu geben.

Junge Professoren kamen nach Heidelberg und mit ihnen eine große Zahl neuer Studenten. Sie hatten andere Vorstellungen als ihre Eltern. Das biedere, bürgerliche Leben war ihnen zuwider. Oft zogen sie aus der Stadt mit ihren engen Mauern ins liebliche Neckartal oder in den Odenwald, um dort Stunden und Tage in froher Gemeinschaft zu verbringen. Sie sangen die alten Lieder, die von den Bewohnern der Höfe, Weiler und Dörfer gerne an die jungen Leute weitergegeben wurden. Oft waren sie auch mit dem Zeichenblock unterwegs, um die verträumte Landschaft mit dem Zeichenstift festzuhalten oder auch die verfallenen, von Efeu überwucherten Burgen, die die Größe des alten untergegangenen Reiches ahnen ließen.

Als einer der ersten Boten dieser jungen romantischen Bewegung kam Clemens Brentano in die Stadt am Neckar. Ihm folgte ein Jahr später sein Schwager Achim von Arnim. In Heidelberg arbeiteten sie an der Herausgabe einer Sammlung von Volksliedern, die den Namen »Des Knaben Wunderhorn« erhielt. Wenige Jahre später erlebte die Heidelberger Romantik eine zweite Blüte. Auf Dichtung und Pflege des Volksliedes folgte die Malerei.

Die Liebe zur Natur, die Erinnerung an die Größe des alten Reiches und die Entstehung eines neuen Lebensgefühls waren der geeignete Nährboden für eine politisch-nationale Bewegung. Sie entstand nach dem ersten Schock, den die Niederlagen gegen Napoleon verursachten. Vor allem in den Universitätsstädten bildeten sich Gruppen, in denen heftig diskutiert wurde. So entstanden Burschenschaften. »Weg mit der Fremdherrschaft! Schluß mit der Zerrissenheit Deutschlands in viele kleine Staaten!« waren ihre Parolen. Diese konnten höchst gefährlich sein, denn manche deutsche Regierung war mit Napoleon verbündet!

Bezeichnend für den Geist, der die junge Generation erfaßt hatte, ist die Freundschaft zwischen den beiden Studenten der Theologie Carl Ullmann aus Epfenbach im Odenwald nahe Heidelberg und Carl Sand aus Wunsiedel bei Bayreuth. Beide lernten sich in Tübingen kennen, wo sie der Burschenschaft »Teutonia« beitraten. Im bewegten Jahr 1815 mußte Carl Ullmann wegen seines angegriffenen Gesundheitszustandes einige Monate in der Heimat verbringen. Da besuchte ihn eines Tages Carl Sand. Er war auf der Durchreise in den Westen, wo er sich den verbündeten Armeen anschließen wollte, die gegen Napoleon kämpften. Der Geist der Freiheitskriege beseelte ihn. Beim Abschied überreichte er seinem Freund ein Blatt mit den Worten des Dichters Theodor Körner:

> »Aber nun gilt es ein gräßliches Wagen,
> Blut und Leben in die Schanze zu schlagen;
> nur in dem Opfertod reift uns das Glück!«

Zum Schluß schreibt er: »Lebe wohl! Bis auf Wiedersehen in einem freieren Land als das gegenwärtig bedrohte.«

Noch einmal, im Jahr 1817, suchte Sand seinen Freund auf. Die Zeiten hatten sich inzwischen geändert. Napoleon war besiegt, Europa und Deutschland von der Fremdherrschaft befreit. Die siegreichen Herrscher von Rußland, Preußen und Österreich hatten sich zu einer »Heiligen Allianz« zusammengeschlossen. Auch im Bereich der evangelischen Kirche in Baden zeichneten sich große Veränderungen ab. Das

Kotzebues Ermordung

dreihundertjährige Jubiläum der Reformation weckte bei den Reformierten und den Lutheranern den Wunsch nach Einheit. So war Carl Sand bei seinem zweiten Besuch voller Begeisterung über die Gegenwart, und voller Optimismus blickte er in die Zukunft.

Doch der Optimismus sollte bald einer tiefen Enttäuschung weichen. Die Bewegung, die in den Freiheitskriegen und nach der Niederwerfung Napoleons Deutschland erfaßt hatte, verlor ihren Schwung. Die Reformen blieben auf der Strecke. Die alte egoistische Kleinstaaterei machte sich in Deutschland wieder breit. Proteste wurden polizeilich niedergehalten.

Ruhelos zog Sand nun umher. Im Jahr 1819 ermordete er in Mannheim den Theaterschriftsteller August von Kotzebue, den er für einen russischen Spion und einen Feind der deutschen Sache hielt. Sand wurde zum Tode verurteilt und hingerichtet. Sein Freund Carl Ullmann hingegen wurde später Professor der Theologie in Halle und Heidelberg und schließlich Prälat, also höchster Geistlicher der Evangelisch-protestantischen Landeskirche in Baden.
Die Hinrichtung Sands schlug hohe Wellen. Der Berliner Professor De Wette schrieb einen Trostbrief an die Mutter des Studenten. Dieser enthielt auch kritische Bemerkungen zur gegenwärtigen Politik. Als dies bekannt wurde, enthob der preußische König den Professor seines Amtes. De Wette wanderte in die Schweiz aus, wo er jahrzehntelang als Professor der Theologie in Basel wirkte.

Der Weg zu einer vereinigten evangelischen Kirche

»Sie konnten zusammen nicht kommen...«

Markgraf Karl-Friedrich machte keine Unterschiede zwischen den Konfessionen. Als zu Beginn des 19. Jahrhunderts das Deutsche Reich auseinanderbrach, erhielt Baden durch die Gunst des siegreichen Napoleon drei große Gebiete hinzu. Nun waren rund zwei Drittel der Bevölkerung katholisch. Im Norden, dem ehemals kurpfälzischen Gebiet, gab es neben den Katholiken evangelisch-reformierte und evangelisch-lutherische Gemeinden. Sie wollten sowohl voneinander wie auch von der lutherischen Landeskirche der alten Markgrafschaft Baden nichts wissen. Über die Lehrstreitigkeiten der Theologen dichteten die einfachen Bürger folgenden Spottvers: »Die Calvinisten sind gar keine rechten Christen; die Katholiken stecken voller Ränk und Tücken; doch die größten aller Ochsen sind die lutherischen Orthodoxen.«
Der Regierung in Karlsruhe kamen diese kirchlichen Streitigkeiten gar nicht gelegen. Ihr ging es darum, ein Gemeinschaftsgefühl in der Bevölkerung von Wertheim bis Konstanz für den neuen Staat zu wecken. Die Menschen in dem neuen Staat brauchten das Gefühl: Wir

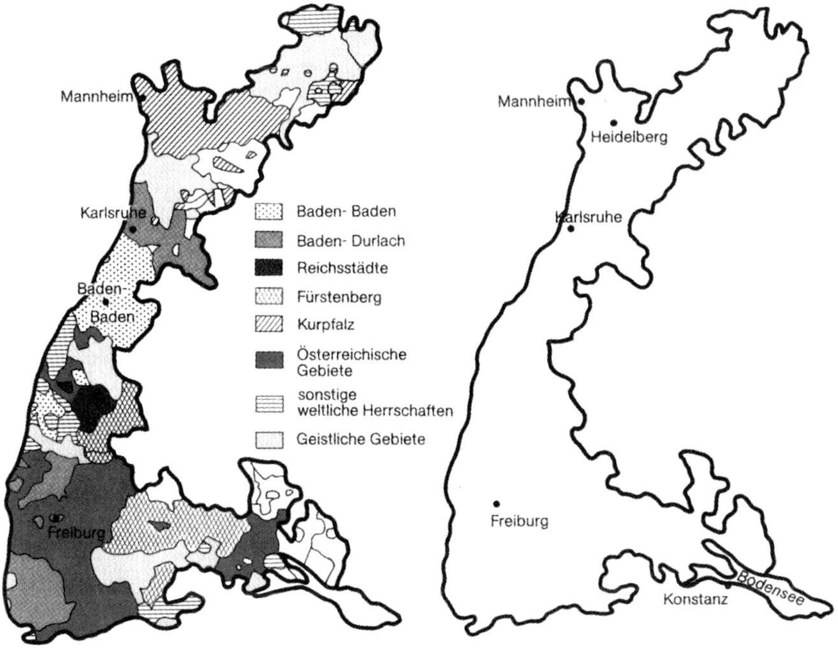

Die zahlreichen kleinen Staaten und Herzogschaften werden zum Großherzogtum Baden.

gehören zusammen. Aber wie konnte ein solches Gefühl entstehen, wenn nicht einmal die Evangelischen miteinander auskamen?

Die Ratgeber des Großherzogs in Karlsruhe waren allerdings zuversichtlich. Einer von ihnen, der Geheime Rat Brauer, wollte durch eine Kirchenunion der Protestanten die reformierten Pfälzer mit den lutherischen Badenern verbinden. Zuerst ging er daran, eine gemeinsame evangelische Kirchenleitung zu schaffen. Bisher gab es drei: ein lutherisches Konsistorium der Pfalz, eine altbadisch-lutherische Kirchenleitung in Karlsruhe und einen reformierten Kirchenrat in Heidelberg.

In dem alten Pfälzer Gebiet gab es lebhaften Widerspruch. Die Lutheraner in Mannheim wollten ihre Selbständigkeit nicht aufgeben. Die Reformierten in Heidelberg fürchteten für ihre Rechte. Im Volk ärgerte man sich darüber, daß Reformierte und Lutheraner nicht mehr als gesonderte Konfessionen, sondern als Protestanten betrachtet wurden. Doch Brauer ließ sich nicht beirren: Der reformierte Kirchenrat in Heidelberg erhielt den Befehl, sich innerhalb von drei Monaten darüber zu äußern, ob er mit einer Kirchenordnung nach altbadischem Muster einverstanden wäre. Die Reformierten in Heidelberg hatten jedoch keine Lust, auf das Recht zur Selbstverwaltung ihrer Kirche zu verzichten. Da sie nicht offen protestieren konnten, ließen sie den Befehl erst einmal liegen, nicht nur drei Monate, sondern drei Jahre lang. Bei Rückfragen gaben sie ausweichende Antworten: Man müsse erst ein Gutachten erstellen, dazu müsse man Gutachter finden, dann brauchte man neue Gutachter, weil die alten verstorben waren, usw.
In Karlsruhe war man sehr verärgert. Als nun die Heidelberger noch dem Großherzog das Recht bestritten, bei der Besetzung pfälzischer Pfarrstellen mitzuwirken, wurde der Heidelberger Kirchenrat kurzerhand aufgelöst und ein gemeinsamer Oberkirchenrat in Karlsruhe geschaffen (1807), in dem Lutheraner und Reformierte saßen.

Ein protestantisches Dorf protestiert

Aber Brauer hatte die Kurpfälzer unterschätzt. Eine Zwangsvereinigung von »oben« paßte nicht zur ihrem Kirchenverständnis. Das Beispiel Lützelsachsen macht dies deutlich. Dort besaß die kleine lutherische Gemeinde ein Kirchlein, welches 1806 wegen Baufälligkeit abgebrochen werden mußte. Nun durften die Lutheraner in der Kirche der größeren reformierten Gemeinde ihren Gottesdienst abhalten, allerdings unter zwei Bedingungen: Sie durften die Orgel nicht benutzen und mußten ein Drittel ihres sonntäglichen Kirchenopfers an die Reformierten abliefern. In ihrer Not wandten sich die Lutheraner an den neuen Oberkirchenrat in Karlsruhe. Dieser sah darin eine Chance, in Lützelsachsen eine Kirchenunion als Musterbeispiel für das badische Land herbeizuführen. Die beiden Gemeinden sollten die Kirche als gemeinsames Eigentum betrachten. Bei den ersten Besprechungen erklärten die Vertreter der reformierten Gemeinde, eine gemeinsame gleichberechtigte Kirchennutzung sei für sie weder ratsam noch rechtmäßig. Dies würde Streit zwischen den beiden Gemeinden hervorrufen. Dagegen meinten sie, die kirchliche Obrigkeit solle ein gutes Beispiel geben und eine Vereinigung der beiden Kirchen im ganzen Land anbahnen. Alles Volk warte auf die Erklärung: »Es gibt nur eine evangelische Kirche im Großherzogtum Baden, wie es nur ein Evangelium gibt.« Dann wären alle Schwierigkeiten beseitigt. Der vom Oberkirchenrat beauftragte Inspektor (Dekan) Külp, der die Verhandlungen geführt hatte, meinte nun, die Reformierten in Lützelsachsen seien bereit, sich mit der lutherischen Ortsgemeinde zu vereinigen. Mit dem lutherischen Kirchenrat Wolf zusammen entwarf er sogar eine Unionsurkunde für Lützelsachsen.

Die Lutheraner stimmten sofort und begeistert zu. Was der Kirchenrat aber mit den Reformierten erlebte, schildert er selbst so:

»Mit der Freude eines Brautwerbers, der das Ja-Wort erhalten und nun zu überbringen hat, eilte ich nach dem Lokal, wo ich den Inspektor Külp und die reformierten Ortspfarrer versammelt wußte und um sie die reformierte Gemeinde versammelt glaubte. Mir ahnte nichts Gutes, als sich dort nur einige Notabeln (wichtige Leute) der reformierten Gemeinde fand. Als ich ihnen die unterzeichnete Urkunde vorlegte, wurden die anwesenden Kirchenvorsteher sehr betreten... Jeder sprach andere Bedenken aus, alle behaupteten sie, man habe sie mißverstanden. Auf eine vereinzelte Vereinigung ließen sie sich in keiner Weise ein: Nur wenn die ganze Kirche des Landes dazu bereit sei, seien sie es auch.«

Vergeblich versuchten die beiden Kirchenvertreter die Bauern umzustimmen. Sie malten ihnen aus, daß durch diese Union ihr Name unsterblich sei, daß ihr Andenken bei ihren Enkeln gesegnet werde. Aber alle Beschwörungen halfen nichts. Die Reformierten blieben bei ihrem Nein. Schließlich schickten sie sogar einen Brief nach Karlsruhe, in dem sie rundweg erklärten, den Lutheranern die Kirche nur noch bis zum 1. Oktober des Jahres zu überlassen, keinen Tag länger, und ohne Rücksicht darauf, ob jene bis dahin einen eigenen Gottesdienstraum hätten oder nicht. Der Oberkirchenrat bat und drohte, aber die Reformierten blieben bei ihrer Weigerung. Die Kirchenleitung mußte den Lutheranern auf andere Weise helfen.

Ein Jubiläum gibt Anstöße

Erst 1817, als man im ganzen Land das dreihundertjährige Jubiläum der Reformation feierte, erfolgte ein neuer Anstoß. Bis dahin versuchte der Oberkirchenrat, den Weg zur Union in kleinen Schritten zu gehen.

Für einige Orte war es z.B. eine drückende Last, daß sie mitunter für drei Schulen sorgen mußten: für eine reformierte, eine lutherische und eine katholische Schule. Der Oberkirchenrat schlug vor, gemeinsame evangelische Schulen einzurichten. Dabei sollte ein einheitlicher Katechismus und ein gemeinsames Religionslehrbuch helfen. Die Pfarrer wurden aufgefordert, einander ohne Rücksicht auf die Konfession zu vertreten und bei Abendmahlsfeiern gemeinsam die Austeilung vorzunehmen. Brauchte ein Pfarrer einen Vikar, sollte zukünftig nicht mehr danach gefragt werden, ob er reformiert oder lutherisch sei. In den meisten Gemeinden war man mit diesen Neuerungen einverstanden. Aber es regte sich auch Widerstand, vor allem in Heidelberg. Außerdem befürchtete die großherzogliche Regierung, die Katholiken könnten sich benachteiligt fühlen. Deshalb gerieten die Einigungsbestrebungen ins Stocken.

Die Feiern zum Lutherjubiläum 1817 verliefen recht unterschiedlich: In Heidelberg versammelten sich Lutheraner und Reformierte in der Peterskirche und zogen gemeinsam zum Ludwigsplatz. Dort trennte man sich. Den eigentlichen Festgottesdienst feierte jeder für sich, die Reformierten in der Heiliggeistkirche, die Lutheraner in der Providenzkirche. In Mannheim gab es zwar zwei Festzüge und zwei Gottesdienste, an denen aber jeweils Pfarrer und Älteste der anderen Konfession beteiligt waren. Die Feiern sorgten dafür, daß nun einzelne Gemeinden die Kirchenabteilung der großherzoglichen Regierung bestürmten, die Vereinigung der beiden evangelischen Kirchen voranzutreiben. Die Karlsruher gingen vorsichtig zu Werk. Sie erstellten einen Entwurf für die Vereinigung und schickten ihn an die zwölf reformierten und lutherisch gemischten Pfarrsynoden des »Unterlandes« und an die dreizehn lutherischen des altbadischen »Oberlandes», die ihre Verbesserungsvorschläge einbringen sollten. Diese wurden in Karlsruhe eingearbeitet. Jetzt konnten die gewählten Vertreter der Reformierten und Lutheraner zu einer Generalsynode einberufen werden. Sie sollten den Entwurf für die Vereinigung beraten und verabschieden. Dabei ging es unter anderem um die Verfassung der künftigen vereinigten evangelischen Landeskirche, um die Gottesdienstordnung, um Fragen des Abendmahls, um Hochzeiten und Beerdigungen, um den Katechismus und eine biblische Geschichte für den Unterricht.

Die Union von 1821

Am Montag, dem 2. Juli 1821, versammelten sich die 44 Synodalen (23 Lutheraner und 21 Reformierte) und zogen im feierlichen Zug zur Stadtkirche in Karlsruhe. Die Glocken läuteten. Die Bevölkerung jedoch war ausgeschlossen. Am Eingang der Stadtkirche standen einige Polizeidiener als Türhüter, damit außer den Synodalen niemand in die Kirche konnte. Die erste Sitzung begann mit dem gemeinsam gesungenen Lied »O heil'ger Geist, kehr bei uns ein« und einem längeren Eingangsgebet des Prälaten Hebel. Nach einigen Begrüßungsansprachen erklärte der Präsident, Freiherr von Berckheim, die Synode für eröffnet. Diesen hatte der Großherzog zum Vor-

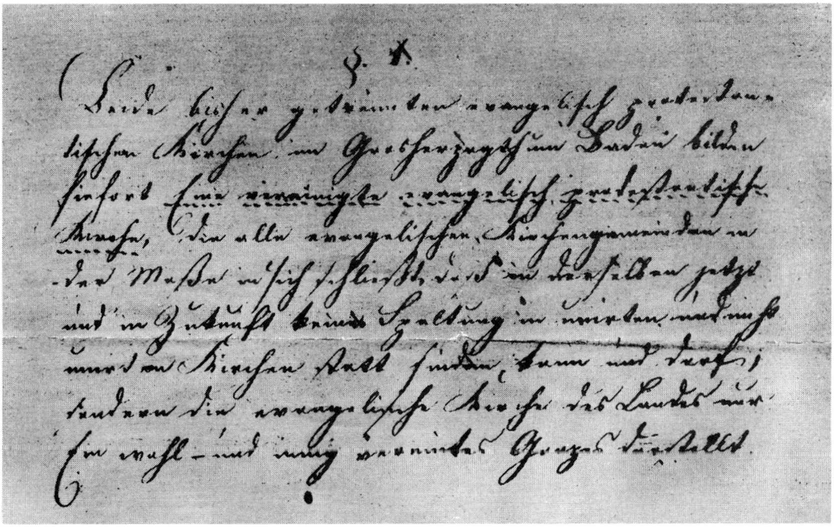

Unionsurkunde

sitzenden berufen. Der wichtigste Mann in der Synode war jedoch der Kirchenrat Nikolaus Sander, der auch die meiste Vorarbeit geleistet hatte.

Dann begann die eigentliche Arbeit. Die Generalsynode trennte sich zu Arbeitssitzungen in Kommissionen. Dort wurde hart um die Lösung schwieriger Fragen gerungen. Erst eine Woche später traf man wieder in der Gesamtsynode zusammen. Die erste Kommission legte ihr Arbeitsergebnis zur Abstimmung vor. Es ging vor allem um die Abendmahlslehre. Jedes Mitglied der Synode wußte, daß von diesen Sätzen die Einigung überhaupt abhing. Nach wenigen Rückfragen »trat eine feierliche Stille ein», schreibt ein Zeitgenosse.

»Nach Verlauf von etwa fünf Minuten stand der Präsident auf mit der Äußerung, er glaube zu merken, daß allgemeine Einstimmung über den Lehrpunkt stattfinde und hiermit also der Grund der Vereinigung in Gottes Namen gelegt sei«. Damit war klar: Die Union kommt zustande. Die weiteren Beratungen gingen zügig voran. Am 26. Juli war das Werk vollendet. Die Kirchenverfassung für die badische Landeskirche wurde von den Synodalen unterschrieben. Nachdem der Großherzog zugestimmt hatte, konnte die Union in allen evangelischen Kirchen Badens am Reformationssonntag, den 28. Oktober 1821, gefeiert werden.

Ein dichtender Prälat

»Was würde meine Mutter sagen?«

»Ich bin von armen, aber frommen Eltern geboren, habe die Hälfte der Zeit in meiner Kindheit bald in einem einsamen Dorf, bald in den vornehmen Häusern einer berühmten Stadt zugebracht. Da habe ich früh gelernt Armsein und Reichsein... Ich habe schon in dem zweiten Jahr meines Lebens meinen Vater, in dem 13. meine Mutter verloren. Aber der Segen ihrer Frömmigkeit hat mich nie verlassen. Sie hat mich Beten gelehrt; sie hat mich gelehrt, an Gott glauben, auf Gott vertrauen, an seine Allgegenwart denken.« Der Mann, der dies schrieb, hieß Johann Peter Hebel. Er stieg vom Dorfjungen zum ersten Prälaten der Badischen Landeskirche, also zu einer Art Bischof, auf.

Am 10. Mai 1760 wurde Johann Peter Hebel in Basel geboren. Seine Eltern waren Sommers-Dienstleute bei einer reichen Basler Bürgersfamilie. Den Winter über lebten die Hebels in Hausen im Wiesental. So ging der kleine Johann Peter in die Gemeindeschule St. Peter in Basel und in die Hausener Dorfschule, ab seinem 10. Lebensjahr vormittags in die Lateinschule in Schopfheim. Zeit seines Lebens hatte er Heimweh nach dem Wiesental und nach Basel:

Z' Basel an mim Rhi,
jo dört möchti si!
Weiht nit d'Luft so mild und lau
und der Himmel ist so blau
an mim liebe Rhi!

Nach dem Tod der Mutter wurde der 13jährige von seinem Vormund nach Karlsruhe geschickt. Dort besuchte er das Gymnasium. Später studierte er in Erlangen. 1780 bestand er sein Examen und war nun Pfarramtskandidat. Sein größter Wunsch war eine Pfarrstelle im Markgräfler Land. So war er enttäuscht, als er nach einiger Wartezeit nur »Präzeptoratsvikar« (das bedeutet Hilfslehrer) am Pädagogium, einer höheren Schule in Lörrach, wurde. Dort unterrichtete er zwölf Stunden Latein, zwei Griechisch, zwei Geschichte, zwei Geometrie und eine Stunde Deutsch, dazu noch Erdkunde und Religion. Die Schule machte ihm Spaß, seine Schüler mochten ihn. 1791 wurde er als Lehrer an das bedeutende Gymnasium in Karlsruhe versetzt. In einem Brief schrieb er: »Bei jedem Gedanken ans Oberland fühle ich von neuem und erst recht, was für einen Fluch mir der Himmel auflegte, daß er mich nach Karlsruhe sendete... Allenthalben um-

Johann Peter Hebel

geben von Häusern und Mauern, die doch noch den Vorteil haben, daß sie meinem Auge die unfreundliche langweilige Sandfläche, das leere tote Wesen der ganzen Gegend verbergen.« Doch seine anfängliche Abneigung verlor sich bald. Nach kurzer Zeit war er auch hier als Lehrer anerkannt. Er ging auf die Schüler ein, nahm Rücksicht auf ihre Eigenart, wußte, wieviel er ihnen zumuten konnte.
Zu seinem Amt gehörte auch, von Zeit zu Zeit in der Hofkirche zu predigen. Dabei wurden der Markgraf und die Mitglieder der Kirchenleitung auf ihn aufmerksam. Hebel wurde zum Professor, später zum Kirchenrat ernannt. In diesen Jahren erschienen seine alemannischen Gedichte.
Hebel blieb sein ganzes Leben lang unverheiratet. Ein Diener führte ihm den Haushalt. »Er ist mein Rentier», sagte Hebel von ihm. So glich die Wohnung eben einer Junggesellenbude. Dem Herrn Professor machte das weniger aus, da er viel unterwegs war. Zu Fuß, in der Postkutsche und mit dem Schiff reiste er durch die badischen Lande. Mindestens einmal im Jahr kam er ins Oberland, in seine Heimat.
Als Freiburg badisch wurde, sollte dort eine evangelische Pfarrstelle errichtet werden. »Wer nur Ja sagen muß, um Stadtpfarrer und Universitätsprediger in Freiburg zu sein, das bin ich...», schrieb Hebel in einem Brief. Zwar war es nicht die Landpfarrei, die er sich immer gewünscht hatte, aber immerhin eine Pfarrei im Oberland. Lange überlegte er: Nach Freiburg gehen oder in Karlsruhe bleiben? Der Großherzog nahm ihm die Entscheidung ab: Hebel sollte in Karlsruhe bleiben. Er wurde Direktor des Gymnasiums und schließlich 1814 Mitglied der evangelischen Kirchenleitung. Inzwischen war er im ganzen badischen Land bekannt. Nicht nur die alemannischen Gedichte gefielen den Leuten. Viele lasen den »Rheinländischen Hausfreund», einen Jahreskalender mit Geschichten und Erzählungen. Den gab Hebel im Auftrag des großherzoglichen Ministeriums heraus. Er sollte ein »Lesebuch für das Volk« sein, wie der Herausgeber selbst meinte. 1818 bekam Hebel den Auftrag, »Biblische Geschichten« für die Unterweisung von Kindern in der Familie zu schreiben. Im Jahr darauf wurde er Prälat, also der höchste Geistliche in Baden. Welchen Aufstieg hat der barfüßige Bauernjunge aus dem Wiesental erlebt! Als ihm der Großherzog die Ernennungsurkunde überreichte, sagte er: »Was würde meine Mutter sagen, Hoheit?«

Lehrer - Dichter - Kirchenmann

1821 trat die Generalsynode in Karlsruhe zusammen, um die Evangelischen in Baden in einer Kirche zu vereinigen. Bei dieser Tagung sprach der Prälat Hebel das Eingangsgebet und arbeitete auch während der ganzen Synode kräftig mit. Den Zusammenschluß sah er als wichtig an. Eine solche »Union« hatte es schon in seinem Elternhaus gegeben, denn der reformierte Vater hatte die lutherische Mutter geheiratet. Die beiden mußten sich damals in Hauingen bei Lörrach trauen lassen, denn im reformierten Basel waren solche »Mischehen« verboten.
Für ihre Verdienste um den Zusammenschluß bekamen Hebel und sein Freund, der Kirchenrat Sander, die Ehrendoktorwürde der Universität Heidelberg verliehen. Dieser neuen »Vereinigten Evangelisch-Protestantischen Kirche« leistete Hebel vor allem zwei wichtige Dienste: Er sorgte für »Liturgische Formulare», also Ordnungen für den Gottesdienst und die Amtshandlungen der Pfarrer, und schrieb biblische Geschichten für Kinder.
Als Schriftsteller war Hebel schon sehr früh bekannt. Um 1800 waren seine »Alemannischen Gedichte« entstanden. Die Idee dazu kam ihm bei einem kleinen Urlaub auf dem Dobel. »Als ich kaum eine Stunde auf dem Tobel war und, wie gesagt, unter dem Fenster lag,« schrieb er später, »erblickte ich einen feinen Herrn mit einem Glas am Auge im Hof, und hinter ihm eine feine Dame. ›Franz, was hesch güggelet?‹. fragte sie. ›Numme do no der Amsle hani glueget‹, antwortete er. Sie glauben nicht, wie lieblich mir diese bekannten Töne so unerwartet ins Ohr fielen, obgleich der Vogel eine Wachtel war.« Dieses kleine Erlebnis veranlaßte ihn, in seinem heimatlichen Dialekt zu dichten. 1803 erschien der erste Band seiner Werke und wurde bald ein »Bestseller«.
Er kannte und liebte seine Heimat, das badische Oberland! Die Verse seiner Gedichte schildern Orte und Landschaften im Wechsel der Tages- und Jahreszeiten, aber auch die Menschen, ihre Freuden und Leiden, ihre Sagen und Geschichten. Heiteres und Besinnliches kommt da vor. Immer wieder aber klingt Hebels Überzeugung durch: Die Welt ruht in Gott, und der Mensch kann sich darin geborgen wissen. So heißt es im letzten Gedicht des Bandes in der ersten Auflage:

Kannitverstan

Un wenn de am e Chrützweg stohsch
un nümme waisch, wo's ane goht;
halt still un froog dy Gwisse zerst,
s'cha Dütsch, gottlob, un folg sym Root!

Wo mag der Weg zuem Chilchhof sii?
Was froogsch no lang? Gang, wo de witt!
Zuem stille Grab im chüele Grund
füehrt jede Weg, un 's fehlt si nit.

Doch wandle du in Gottisfurcht!
I root der, was i roote cha.
Sell Plätzli het e ghaimi Tür,
uns 'sinn no Sachen ehne dra.

Am bekanntesten wurde Hebel jedoch durch den »Rheinländischen Hausfreund«. Diesen Kalender gab es schon lange vor Hebel. Die Regierung wollte, daß er von Menschen in Stadt und Land gekauft wurde, denn zu jener Zeit brachte ein Kalender Information und Bildung für das Volk. Um 1800 war er aber so langweilig geworden, daß selbst der Zwangsverkauf des Kalenders durch die Polizei nicht mehr viel half. Nun wurde Hebel die Herausgabe übertragen. Inzwischen war er ein bekannter Dichter, »der nicht allein alle hierzu erforderlichen Kenntnisse, sondern auch und insbesondere die seltene Gabe, das Volk auf eine angenehme und faßliche Art zu belehren, in einem vorzüglichen Grade besitzt . . .«. Hebel übernahm den Auftrag. Die unterhaltsamen Geschichten, die er schrieb, werden heute noch gerne gelesen. Aber der Kalender enthielt noch mehr: Nützliche Lehren standen neben besinnlichen und rührenden Erzählungen, Rätsel neben Ratschlägen für die Landwirtschaft, Jahrmärkte wurden beschrieben, Nachrichten aus aller Welt verbreitet. Die Auflage des Kalenders stieg sprunghaft an. Wie Hebel arbeitete, beschreibt er selbst so: »Der Rheinländische Hausfreund geht fleißig am Rheinstrom auf und ab, schaut zu manchem Fenster hinein, man sieht ihn nicht; sitzt in manchem Wirtshaus und man kennt ihn nicht; geht mit manchem braven Mann einen Sabbaterweg oder zwei, wie es trifft, und läßt nicht merken, daß er's ist.« Eine seiner berühmtesten Erzählungen ist »Kannitverstan«.

Politische Geschichte		**(Badische) Kirchengeschichte**	
1803	Baden wird Kurfürstentum		
1806	Baden wird Großherzogtum; Rheinbund	1807	Oberkirchenrat aus Lutheranern und Reformierten
1813-1815	Befreiungskriege		
		1817	Dreihundertjähriges Jubiläum der Reformation
1818-1830	Großherzog Ludwig I.		
1818	Badische Verfassung		
1819	Ermordung Kotzebues	1819	Johann Peter Hebel wird Prälat
		1821	Badische Union: Vereinigung der protestantischen Kirchen

11. Kapitel

Weck' die tote Christenheit: Erweckung in Baden

Die Brüdergemeine in Baden: Königsfeld

Im Schwarzwald, zwischen Villingen und St. Georgen liegt Königsfeld, ein freundlicher kleiner Kurort. Wer in die Ortsmitte kommt, zum Zinzendorf-Platz, sieht eine Reihe von Häusern in einem besonderen Barockstil.

Unter ihnen ist auch der »Kirchensaal», das Gebäude mit dem Versammlungsraum der evangelischen Gemeinde. Wer als Fremder diesen Saal betritt, ist überrascht. Obwohl es sich um einen Kirchenraum handelt, fehlen die Kanzel und der Altar. Ein nur um wenige Stufen erhöhter Tisch an der Längsseite des Saales dient als Abendmahlstisch. Dahinter ist der Platz des Predigers. Die großen Fenster und die weißen Wände strahlen etwas Festliches aus. Kirche wird dieser Saal jedoch erst, wenn sich sonntags darin die Gemeinde zum Gottesdienst versammelt.

Kirchensäle wie der in Königsfeld finden wir vielfach in der Welt. Sie gehören der Brüdergemeine, einer weit über Europa hinaus bekannten und anerkannten Freikirche. Die Brüdergemeine ist im Osten Deutschlands, in der Oberlausitz, entstanden. Heute bildet diese Gegend ein Dreiländereck zwischen Deutschland, Polen und der Tschechoslowakei. Dort lebte vor 270 Jahren Graf Nikolaus Ludwig von Zinzendorf. Auf seinem Gut Bertelsdorf hatte er seit 1722 mährische Glaubensflüchtlinge aufgenommen. Sie waren Nachkommen der »Böhmischen Brüder», deren Anfänge auf Johannes Hus zurückgehen.

Um ihres Glaubens willen verfolgt, hatten sie mit ihren Familien ihre Heimat verlassen müssen. In der Nähe des Gutes Bertelsdorf gründe-

ten sie den Ort Herrnhut (in des Herren Hut). In wenigen Jahren entstand hier eine große Gemeinde. Trotz anfänglicher Konflikte wuchs sie zu einer Lebensgemeinschaft zusammen, in der Gottesdienst und Alltag eine Einheit bildeten.
Bald wurde die Brüdergemeine in der Heidenmission tätig. Sie begann 1732. Wichtige Missionsfelder entstanden in Indien, in Afrika, in Nord- Mittelamerika und sowie den Eskimos. Heute sind daraus eigene einheimische Brüderkirchen geworden, die mit den europäischen zu einer Brüderunität zusammengefaßt sind.
Bekannt wurde die Brüdergemeine vor allem durch ihre »Losungen», die in über 40 Sprachen erscheinen. Es handelt sich hierbei um eine kleines Buch, das für jeden Tag eines Jahres Bibelworte aus dem Alten Testament enthält. Sie werden jedes Jahr neu ausgelost. Ein neutestamentlicher Spruch wird ihnen zugeordnet.
Von Anfang an sahen die Herrnhuter, wie man die Brüdergemeine oft nannte, auch eine wichtige Aufgabe in der Erziehung junger Menschen. Deshalb gründeten sie viele Schulen. Dieser Erziehungsarbeit verdankt Königsfeld seine Entstehung. Zu Beginn des 19. Jahrhunderts hatten württembergische Bürger, von der Herrnhuter Arbeit

Kirchsaal von Königsfeld

beeindruckt, den Antrag an ihre Synode gestellt, daß im Geiste der Brüdergemeine eine Mädchenanstalt gegründet werden solle. Als Ort hatten sie sich den Hörnlenhof im Schwarzwald ausgesucht. Nach Verhandlungen, die die württembergische Staatsregierung mit Vertretern aus Herrnhut führte, unterschrieb der württembergische König 1806 die Gründungsurkunde für den neuen Ort. Er gab ihm den Namen Königsfeld, weil er gerade König geworden war. Die Urkunde sicherte den neuen Bewohnern zu, daß die Kolonie »mit ihren Lehrern und anderen Schul- und Kirchendienern in Anpassung ihrer Kirchen- und Erziehungsanstalten unter keiner anderen geistlichen Behörde als unter der Aufsicht des Collegiums der Ältesten der Brüder-Unität stehen soll«. Die Siedler richteten sofort eine Schule ein, obwohl noch keine schulpflichtigen Kinder in Königsfeld lebten. Der Namensgebung für den Ort stimmten sie zu, deuteten ihn aber um: Es sollte ein Ort des Königs Jesus Christus werden. 1809 trafen die ersten Lehrpersonen ein und der Unterricht begann mit sechs Mädchen. Im Jahr darauf mußte Württemberg dieses Gebiet an Baden abtreten. Nun wurde auch eine Jungenschule gegründet.

Die Schule wuchs, und nach wenigen Jahren kamen auch Kinder mit englischer oder französischer Muttersprache nach Königsfeld. Die Anforderungen entsprachen etwa der heutigen Realschule. Neben das Lernen traten vom ersten Tag an bei den Jungen Spiel, Sport und Arbeiten in freier Luft. Sie betreuten vor allem Pflanzbeete und Beerensträucher in eigener Verantwortung. Die Mädchen erhielten erst 1885 Turnunterricht.

Schon 1836 kam es zum ersten Versuch, den Mädchen eine berufliche Ausbildung im Anschluß an die Konfirmation zu geben. Aus den Lehrgängen für Nähen, Schneidern, Bügeln und Kochen entstand - durch die Großherzogin Luise angestoßen - eine »Kochschule«.

In den Jahren vor dem ersten Weltkrieg nahmen die Mädchenanstalt, die Knabenanstalt und die »Mädchenstube« (also die berufliche Ausbildung der Mädchen) einen großen Aufschwung. Aus Süddeutschland, der Schweiz, dem Elsaß und anderen europäischen Gegenden kamen die Schülerinnen und Schüler, daneben auch Diplomatenkinder aus allen Teilen der Erde. Zeitweise sprach jeweils ein Drittel der Schüler Deutsch, Englisch und Französisch. Im Schnitt blieben sie drei Jahre in Königsfeld.

Heute umfassen die »Zinzendorfschulen« in Königsfeld ein ganzes Schulsystem.
Der Ort Königsfeld selbst ist immer noch geprägt von den Mitgliedern der Brüderunität, die mit den übrigen Gemeinden dieser Freikirche und den Brüderkirchen außerhalb Europas in ständigem Kontakt stehen. Die Gemeinden in der Bundesrepublik, in den Niederlanden, in der Schweiz und in Skandinavien bilden zusammen die Europäisch-Festländische Provinz mit etwa 20 000 Mitgliedern in 30 Gemeinden. Sie unterstützen die überseeischen Provinzen bei der theologischen Ausbildung, der medizinischen Versorgung und ihren missionarischen Aufgaben. Die wechselseitige Partnerschaft bildet ein tragendes Element ihres kirchlichen Lebens. Die Brüderunität heißt im außerdeutschen Sprachraum nach ihrem Herkunftsland »Moravian Church« oder »Ekklesia Morava« (mährische Kirche).

Basler Christen werden aktiv

Gegen Ende des 18. Jahrhunderts gab es in Basel viele bewußte Christen, die mit ihrer Kirche nicht mehr zufrieden waren. Sie wollten mehr aus der Bibel hören und engere Gemeinschaft untereinander haben. Unter ihnen waren auch einige Pfarrer. Vor allem aber wollten sich Bürger und Kleinbürger, Kaufleute, Handwerker, Gesellen und Dienstboten zusammenschließen. Sie gründeten 1780 einen Verein, der später »Deutsche Christentumsgesellschaft« genannt wurde. Im Laufe der beiden nächsten Jahrzehnte entstanden überall in Mitteleuropa ähnliche Vereine, die mit Basel eng verbunden blieben. Man schrieb einander, tauschte Erfahrungen aus und schickte auch immer wieder Berichte nach Basel. Dort erschien Monat für Monat eine Zeitschrift, seit 1786 unter dem Titel »Sammlungen für den Liebhaber christlicher Wahrheit und Gottseligkeit«. Sie berichtete von dem Vereinsleben in den verschiedenen Städten, wurde in vielen Ländern gelesen und stellte erst im Jahr 1912 ihr Erscheinen ein.
Eine wichtige Aufgabe sah die Christentumsgesellschaft darin, die Bibel zugänglich zu machen. So gründete man 1804 eine Bibelgesellschaft, die in zwölf Jahren eine halbe Million Bibeln zu erschwinglichen Preisen drucken ließ.

Ehe die Gesellschaft weitere missionarische Ziele verfolgen konnte, wurde Basel zum Kriegsgebiet. Im Winter 1813/14 kamen Tausende deutscher und österreichischer Soldaten nach Basel und wurden dort einquartiert. Dabei hatte die Stadt selbst nur ca. 17 000 Einwohner! In der übervölkerten Stadt brachen Seuchen aus; Tausende starben an Pocken und Typhus. Die Mitglieder der Christentumsgesellschaft, vor allem ihr Sekretär Christian Friedrich Spittler, setzten sich mit aller Kraft für die Versorgung und Pflege der Verwundeten und Kranken ein und zeigten so, was christliche Nächstenliebe bedeutet.

Kaum aber war der Krieg zu Ende, wandte sich die Gesellschaft der Heidenmission zu. Im Jahr 1815 wurde die »Evangelische Missionsgesellschaft in Basel« (Basler Mission) gegründet. Sie fand lebhafte Unterstützung im süddeutschen Raum, besonders in Württemberg und Baden. Die Basler Mission bildete junge Menschen aus, die danach in ferne Länder geschickt wurden, um die christliche Botschaft zu verkündigen. Zuerst beschränkte man sich auf die Ausbildung von Missionaren für andere Missionsgesellschaften, dann aber suchte man eigene Missionsgebiete: 1828 die Goldküste, 1834 Indien, 1847 Südchina und 1886 Kamerun. Von Beginn an unterschied sich die Basler Mission von anderen Gesellschaften, weil sie die Einheimischen stärker in ihre Arbeit hineinzog. Sie bildete Eingeborene als Katecheten aus, sorgte für die Verkündigung in der einheimischen Sprache, gründete Schulen und Hospitäler und errichtete später Werkstätten und landwirtschaftliche Betriebe. Bis auf den heutigen Tag ist die Basler Mission in vielen Ländern der Welt tätig, wenn auch mit einer veränderten Zielsetzung: Die Missionare helfen partnerschaftlich beim Aufbau und Ausbau der Gemeinden in den jungen Kirchen und unterstützen sie in ihrer missionarischen Arbeit.

Eine dritte wichtige Aufgabe hatte sich für die Gesellschaft als Kriegsfolge ergeben. Viele Kinder und Jugendliche waren durch den Krieg elternlos oder Halbwaisen geworden und zogen nun hungernd und oft auch stehlend umher. Hier wollten vor allem Christian Friedrich Spittler und sein Freund Christian Heinrich Zeller Abhilfe schaffen. Sie kamen auf den Gedanken, ein Heim für verwahrloste und hungernde Kinder zu gründen. Dieses Kinderheim sollte mit einer Lehrerbildungsstätte verbunden werden.

Am 31. Oktober 1817, also am 300. Gedenktag der Reformation, wurde in Basel eine Vereinigung zur Errichtung dieses Kinderheims gegründet. Nun mußte noch ein Haus für das Werk gefunden werden.

Beuggen: Ein Schloß für Kinder

Die Basler Christentumsgesellschaft beauftragte den Schuldirektor von Zofingen, Christian Heinrich Zeller in der Schweiz, in Schloß Beuggen ein Kinderheim einzurichten. Man wollte elternlosen verwahrlosten Kindern eine Heimat geben und sie fördern. Zeller war stark von Pestalozzi und seiner Idee einer echten Volksbildung beeindruckt. Besonders wichtig dabei war ihm die Hinführung zum christlichen Glauben. Deshalb verband er mit dem Kinderheim eine »Armenschullehrer-Anstalt«. Hier sollten junge Männer, die fest im christlichen Glauben standen, in drei Jahren zum Lehrer ausgebildet werden. Eine besondere schulische Vorbildung mußten sie nicht mitbringen. Sie sollten jedoch ein Handwerk erlernt haben oder es in Beuggen noch erlernen. Damit waren sie in der Lage, sich später neben ihrer Lehrertätigkeit in armen Landgemeinden noch ihren Lebensunterhalt zu verdienen.
Bereits einen Monat später zählte die Lehrerbildungsanstalt zehn Seminaristen, das Kinderheim dreißig Waisenkinder. Zeller übernahm sowohl den gesamten Unterricht als auch die Verwaltung. Seine Frau Sofie unterstützte ihn. Es gab viele Schwierigkeiten. Die großen ineinander übergehenden Räume des Schlosses waren für den neuen Zweck eigentlich ungeeignet. Die Schlafsäle konnten kaum von Ungeziefer freigehalten werden. Wasser gab es nur am Brunnen im Hof. Feste Einnahmen fehlten; man lebte von Gaben und Opfern. So war das Leben außerordentlich bescheiden. Morgens und abends gab es eine gebrannte Mehlsuppe. Erst nachdem Zeller etwas Landwirtschaft einrichten konnte und die Anstalt drei Kühe sowie Schafe, Hühner und Bienen besaß, wurde die Versorgung etwas leichter. Dies war auch notwendig, denn die Kinderzahl wuchs sehr schnell. Nach zwei Jahren waren es bereits über 70 Kinder.
Der Tagesplan in Beuggen sah so aus: Um sieben Uhr begann der Tag mit einer gemeinsamen Bibelstunde für alle Hausgenossen. Von acht bis zwölf Uhr dauerte der Unterricht für die Seminaristen und die älte-

ren Knaben. Von 13.00 bis 16.00 Uhr fand die »Kleine« Schule für die übrigen Kinder statt. Um 19.00 Uhr aßen die Kinder zur Nacht, um 20.00 Uhr die Erwachsenen. Um 21.00 Uhr beschloß man den Tag mit einer kurzen Andacht für die Erwachsenen. In der unterrichtsfreien Zeit wurden die Knaben zu Haus-, Feld- und Gartenarbeiten herangezogen, die Mädchen halfen beim Kochen, Zurüsten, Waschen, Putzen, Nähen und Flicken.

Zeller brauchte bald Mitarbeiter, die trotz der Schwierigkeiten gerne kamen. Er war ein ausgezeichneter Lehrer, Verwalter und Hausvater, vor allem aber ein lebendiger und fröhlicher Christ. Lehrerbildungsanstalt und Kinderheim waren bald im Land bekannt und geachtet.

Unter seinen Nachfolgern blieb das Seminar bis zum ersten Weltkrieg erhalten. Von da an existierte Schloß Beuggen nur noch als Kinderheim. Im Dritten Reich weigerten sich die deutschen Jugendämter, mit der Schweizer Leitung des Hauses zusammenzuarbeiten. Deshalb wurde 1937 ein »Verein der Freunde des Kinderheims Beuggen« in Lörrach gegründet, dem die Leitung des Hauses übertragen wurde. Unter dem Pfarrer Kraft und seiner Frau, den neuen Hauseltern, war

Schloß Beuggen

das Kinderheim wieder voll belegt. In den Jahren nach dem Krieg änderten sich die Erziehungsvorstellungen so, daß das Kinderheim in Beuggen nicht mehr zeitgemäß war. Man wollte zuerst kleinere Heime, später bevorzugte man Pflegefamilien oder Familiengruppen nach Art der SOS-Kinderdörfer. So mußte das Kinderheim Beuggen 1980 schließen.
Heute ist Schloß Beuggen eine bekannte und beliebte evangelische Tagungs- und Begegnungsstätte.

Das Glaubensgespräch im Schloß: Der russische Zar in Bruchsal

Im Jahr 1815 hatte die Stadt Bruchsal hohen Besuch. Der russische Zar Alexander I. wohnte mit seiner Gattin, einer badischen Prinzessin, im Schloß.
Hier fanden nicht nur politische Gespräche zur Neuordnung Europas statt, sondern auch Gespräche über den Glauben. Bereits im Dezember 1814, bei seinem Aufenthalt in Karlsruhe, hatte der Zar mit Johann Heinrich Jung-Stilling, dem Seelsorger des Großherzogs, zu sprechen gewünscht. Aus zeitlichen Gründen war es jedoch nicht dazu gekommen. Jetzt aber, in Bruchsal, kam es ein halbes Jahr später zur Begegnung zwischen dem mächtigen Herrscher und dem inzwischen weit über die Grenzen Badens und Deutschlands hinaus bekanntgewordenen Jung-Stilling.
Dieser stammte aus äußerst armen Verhältnissen. 1740 im Siegerland geboren, hatte er sich zunächst als Dorfschullehrer, Schneider, Erzieher und Verwalter durchgeschlagen. 1770 kam er als Student nach Straßburg, wo er den jungen Goethe kennenlernte. 1778 wurde der vielseitige Mann Professor für Volkswirtschaft in Kaiserslautern, danach in Heidelberg und Marburg. Daneben machte er sich als Augenarzt einen Namen. Im Jahr 1803 holte ihn Karl-Friedrich wieder nach Heidelberg zurück; 1807 schließlich kam er als Seelsorger des Großherzogs nach Karlsruhe.
1793/94 waren Jung-Stillings Lebenserinnerungen unter dem Titel »Heimweh« erschienen. Goethe hatte ihn zum Schreiben ermutigt. Sie waren zu einem Bestseller geworden. In diesem vielgelesenen

Buch schlug sich eine Stimmung nieder, die viele Menschen damals erfaßt hatte: Das Ende der Welt läßt nicht mehr lange auf sich warten! Deutliche Vorzeichen erblickte Jung-Stilling in dem Eindringen der französischen Revolutionsheere in die deutschen Gebiete und dem beginnenden Zerfall des alten Deutschen Reiches. Heil und Rettung erwartete er vom Osten. Dabei sollte das christliche Rußland und sein Herrscher, der Zar, eine bedeutende Rolle spielen. Der Zar wurde für Jung-Stilling zu einem Vorboten des wiederkommenden Christus und des anbrechenden Gottesreiches. So war das Gespräch im Bruchsaler Schloß mit großen Hoffnungen und Erwartungen verbunden.
Am Sonntag, den 10. Juli 1815 um 10.00 Uhr vormittags wurde Jung-Stilling vom Zaren empfangen. Man sprach zunächst über den Zustand der Christenheit in Europa, über die schwierige Lage der Christen in den islamischen Ländern. Der Zar berichtete über die wenige Jahre zuvor gegründete russische Bibelgesellschaft, an deren Spitze, er selber stand. Vorbild waren für ihn die englischen Bibel- und Missionsgesellschaften, die er kennengelernt hatte. Außerdem ging es bei diesem Gespräch um die verschiedenen Kirchen, Gemeinschaften und religiöse Strömungen der Zeit. Hier äußerte der russi-

Bruchsaler Schloß

sche Zar, der aufs beste informiert war, deutlich seine Sympathie für die Herrnhuter Brüdergemeine mit ihrer tiefen Christusfrömmigkeit. Der Zar bedauerte dagegen die auf äußere Form bedachte orthodoxe Staatskirche seiner russischen Heimat. Danach wurde das Gespräch sehr persönlich. Jung-Stilling wurde gefragt, worin seiner Meinung nach »das wahre Praktische des Christentums« bestehe. In einem Brief an Christian-Friedrich Spittler in Basel schrieb Jung-Stilling, noch ganz unter dem Eindruck der Begegnung: »Ich antwortete, der wahre Glaube an Jesum Christum, den Gekreuzigten, sei der Grundstein allein; danach sei eine Übertragung einfach, sie bestehe: 1. ... in einer gänzlichen Übergabe ohne einzigen Vorbehalt an den Willen des Herrn Jesu Christi, 2. ... in einem beständigen Bleiben in ihm durch die Einkehr und 3. ... im inneren, unaufhörlichen Herzensgebet.« Zar Alexander muß von den Äußerungen Jung-Stillings sehr beeindruckt gewesen sein. Jung-Stilling schreibt: »Der Kaiser ergriff mich an beiden Händen und mit Freudentränen sagte er: 'Das ist seit ein paar Jahren auch meine beständige Übung; alles andere ist zeremoniell und Nebensache, die nur um der äußeren Ordnung willen nötig ist.' Jetzt breitete er sich mit einer solchen Demut und Aufrichtigkeit über sein Inneres aus, daß wir beide tief gerührt waren. Dann schlossen wir einen Bund zusammen, dem Herrn treu zu sein bis in den Tod. Er küßte mich, und ich ihn. Dann schieden wir voneinander.« So endete das Glaubensgespräch zu Bruchsal.

Aloys Henhöfer – Vater der badischen Erweckungsbewegung

Ein origineller Pfarrer

Ein Sonntagmorgen in dem kleinen Dorf Spöck bei Karlsruhe: Viele Menschen drängen sich in der evangelischen Dorfkirche. Aus den umliegenden Dörfern sind sie gekommen, zu Fuß oder mit Kutschen sogar aus der Residenzstadt Karlsruhe. Ein kleiner, bäuerlich aussehender Mann betritt die Kanzel. Er liest den Predigttext, betet und beginnt mit leiser Stimme seine Predigt. Bald wird er lauter und eindrücklicher, als er auf die ausgestreckte Hand Gottes kommt, die

Henhöfer

den Menschen in ein neues Leben führen will. Die Notwendigkeit des neuen Lebens macht der Pfarrer in einem Bild deutlich: »Seht, in meinem Garten steht ein Holzbirenbaum. Wenn ich nun dem Holzbirenbaum alle Tage sage: ›Holzbirenbaum, du mußt Bergamottebirnen bringen‹, so sagt der Holzbirenbaum: ›Wie kann ich denn Bergamottebiren bringen?‹ Gezweigt muß der Baum werden, d.h. ein neues Reis muß er kriegen, sonst nutzt alles Predigen nichts. So ist's, wenn man den Leuten Moral predigt und keinen Glauben, d.h. vom Holzbirenbaum Bergamotten verlangen. Gezweigt muß der Mensch werden, d.h. neues Leben von oben kriegen und anwachsen lassen, dann gibt's, will's Gott, gute Frucht.«

Aufmerksam hören die Menschen zu. »Gelehrt predigt er nicht, aber was er sagt, geht einem ans Herz», sagt selbst der Großherzog von diesem Pfarrer Henhöfer in Spöck. Was ist das für ein Mann?

Henhöfer wurde am 11. Juli 1789 in Völkersbach im Albtal geboren. Seine Eltern waren Bauern, die Mutter von Jugend an sehr religiös; fast wäre sie Nonne geworden. Täglich ging sie zur Messe und nahm schon das kleine Kind zu Gottesdiensten und Wallfahrten mit. Aloys sollte katholischer Priester werden.

Henhöfer besuchte das Gymnasium in Rastatt und studierte in Freiburg Theologie. Nach dem Besuch des Priesterseminars in Meersburg wurde er zum Priester geweiht. Als Hofmeister (Hauslehrer) kam er nach Schloß Steinegg im Würmtal, wo er die zahlreichen Kinder des Reichsfreiherrn Julius von Gemmingen »deutsche und lateinische Sprache, Geographie, Geschichte, auch Schönschreiben, Rechnen und reinen Unterricht der Religion und Moral« lehren sollte. Henhöfer leistete so gute Arbeit, daß ihm der Freiherr drei Jahre später

als Patron der Gemeinde Mühlhausen die Pfarrstelle des Dorfes anbot. Ostern 1818 trat Henhöfer dort seinen Dienst an.
Mühlhausen galt damals als verwahrloste Gemeinde. An der Grenze zwischen Baden und Württemberg blühte das Schmugglerwesen, aber auch Wilderei, Waldfrevel und Diebereien waren an der Tagesordnung. Diese Zustände wollte Henhöfer durch scharfe Predigten bekämpfen - und er hatte auch Erfolge. Die Leute waren beeindruckt und ließen sich etwas sagen. Doch bald sollte der junge Pfarrer die Mühlhausener in nicht geringe Aufregung versetzen. Daß er scharfe Bußpredigten hielt, das war in Ordnung. Daß er Neue Testamente an die Gemeinde verteilte und Bibelstunden hielt, war neu in der katholischen Kirche. Ein Sturm der Entrüstung brach schließlich los, als er sich eines Tages weigerte, einen schon in der Bewußtlosigkeit liegenden sterbenden jungen Mann »mit Weihwasser zu beschütten», wie er sich ausdrückte. Henhöfer hatte sich gewandelt.
Ausschlaggebend waren Begegnungen mit Menschen, die einen überzeugenden Glauben lebten: In Mühlhausen lebte z.B. ein Handwerker namens Brougier. Dieser war als Handwerksbursche in Württemberg gewesen und hatte dort die pietistischen »Stunden« kennengelernt. In Mühlhausen betätigte er sich nun mit Duldung und Zustimmung des neuen Pfarrers als katholischer Stundenhalter. Im Jahre 1819 wurde nicht allzuweit von Mühlhausen entfernt auf württembergischen Gebiet die freie, nicht an eine Landeskirche gebundene pietistische Gemeinde Korntal gegründet. Zwischen Henhöfer und Korntal gab es bald Verbindungen, wobei die Familie des Freiherrn von Gemmingen eine wichtige Rolle spielte. Wahrscheinlich über Korntal kam Henhöfer in Besitz des Buches »Christus für uns und in uns», das von dem katholischen Pfarrer Boos stammte. Dieser lehrte ganz im Sinne der Reformation die Rechtfertigung des Sünders allein aus Gnaden und durch den Glauben.
Henhöfer wurde von dem bischöflichen Generalvikariat in Bruchsal vorgeladen. Dort mußte er den Sommer des Jahres 1822 in einer Art »Klosterhaft« zubringen. In dieser Zeit verfaßte er sein Glaubensbekenntnis, das zu seinem Ausschluß aus der katholischen Kirche führte. Aber Henhöfer hatte viele Anhänger, unter ihnen auch den Freiherrn von Gemmingen und seine Familie. Nach und nach traten vierzig Familien, auch die des Freiherrn, aus der römisch-katholi-

schen Kirche aus. Henhöfer hatte zuerst wohl die Absicht, eine Gemeinde im Sinne Korntals zu gründen. Doch der Großherzog wünschte keine »Betbrüderei« auf badischem Boden, wie er sich ausdrückte. So wurde Henhöfer und mit ihm seine Anhänger im April 1823 feierlich in die evangelische Kirche aufgenommen.
Die badische Kirchenleitung, damals eine Abteilung des Innenministeriums, war von dem Neuzugang nicht begeistert. Einerseits wollte man keinen Ärger mit der katholischen Kirche, andererseits war man mißtrauisch gegen alle Erscheinungen, die den innerkirchlichen Frieden gefährden könnten. Es spricht jedoch für die badische Liberalität, daß Henhöfer seinen Platz in der Badischen Landeskirche finden konnte: Nach bestandener Prüfung wurde er evangelischer Pfarrer. Gegen seinen Wunsch und zur großen Enttäuschung der Gemeinde wurde er nach Graben versetzt. Von Graben kam er 1827 nach Spöck und Staffort, wo er bis an sein Lebensende segensreich wirkte.
Heute noch werden von ihm viele Geschichten erzählt, wie die folgende:

> Eines Tages durfte der Vikar den Pfarrer Henhöfer auf einem Krankenbesuch begleiten. Nebeneinander gingen die beiden durch die Dorfgassen. Ihr Erscheinen war recht wunderlich. Hinter ihnen marschierten nämlich die Hühner des Pfarrhofs. Voran trippelten die Perlhühner, eines hinter dem anderen, geführt von dem Lieblingshuhn des Pfarrers, dann die anderen, die Henhöfer immer das »gemeine Volk« bezeichnete. Von Zeit zu Zeit, mitten im Gespräch, griff der Pfarrer in die großen Taschen seines Rockes und holte eine Handvoll Körner heraus. Ohne sich umzusehen, warf er sie hinter sich. Sofort eilten die Hühner herbei und pickten die Körner auf. Dann rannten sie wieder hinter den beiden her und ordneten sich in Reih und Glied. Wenn Henhöfer in ein Haus trat, blieben die Hühner ruhig stehen, bis er wieder herauskam. Dann ging der Marsch durch das Dorf weiter.

Der volksnahe Prediger

Einer seiner Vikare, der später berühmt gewordene Hofprediger Emil Frommel, erinnert sich, wie ihn Henhöfer das Predigen lehrte:

> Einmal hatte er eine Predigt über Matthäus 6 »Sehet die Vögel unter dem Himmel an...« vorbereitet. Als er sie Henhöfer zeigte, sagte dieser:

»Geh'n Sie mal hinauf in Ihre Stube und gucken Sie mal zwei Stunden zum Fenster hinaus.« Frommel ging und merkte bald, warum Henhöfer ihn zum Fenster geschickt hatte. Da saß ein ganzer Spatzenschwarm, und der Vikar bekam anschaulich mit, was es heißt: »Sie säen nicht, sie ernten nicht, und unser himmlischer Vater nährt sie doch.« Frommel brachte eine umgearbeitete Predigt zu Henhöfer. »Sind Sie jetzt gescheiter?« fragte dieser. »Jawohl!« antwortete der junge Mann. »Ja», meinte Henhöfer, »es heißt nicht umsonst: ›Sehet sie an!‹ und nicht: ›Lest über sie was im Buch!‹«

Mutter Jolberg - ein Herz für Kinder

Im Jahr 1840 erhielt eine Heidelbergerin einen Brief von Pfarrer Ernst Fink aus Leutesheim bei Kehl. Er bot ihr an, in seiner Gemeinde bei der »Fürsorgearbeit für Kinder« mitzuhelfen. Diese hatte er neu begonnen.
Die Empfängerin des Briefes, Julie Regine Jolberg, war damals 40 Jahre alt. Als Tochter wohlhabender jüdischer Eltern war sie in der Heidelberger Altstadt in der Nähe der Heiliggeistkirche aufgewachsen. Im Kreis von zehn Geschwistern verbrachte sie ihre Kindheit in einem schönen Patrizierhaus. Durch Hauslehrer erhielt sie eine gründliche Bildung. Nach den Weisungen der jüdischen Religion wurde in der Familie der Sabbat und die hohen Feste begangen. Sie hinterließen bei ihr einen tiefen Eindruck. Sie besuchte zugleich ein christliches Pensionat für Mädchen. Dort lernte sie Geschichten aus dem Neuen Testament kennen und wurde sehr angerührt vom Weihnachtsfest. Die Unterschiede der beiden Religionen machten sie unsicher. Im Alter schrieb sie zurückblickend: »Ich war ein stilles, schüchternes Kind, das sich von jeher nicht ganz heimisch fühlte unter den Menschen und den Verhältnissen, in denen es lebte. Es war mir immer, als suchte ich etwas Verlorenes.«
Mit 21 Jahren heiratete sie Josef Leopold Neustetel, den besten Freund ihres Bruders. Zwei Töchtern, Mathilde und Emma, schenkte sie das Leben. Aber ein halbes Jahr nach der Geburt des zweiten Kindes starb ihr Mann an den Folgen einer Lungenentzündung.
1826 heiratete sie ihren früheren Hauslehrer, Dr. Salomon Jolberg. Zuvor hatte sie sich mit ihm und ihren beiden Töchtern taufen lassen.

Auch in der zweiten Ehe hatte Regine zwei Töchter, die jedoch beide früh starben. Im Mai 1829 verlor sie auch ihren zweiten Mann nach einem längeren Krankenlager.

Auf sich gestellt, sah sie die Erziehung ihrer Töchter als wichtige Aufgabe an: Sie wollte ihnen eine kluge und verantwortungsvolle Mutter sein. Schon früh hatte sie sich mit Fragen der Erziehung befaßt und pädagogische Schriften, vor allem von Heinrich Pestalozzi, studiert. Sie übernahm viele Einsichten großer Pädagogen ihrer Zeit, war jedoch überzeugt: Niemand kann einer Mutter die Aufgabe der Erziehung abnehmen. Sie selbst ist die beste Erzieherin ihrer Kinder.

Drei Jahre nach dem Tod ihres Mannes kehrte Regine Jolberg in ihre Heimatstadt Heidelberg zurück, um ihren Vater nach dem Tod der Mutter zu versorgen. In dieser Zeit wurde für sie ein Besuch im Steintal besonders wichtig. Sie hatte von Pfarrer Oberlin aus dem Steintal im Elsaß und seiner Helferin Luise Scheppler gehört, die die erste Kleinkinderschule aufgebaut und ihr ganzes Leben dieser Aufgabe gewidmet hatte.

Da erreichte sie der Brief von Pfarrer Fink mit dem Hilferuf. Nach einem Besuch in Leutesheim entschloß sie sich, zusammen mit ihren Töchtern dort hinzuziehen. Der Vater hatte Bedenken. Er konnte sich seine gebildeten Enkelinnen nicht in einem Dorf vorstellen. Regine Jolberg betrachtete es aber als Gottes Auftrag, bei der »Volksbildung« auf der Grundlage des christlichen Glaubens zu helfen. Bald konnte ein kleines Haus gekauft werden. Es entstand eine Schule, in der Lernen mit Arbeiten verbunden wurde. Die Jungen lernten stricken und Strohmatten flechten, die Mädchen fertigten Hauben, Strumpfbänder und Bälle an. Dazwischen wurden biblische und andere Geschichten erzählt. Man sang miteinander und lernte Noten lesen. Man spielte im Hof und in der Stube. Alles sollten dem Ziel dienen: »...die Kinder dem Heiland zuzuführen und in die jungen und empfänglichen Herzen den Samen seines göttlichen Wortes einzupflanzen«. Noch bevor das kleine Häuschen bezogen werden konnte, waren täglich etwa zwanzig Kinder zusammengekommen. Im Laufe der Zeit wurden es immer mehr. Die Kinder mußten in drei Gruppen geteilt werden. Die Sechs- bis Zehnjährigen, die schon in die Schule gingen, wurden von Mutter Jolberg betreut. Eine mittlere Gruppe von »Strickkindern« wurde durch die jüngere Tochter Emma angeleitet. Für die Gruppe der Kleinen war Tochter Mathilde verantwortlich. Als Mutter Jolberg beobachtete, daß die Kinder montags viel unruhiger waren als an den übrigen Tagen, lud sie auch am Sonntag für eine Stunde zum Singen, Beten und Erzählen biblischer Geschichten ein. So entstand ihr »Kinderkirchlein», der Anfang des heutigen Kindergottesdienstes.

Ende 1842 verließ Pfarrer Fink Leutesheim. Sein Nachfolger fürchtete den »pietistischen Geist« in ihrem Werk. Er machte sie darauf aufmerksam, daß sie ihre Kinderbetreuung behördlich genehmigen lassen müsse; er wollte damit das Wirken von Mutter Jolberg auf die kleinen Kinder beschränken. Die »Bewahranstalt« wurde staatlich anerkannt, und immer mehr Mütter brachten ihre Kinder. Auch die größeren Kinder kamen weiter! Im Jahr 1844 wurden 120 Kinder betreut und unterrichtet. Das Haus wurde zu klein, die Arbeit für Mutter Jolberg und ihre beiden Töchter zu viel. Mit Hilfe vieler Freunde konnte das Nachbarhaus erworben werden, dessen Besitzer nach Amerika auswandern wollte. Zugleich warb Mutter Jolberg in der Zeitschrift »Das Reich Gottes« um junge Mädchen, sich als Schwestern für die Kinderpflege ausbilden zu lassen.

Am 8. Oktober 1844 wurde der Kaufvertrag für das Nachbarhaus unterschrieben. Dieser Tag gilt als Gründungstag des Mutterhauses, denn die ersten Schwesternanwärterinnen kamen und wurden in diesem Haus untergebracht.

Im Oktober 1845 wurde Pfarrer Mann nach Leutesheim berufen und unterstützte tatkräftig Mutter Jolbergs Werk. Mit seiner Hilfe wurde auch für das Mutterhaus die staatliche Genehmigung beantragt und ein »Lehrplan« vorgelegt: Der Tag begann mit einer Andacht. Danach teilten sich die Schwestern in die verschiedenen Schulabteilungen und in häusliche Arbeiten. Singstunden, Übungen im Erzählen, im Anschauungs- und Sprachunterricht lösten einander ab. Den Unterricht erteilte zum größten Teil Mutter Jolberg selbst; Pfarrer Mann übernahm den Religionsunterricht, der in die Bibel und in den Katechismus einführte. Die Schwestern sollten die Kinderpflege mehr familiär als schulmäßig verstehen. 1845 waren zwölf Mädchen in der Ausbildung. Sie wurden beim ersten Jahresfest 1846 in Einrichtungen der Kinderpflege ausgesandt. Bis zum Todesjahr von Mutter Jolberg wurden 354 Kinderpflegen in Baden und in der Schweiz gegrün-

det. Meist war Mutter Jolberg bei den Gründungen und bei der Einführung einer neuen Schwester anwesend.
In den Unruhen der Märzrevolution 1848 mußte Mutter Jolberg mit ihren Schülerinnen Leutesheim verlassen. In Langenwinkel bei Lahr wurde sie von der Pflugwirtin Steinhauser aufgenommen. Da die Zahl der Schülerinnen jedoch weiter anstieg, wurde die provisorische Unterkunft bald zu klein. Da konnte sie mit Hilfe des Pfarrers Daniel Karl Justus Rein ein Schlößchen in Nonnenweier mieten. Im September 1851 wurde das erste Jahresfest mit 80 Kinderpflegerinnen und mit Kindern aus elf Kinderpflegen der Umgebung gefeiert. Pfarrer Rein und immer mehr Menschen und Gemeinden halfen Mutter Jolberg mit Geldspenden und Naturalgaben. Eine kleine Kindererzählung ihrer Tochter Emma brachte sie auf den Gedanken, selbst kleine Büchlein im Verlag Ernst Kaufmann in Lahr zu veröffentlichen. Insgesamt 110 »Nonnenweierli« erschienen in zum Teil hohen Auflagen und in verschiedenen Sprachen. So konnte das Schlößchen für das Mutterhaus gekauft, renoviert und ausgebaut werden.
Bald konnte Mutter Jolberg das schnellwachsende Werk nicht mehr allein leiten. Ein Komitee sollte sie unterstützen. 1865 stellte es 18 »Statuten« auf, die den Dienst der Kinderpflegerinnen regelten. Nicht mehr als 50, allerhöchstens 60 Kinder durften ihr zugemutet werden. Die Aufnahme eines Kindes durfte nicht von der Bezahlung des Wochengeldes abhängig gemacht werden.
Mutter Jolberg starb mit 69 Jahren. Die Grabinschrift auf dem Friedhof in Nonnenweier lautet: »Hier ruht in Gott Frau Julie Regine Jolberg, geb. Zimmern, Gründerin und Vorsteherin des Mutterhauses für Kinderpflege, geb. 30. Juni 1800, gest. 5. März 1870. Christus ist mein Leben, Sterben ist mein Gewinn (Phil 1,21).«

Die Entstehung der Heidelberger Stadtmission

Der Anstoß von Johann Hinrich Wichern

Auf dem Wittenberger Kirchentag im Revolutionsjahr 1848 hielt der Hamburger Pfarrer Johann Hinrich Wichern eine mitreißende Rede. Er schilderte die Not weiter Bevölkerungskreise, die durch die Industrialisierung seit Beginn des 19. Jahrhunderts verursacht wurde.

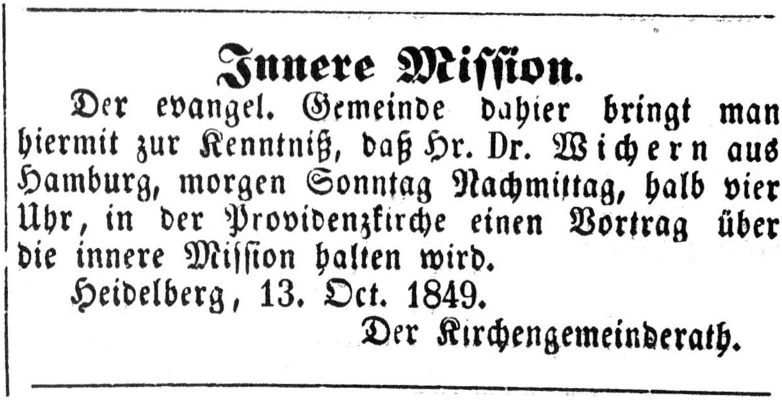

Innere Mission.

Der evangel. Gemeinde dahier bringt man hiermit zur Kenntniß, daß Hr. Dr. Wichern aus Hamburg, morgen Sonntag Nachmittag, halb vier Uhr, in der Providenzkirche einen Vortrag über die innere Mission halten wird.

Heidelberg, 13. Oct. 1849.

Der Kirchengemeinderath.

Wichern kommt nach Heidelberg

Er beschrieb die Entfremdung der Arbeiter von der Kirche. Er griff die Gleichgültigkeit vieler Christen an. Als dringende Aufgabe stellte er den Landeskirchen vor Augen: »Die rettende Liebe muß für die Kirche das große Werkzeug sein, womit sie die Tatsache des Glaubens erweist ...«. Unter der Wirkung dieser Rede gründeten die Mitglieder des Kirchentages einen Centralausschuß für die Innere Mission der Deutschen Evangelischen Kirche. Man wollte Menschen wiedergewinnen, denen die Kirche und die christliche Botschaft fremdgeworden waren. Zwar waren fast alle Deutschen getauft, aber viele nur noch dem Namen nach Christen und standen der christlichen Botschaft gleichgültig gegenüber. Innere Mission bedeutete die Wiedereingliederung in eine christliche Gemeinschaft durch »rettende Liebe«. Wichern unternahm viele Reisen durch ganz Deutschland, um für diese große Aufgabe tatkräftige Mitchristen zu gewinnen. So kam er auch nach Baden und sprach auf Versammlungen in Durlach, Heidelberg, Pforzheim und Mannheim. Vor allem die Durlacher Rede sorgte dafür, daß sich der Gedanke der Inneren Mission in Baden ausbreitete. Im Laufe der Zeit entstanden viele Einrichtungen, u.a. Diakonissenhäuser, Krankenhäuser, Kindergärten, Alten- und Pflegeheime sowie Schulen. Nach dem Zweiten Weltkrieg ging aus der Inneren Mission das Diakonische Werk in Baden hervor, das sich bis heute für die Nöte der Menschen einsetzt. Wie der Gedanke der Inneren Mission in Heidelberg wirkte, zeigt die Entwicklung der Heidelberger Stadtmission.

1. Der Diakonissenverein

Im Jahr 1854 bat Frau Bertha Plitt, die ein Kinderspital betreute, das Diakonissen-Mutterhaus in Karlsruhe, ihr eine Helferin zu schicken. So kam die erste Diakonisse nach Heidelberg. Drei Jahre später wurde eine zweite Schwester notwendig, weil zur Arbeit im Kinderspital die häusliche Krankenpflege hinzugekommen war. Da diese Gemeindekrankenpflege immer häufiger erbeten wurde, kamen zwei weitere Diakonissen aus Karlsruhe hinzu. Im Jahr 1860 wurde das Kinderspital nach Karlsruhe verlegt. Die Arbeit in Heidelberg geriet in eine Krise. Daraufhin gründete der Kaufmann Philipp Zimmermann den Evangelischen Diakonissenverein. Dieser unterstützte die Schwestern, sorgte für Lebensunterhalt sowie Wohnung und sicherte so den Fortbestand des Pflegedienstes. Bald waren sechs Schwestern tätig. Sie betreuten alle Kranken in der Stadt in ihren Wohnungen ohne Rücksicht auf Konfession und Stand. Im Jahr 1870/71 pflegten sie auch verwundete und kranke Soldaten. Wenn sie einmal selbst

Herberge zur Heimat

erkrankten, wurden sie von den Ärzten kostenlos behandelt. Auch durften sie unentgeltlich mit der Heidelberger Pferdebahn fahren. Im Jahr 1889 konnte das Diakonissen-Wohnhaus Plöck 45 eingeweiht werden. Die unbenutzten Zimmer wurden dem berühmten Arzt, Prof. Adolf Kussmaul als Krankenzimmer zur Verfügung gestellt. So entstand das Diakonissenkrankenhaus, das mehrfach erweitert werden mußte. An seine Stelle trat 1958 das moderne akademische Krankenhaus Salem in der Zeppelinstraße.

2. Die Stadtmission in Heidelberg

Im Jahr 1862 wurde von dem Kaufmann Louis Werner die Heidelberger Stadtmission gegründet. Louis Werner übernahm den Vorsitz im Vorstand und übte ihn 30 Jahre lang aus bis zu seinem Tod. Die Stadtmission kümmerte sich vor allem um jenen Teil der Stadtbevölkerung, der nicht oder nur ungenügend von den Pfarrämtern betreut werden konnte. Dazu zählten Wanderarbeiter, Obdachlose oder Leute, die sonntags arbeiten mußten. Den Mitarbeitern der Stadtmission ging es um die Wortverkündigung, um die Pflege der Gemeinschaft und um die Einzelseelsorge.

3. Der Kapellenverein

1868 wurde ein weiterer Verein gegründet »Zur Fürsorge für sonntägliche Erbauung auf dem Grund der heiligen Schrift«. Jeden Sonntag kamen Erwachsene zuerst in einem Saal in der Sandgasse zusammen. Die Heidelberger Pfarrer predigten ihnen nicht bibeltreu genug. Bald wurde der Plan zum Bau einer Kapelle gefaßt, weil ihnen keine Stadtkirche für ihre sonntäglichen Gottesdienste überlassen wurde. Sie sammelten untereinander Geld und bauten schließlich eine eigene Kapelle im Hof des Diakonissenhauses Plöck 45. Das neue Gotteshaus wurde am 2. Juli 1876 eingeweiht. Seitdem trägt der Verein den Namen Kapellenverein. Der erste Pfarrer dieser Gemeinde, deren Mitglieder sich bis heute auf die gesamte Stadt verteilen, wurde Wilhelm Frommel. In seiner Einweihungspredigt legte er dar, daß die Kapellengemeinde ein treues Glied der Landeskirche sei und bleiben wolle; die Kapelle sei zur gemeinschaftlichen Erbauung derer errichtet worden, denen »ein durch Menschenwitz und moderne Wissenschaft verwässerter Glaube« nicht genüge. Die Mittel zur Unterhaltung der Kapelle sowie das Gehalt für den Pfarrer wurden durch Spenden aufgebracht. Erst seit 1953 wird der Kapellenpfarrer von der Landeskirche besoldet.

Noch bevor die Kapelle eingeweiht wurde, gründete der Kaufmann Wilhelm Bröckelmann eine »Sonntagsschule», die später den Namen »Jugend- und Kindergottesdienst« erhielt. Viele Jahre war er das einzige Angebot dieser Art in ganz Heidelberg. Während seiner Blütezeit umfaßte er jeden Sonntag etwa 600 Kinder sowie 20 Helferinnen und Helfer. Im Vorraum der Kapelle wurde eine Kinderschule eingerichtet und von Nonnenweierer Diakonissen geleitet. Sie ist heute im gemeindeeigenen Haus, Kaiserstr. 64 untergebracht. Für ältere Jugendliche wurde 1867 der Evangelische Männer- und Jünglingsverein gegründet. Aus ihm ist der Heidelberger CVJM und der Jugendbund für Entschiedenes Christentum hervorgegangen. Für Mädchen wurde ein Jungfrauenverein ins Leben gerufen.

Diakonissenverein und Kapellenverein schlossen sich 1930 zum Evangelischen Diakonissen- und Kapellenverein zusammen. Dieser Name wurde 1962 aufgegeben, als die gesamte diakonische Arbeit des Vereins der Evangelischen Stadtmission Heidelberg e.V. übergeben wurde. Zu dieser gehören heute folgende Einrichtungen:

Hilfe für die Alten:
Alten- und Pflegeheime St. Anna, Wilhelm-Frommel-Haus, Haus Philippus, Adolf-Nieden-Haus und Haus Stammberg

Hilfe für Wohnsitzlose:
Soziale Heimstätte Talhof für Männer, Resozialisierungszentrum Wichernheim

Hilfe für Menschen unterwegs:
Bahnhofsmission

Hilfe für Kranke:
Krankenhaus Salem

Hilfe für Suchtkranke:
Psychosoziale Beratungs- und ambulante Behandlungsstelle, Fachkli-

nik Haus Kraichtalblick für Frauen, Therapiezentrum Münzesheim für Männer
Außerdem bestehen zwei Fachschulen für Pflegeberufe:
Krankenpflegeschule am Krankenhaus Salem
Fachschule für Altenpflege am Haus Philippus

Carl Mez, ein christlicher Unternehmer

Bei der Weltausstellung 1867 in Paris wurde ein Badener in besonderer Weise geehrt: Kaiser Napoleon III. von Frankreich verlieh dem Freiburger Fabrikanten Carl Mez den Orden der Ehrenlegion. Er hatte im Bericht der badischen Ausstellungskommission gelesen, wie Carl Mez für die Menschen sorgte, die in seiner Seidenfabrik arbeiteten. Dies beeindruckte den Kaiser sehr.

Der Fabrikant

Die Freiburger Seidenfabrik war 1834 gegründet worden. Im Laufe der Jahre hatte sie sich zum größten Betrieb dieser Art in Deutschland entwickelt. Sie beschäftigte etwa 1.200 Arbeitskräfte, überwiegend Frauen und Mädchen. Wie es damals üblich war, arbeiteten sie zwölf Stunden, jedoch mit einigen Unterschieden: Sie hatten drei Pausen. Essen konnten sie in einer Kantine. Die Fabrikhallen waren hell. Ventilatoren sorgten ständig für frische Luft. Es gab eine Krankenversicherung und eine Altersvorsorge. An jedem Wochenende konnten die Arbeiterinnen mindestens einen halben Tageslohn in die Betriebskasse einzahlen. Das Geld wurde mit fünf Prozent verzinst. So konnten sie eigenes Kapital bilden. In einer »Pensionsanstalt« (Wohnheim) kamen auswärtige Arbeiterinnen unter. Turngeräte in den Schlafsälen und ein Bad auf dem Betriebsgelände dienten der Gesundheitsvorsorge. Nach Feierabend konnten sich die Frauen in Hauswirtschaft und Gartenbau weiterbilden.
Im Laufe der Zeit entstanden Zweigfabriken auf dem Land. Die Arbeiterinnen konnten so zu Hause wohnen und bekamen während der Zeit der Ernte oder der Weinlese zur Mithilfe in der Landwirtschaft frei. Fabrikarbeit, Landwirtschaft und Handwerk sollten einander ergänzen und nicht miteinander konkurrieren.

Auf diese Weise setzte Carl Mez seinen christlichen Glauben in die Tat um. So richtete er auch Morgen- und Abendandachten zum Beginn und zum Abschluß des Arbeitstages ein. Carl Mez war vom Vorbild seiner frommen Mutter geprägt. Das tägliche Gebet und regelmäßiger Gottesdienstbesuch waren für ihn selbstverständlich.
Am 20. April 1808 wurde er in Kandern geboren. Sein Vater war Seidenbandweber. Noch während der Schulzeit nahm ihn ein kinderloser Onkel in Freiburg auf. Nach seiner kaufmännischen Lehre lernte er als Handelsreisender die Armut und vielfältigen Nöte der Bevölkerung kennen. Diese wollte er als Christ bekämpfen. So entstanden seine Grundsätze für die Leitung einer Fabrik.

Ein Politiker mit Weitsicht

1846 wurde er in den Badischen Landtag gewählt. Auch als Abgeordneter kümmerte er sich um die kleinen Leute. Als in einer Landtagsdebatte die sozialen Spannungen beklagt wurden, sagte Carl Mez: »Nach meiner Ansicht liegt der faule, wunde Fleck zutage. Er hat

Altes Fabrikgebäude der Firma Mez

seinen Grund in dem Mangel an innerer Brüderlichkeit der verschiedenen Stände zueinander.« Er hielt nur eine Lösung der Probleme für denkbar: die verschiedenen Klassen sollten sich christlicher zueinander verhalten. Um einen gerechten Ausgleich zwischen den wohlhabenderen und den armen Bevölkerungsschichten zu erreichen, trat er für eine Reform des Steuerwesens ein. Die indirekten Steuern, z.B. die Salzsteuer, trafen die Armen hart, während die Reichen keine Vermögens- oder Kapitalsteuer zahlen mußten. Carl Mez war überzeugt: »In der gerechten Verteilung der Staatslasten hat der Staat... ein sehr kräftiges Mittel in den Händen, diesem Übel, dem Überhandnehmen des Proletariats und der Anhäufung eines zu großen Reichtums in den Händen Einzelner, vorzubeugen.« Im Revolutionsjahr 1848 legte die Regierung dann einen Gesetzentwurf für ein gerechteres Steuerwesen vor.

Die Revolution deutete Carl Mez als Eingreifen Gottes zur Überwindung bestehender Unrechts- und Machtstrukturen. Damit unterschied er sich von anderen Anhängern der badischen Erweckungsbewegung, die sie als Strafgericht Gottes für die moralischen Verfehlungen Einzelner ansahen. Carl Mez ging es um dem Willen Gottes entsprechende Ordnungen, die die Würde aller Menschen berücksichtigen.

Er wurde auch in die Frankfurter Nationalversammlung gewählt und arbeitete an einer neuen Verfassung des Deutschen Reiches mit. Das Angebot, badischer Finanzminister zu werden, schlug er aus. Ihm mißfiel die Gewalt, mit der die Revolutionäre gegen Konservative vorgingen. Als sein früherer Gegenkandidat, Bürgermeister Schanzlin von Kandern, durch ein Revolutionsgericht mit dem Tod bedroht wurde, trat Carl Mez für ihn ein.

Als Freiburger Stadtrat sorge er für eine Verbesserung der Lebensverhältnisse der Bevölkerung. Er setzte sich für Gasbeleuchtung, die Kanalisation, den Bau der Höllentalbahn, der Eisenbahnlinie von Freiburg nach Breisach und für eine gute Ausbildung der Landwirte ein.

Der Kirchenmann

1847 hatte er in Königsfeld ein einschneidendes Erlebnis. Beim Gang über den Friedhof sah er einen Grabstein mit der Inschrift: Carl Mez

1811-1821. Ein Waisenkind aus Karlsruhe hatte hier seine letzte Ruhestatt gefunden. Den Besucher durchzuckte die Frage: »Wie stünde es um dich, wenn dies deine Grabstätte wäre?« Künftig ging es ihm nicht nur um das äußere Wohl der Menschen, sondern ebenso um ihren Glauben.

1856 wurde Carl Mez in den Kirchengemeinderat von Freiburg gewählt. Er sorgte dafür, daß eine Diakonisse als Gemeindekrankenschwester angestellt wurde.

Anläßlich seiner silbernen Hochzeit 1859 spendete er als Dankopfer 20.000 Gulden und gründete damit das »Evangelische Stift», das heute noch besteht. Den Kern bildete damals ein Waisenhaus und eine Wohnung für die Gemeindekrankenschwestern. Später kamen hinzu ein Witwenhaus, eine Kleinkinderschule, ein Heim für die Sonntagsschule, eine Mägdeherberge zum Übernachten, zur Beratung und zur Arbeitsvermittlung, ein kleines Krankenhaus und ein Kinderspital, schließlich eine evangelische Schule. Heute ist das Evangelische Stift Alters- und Pflegeheim. In der Stiftungsurkunde umschrieb Carl Mez den Zweck der gesamten Einrichtung so: »Förderung alles dessen, was nützt und frommt der allgemeinen evangelischen Kirche und zunächst der evangelischen Gemeinde Freiburgs, in geistlicher und leiblicher Beziehung; also Förderung christlicher Erkenntnis und christlichen Lebens zu seligem Sterben.«

1867 wurde er Mitglied der Generalsynode der evangelischen Landeskirche und trat in ihr für eine biblisch orientierte Frömmigkeit ein.

Eine enge Freundschaft verband ihn mit Christian Friedrich Spittler, dem langjährigen Sekretär der Basler Missionsgesellschaft und Gründer der Pilgermission St. Chrischona. Er wurde Vorsitzender des Freundeskreises der Basler Mission und Mitglied im Leitungskomitee von Chrischona. Spittler hatte die Regel aufgestellt: »Wenn wir dafür sorgen, daß die Heiden Christen werden, so müssen wir auch dafür sorgen, daß die Christen keine Heiden werden.«

Am 28. Mai 1877 starb Carl Mez in Freiburg im Alter von 69 Jahren. Er war einer der wenigen, die erkannten, welche Herausforderung das Industriezeitalter für den christlichen Glauben bedeutet.

Politische Geschichte		**(Badische) Kirchengeschichte**	
		1780	Deutsche Christentumsgesellschaft in Basel
		1806	Gründung von Königsfeld
		1815	Evangelische Missionsgesellschaft in Basel (Basler Mission) Gespräch des Zaren in Bruchsal mit Jung-Stilling
1817	Wartburgfest	1817	Armenschullehrer- u. Armenkinderanstalt in Beuggen
		1823	Aloys Henhöfer wird evangelisch
1832	Hambacher Fest	1827	Henhöfer wird Pfarrer in Spöck
		1840	Regine Jolberg beginnt die Kinderarbeit in Leutesheim
		1844	Gründung einer Kinderpflegerinnenschule in Leutesheim, des späteren Mutterhauses in Nonnenweier
		1846	Carl Mez im badischen Landtag, zwei Jahre später Abgeordneter der Paulskirche
1848/49	Revolutionsjahre Frankfurter Nationalversammlung (Paulskirche)	1848	Rede Wicherns in Wittenberg; Innere Mission
		1862	Heidelberger Stadtmission
		1867	Carl Mez erhält bei der Weltausstellung in Paris einen hohen französischen Orden: Er wird Ritter der Ehrenlegion

12. Kapitel

Unterwegs von der Staatskirche zur Volkskirche

Evangelische Pfarrer in der Revolutionszeit

1848 brach in Baden eine Revolution aus. Das Land litt damals nicht nur an der Überbevölkerung in Städten und Dörfern, sondern auch an den durch zwei Mißernten verursachten Hungersnöten der Jahre 1846 und 1847. Doch das waren nicht die eigentlichen Ursachen der Revolution. Das badische Bürgertum wollte politisch mehr mitbestimmen. Und das galt, obwohl Baden seit 1818 eine der fortschrittlichsten Verfassungen in Europa hatte.
Seit 1846 war die bürgerliche Opposition gespalten. Die radikalen Demokraten unter Friedrich Hecker und Gustav von Struve wollten die Fürstenherrschaft beseitigen, die verfassungstreuen Liberalen unter Friedrich Mathy und Friedrich Daniel Bassermann ihre Reformen unter der großherzoglichen Regierung durchführen. Als 1848 in Paris die Republik ausgerufen wurde, sprang der Funke der Revolution auf Baden über. Es kam zu Unruhen. Die erste Bürgerversammlung fand am 27./28. Februar 1848 in Mannheim statt. Die Demokraten forderten dort ein deutsches Parlament, Volksbewaffnung, Religions- und Gewissensfreiheit, Pressefreiheit und Abschaffung aller Standesvorrechte. Hecker und Struve wollten die Verhältnisse gewaltsam ändern. Sie versuchten von Konstanz aus, die badische Bevölkerung zu mobilisieren, doch der Erfolg war gering. Hecker begann seinen Zug mit 53 Unentwegten. Nach einer Woche waren es zwar über tausend Mann, aber das erträumte Volksheer kam nicht zusammen. So wurden Hecker und seine Anhänger bei Kandern, Struve und seine Truppe bei Steinen im Wiesental von den Regierungstruppen besiegt. Am härtesten wurde um die Stadt Freiburg gekämpft, wo Studenten,

Turner und Arbeiter sich der Sache Heckers angeschlossen hatten und vergeblich die Stadt zu verteidigen suchten. Wer von den Revolutionären entkommen konnte, floh in die Schweiz.
Seltsamerweise wurden die Demokraten durch die Niederlagen immer populärer. Hecker wurde sogar in das Parlament der Paulskirche in Frankfurt gewählt, und die sogenannten »Heckerlieder« wurden landauf, landab gesungen. Eines davon begann:

> Wenn die Roten fragen:
> Lebt der Hecker noch?
> Sollt ihr ihnen sagen:
> Ja, er lebet noch.
> Er hängt an keinem Baume,
> Er hängt an keinem Strick,
> sondern an dem Traume
> der roten Republik.

Struve gab nicht auf. Am 21. September rief er in Lörrach die »Deutsche Republik« aus. Drei Tage später wurde er bei Staufen besiegt und mußte erneut fliehen.
Ein halbes Jahr später flammte die Revolution erneut auf. Anlaß dafür war die Weigerung König Friedrich Wilhelms IV. von Preußen, die Kaiserkrone aus den Händen des Volkes entgegenzunehmen. Er wollte keine Krone aus »Dreck und Letten gebacken«. Die Radikalen beriefen eine Volksversammlung nach Offenburg ein, die ihre Forderungen am 12./13. Mai 1849 in 16 Punkte faßte.
Nun rief der Großherzog die Truppen des Deutschen Bundes zu Hilfe. Gegen die gut ausgebildeten Truppen unter dem späteren Kaiser Wilhelm I. war die bunt zusammengewürfelte Armee machtlos. Am längsten hielt sich die Bundesfestung Rastatt. Nach ihrer Kapitulation am 23. Juli wurden dort fünf- bis sechstausend Gefangene interniert. Die Standgerichte sprachen 845 Urteile, darunter Zuchthausstrafen bis zu fünfzehn Jahren aus. Betroffen waren auch einige evangelische Pfarrer.
Insgesamt wurde gegen 23 Pfarrer von 339 der evangelischen Pfarrerschaft gerichtlich verhandelt. Die geringste Strafe war die Versetzung in eine andere Gemeinde. Andere wurden zwangspensioniert oder aus dem Dienst entlassen, einer sogar zu einer Zuchthausstrafe von zehn Jahren wegen Hochverrats verurteilt.

Bei den Pfarrern, die 1848/49 Veränderungen gefordert haben, muß man zwei Gruppen unterscheiden. Die einen wollten politisch mehr Freiheit für die Bürger, hatten aber nichts gegen den Großherzog an der Spitze des Staates. Vor allem ging es ihnen um eine neue Kirchenverfassung mit einer vom Staat unabhängigen Leitung und einer starken Landessynode. Die andere kleine Gruppe strebte nach einem demokratischen Staat ohne Fürstenherrschaft. Ihre Anhänger zählten meistens zu den radikalen Demokraten.
Der geistige Führer der ersten Gruppe war Karl Zittel, zunächst Lehrer am Pädagogium Lörrach und seit 1834 Pfarrer in Bahlingen am Kaiserstuhl. Er war Mitglied der Generalsynode und gehörte der Zweiten Badischen Kammer an. 1848 kam er als Stadtpfarrer nach Heidelberg und wurde als einziger badischer Pfarrer in das Parlament der Paulskirche in Frankfurt gewählt. Seine Kritik setzte beim Aufbau der badi-

Am 13. Mai 1849 meuterte die Kavallerie in Rastatt. Der Versuch, den Aufstand einzudämmen, scheiterte. Die zur Niederschlagung angetretenen Soldaten sahen dem Ausbruch tatenlos zu, ein Teil schloß sich den Aufständischen an. Der Großherzog mußte aus Karlsruhe fliehen. Eine durch Wahlen legitimierte Regierung übernahm die Macht im ganzen Land.

schen Landeskirche ein: Er kritisierte die mangelnde Trennung von Staat und Kirche. Der Evangelische Oberkirchenrat war eine Abteilung des Innenministeriums. Damit wurden alle kirchlichen Angelegenheiten von einer staatlichen Behörde entschieden. Viele Ministerialbeamte waren sogar katholisch. Zittel war überzeugt, »wo ein Staatskirchentum ist, da ist kein freier Verein von Gläubigen mehr, sondern nur noch eine moralische Zwangsanstalt für den Untertanen«. Er wollte daher eine freie Kirche, in der die Geistlichen nicht mehr Staatsbeamte waren. Mit der Kirchenleitung bekam er Streit, als er in Versammlungen liberaler Pfarrer kirchliche Versammlungsfreiheit und theologische Lehrfreiheit forderte. Es ging ihm auch um die bürgerliche Freiheit, »aber eine solche, welche auf die gute Sitte, auf den rechtschaffenen religiösen Sinn und auf eine tüchtige Bildung des Volkes gerichtet sei«. In Karlsruhe überlegte man, wie man gegen Zittel und seinen Anhang vorgehen könnte. Da Zittel jedoch wie Mathy und Bassermann Gewaltmaßnahmen ablehnte, blieb es bei Ermahnungen.

Die Gegner Zittels und seiner Freunde kamen hauptsächlich aus den Kreisen der Erweckungsbewegung. Pfarrer dieser Richtung waren meistens konservativ und absolut fürstentreu. Als die Revolution ausbrach, wurden manche von ihnen als »Volksfeinde« von den Aufständischen eingesperrt. Das Heidelberger Gefängnis, in dem sechs Geistliche saßen, nannte man deshalb spöttisch das »Pfarrhaus«. Darunter befand sich Pfarrer Eberlin aus Wiesloch. Dieser war zwar kirchlich liberal gesinnt, hatte aber in seinem Gottesdienst vor dem »Freiheitsschwindel« gewarnt und das Gebet für den Großherzog als Landesherrn beibehalten. Andere Fürstentreue flohen oder versteckten sich.

Als die Revolution zusammenbrach, ging die Kirchenleitung gegen die beteiligten Pfarrer unterschiedlich vor. Bei Pfarrern, die in der Revolution besonders hervorgetreten waren, wurden die staatlichen Strafen durch innerkirchliche Maßnahmen verschärft. Wenn sie allerdings als konservativ galten oder der Erweckungsbewegung nahestanden, wirkte dies strafmildernd. Allen zu Freiheitsstrafen Verurteilten wurde die Möglichkeit angeboten, nach Amerika auszuwandern.

Auf dem Weg zur Trennung von Staat und Kirche

Die badische Revolution wurde im Frühsommer 1849 von preußischen Truppen niedergeschlagen, freiheitlich gesinnte Pfarrer eingesperrt und zahlreiche »Hochverräter« hingerichtet. Dennoch konnte das Verlangen nach Meinungs- und Pressefreiheit, nach Abschaffung der obrigkeitlichen Zensur und nach politischer Mitbestimmung auf Dauer nicht mehr aufgehalten werden. Die deutschen Grundrechte, die im Dezember 1848 von der Deutschen Nationalversammlung in der Frankfurter Paulskirche verkündet worden waren, wurden im Mai 1849 auch im Badischen Regierungsblatt veröffentlicht.
Eine Forderung lautete: »Trennung von Staat und Kirche!« Die Kirche sollte ihre Angelegenheiten künftig selbständig ordnen. Die Bürgerrechte sollten nicht mehr länger an die Zugehörigkeit zu einer bestimmten Konfession gebunden sein. Die Vorbereitungen zu einer Neuregelung des Verhältnisses von Kirche und Staat wurden zuerst von der katholischen Kirche in Angriff genommen. In der evangelischen Kirchenleitung gab es zwar auch reformfreudige Männer; sie mußten jedoch auf die Rechte des Großherzoges, der zugleich Landesbischof der evangelischen Kirche war, Rücksicht nehmen.

Der badische »Kulturkampf«

Schon 1851 hatte der Freiburger Erzbischof Hermann von Vicari zusammen mit den Bischöfen der Oberrheinischen Kirchenprovinz in einer Denkschrift gefordert, daß die Kirche frei und unabhängig entscheiden müsse über

- die Ausbildung und Anstellung ihrer Pfarrer; die Besetzung der Pfarreien;
- die Ernennung der leitenden Mitarbeiter im Erzbischöflichen Ordinariat;
- die Verwaltung des örtlichen Kirchenvermögens mit ihren drei Abteilungen: Kirchen-, Schul- und Armenfonds.

Für alle diese Entscheidungen solle die weltliche Regierung auf ihr Genehmigungsrecht verzichten. Diese Freiheiten für die Kirche stimmten mit den »deutschen Grundrechten« überein. Sie waren in

Preußen durch eine neue Kirchenverfassung festgeschrieben worden und sollten jetzt auch in Baden gewährt werden.
Aber die badische Regierung sträubte sich, die alten Rechte des Großherzogs als »Grundherrn der Kirche« preiszugeben. Die Verhandlungen mit den Kirchen zogen sich in die Länge. Da beschloß der Erzbischof, vollendete Tatsachen zu schaffen. Ohne die vorgeschriebene Zustimmung der Regierung einzuholen, besetzte er Pfarreien und berief geistliche Beamte in die Kirchenverwaltung. Er hielt theologische Prüfungen ab, ohne daß ein Vertreter der Regierung anwesend war. Die Mitglieder des Katholischen Oberkirchenrats gerieten dadurch in einen Gewissenskonflikt; denn sie waren Staatsbeamte. Wem sollten sie folgen: den immer noch gültigen staatlichen Gesetzen oder den Anordnungen des Erzbischofs? Sie entschieden sich für ihre Pflicht als Staatsbeamte und wurden daraufhin vom Erzbischof exkommuniziert, d. h. vom Empfang der Sakramente ausgeschlossen. Die Regierung ihrerseits setzte in Freiburg einen »Kommissär« ein. Ihm sollten alle Anordnungen des Erzbischofs zuerst vorgelegt werden, damit er sie prüfe und gegenzeichne. Erst danach sollten sie rechtskräftig werden. Katholische Pfarrer, die ungenehmigte Anordnungen des Erzbischofs befolgten, wurden gemäß dem »Gesetz gegen Störer der öffentlichen Ruhe und Sicherheit« mit Geld- oder Gefängnisstrafen, in schweren Fällen mit Sperre des Gehalts oder mit Verlust ihres Pfarramtes bedroht. Doch der Erzbischof beugte sich nicht. Er exkommunizierte auch den Kommissär und rief in einem Hirtenbrief zu Fürbitteandachten für die »bedrängte Kirche« auf. Um die Verlesung des Hirtenbriefs in den Gemeinden zu verhindern, ließ die Regierung durch die Polizei Pfarrhäuser und Kirchen durchsuchen, um die vorhandenen Exemplare zu beschlagnahmen. Nur wenige Pfarrer ließen sich dadurch einschüchtern. Nach vier Wochen war der Hirtenbrief in allen Gemeinden verlesen. Ein Pfarrer bekannte ehrlich: »Ich habe den Hirtenbrief vorgelesen, weil die Vertreibung aus meinem Pfarramt durch den Erzbischof für mich eine empfindlichere Strafe bedeutet hätte als ein Strafzettel über zehn Gulden fürs Vorlesen.« Auch das Kirchenvolk hielt dem Erzbischof die Treue und verbreitete eifrig ein Flugblatt mit dem Titel: »Katholiken paßt auf!« Darin hieß es: Die Regierung will unseren Oberhirten und alle Katholiken nötigen, die Gesetze unserer Kirche zu verlassen und

dafür den sogenannten Landesgesetzen zu folgen. Die Welt und nicht mehr Christus soll Herr der Kirche sein.
Seinen Höhepunkt erreichte der Kirchenkampf mit dem Streit um das örtliche Kirchenvermögen. In der Regel standen in jeder Pfarrei drei Kassen: der Kirchenfonds für die Besoldung der Pfarrer, der Schulfonds für die Besoldung der Lehrer und die Kosten der Schule, der Armenfonds für die Hilfe an Bedürftigen. Dieses örtliche Kirchenvermögen wurde von einem Stiftungsvorstand unter der Leitung des Pfarrers verwaltet, doch die Aufsicht führten Beamte der Regierung. Nun verbot der Erzbischof seinen Pfarrern, den Staatsbeamten die Kassen zur Prüfung offenzulegen. Daraufhin wurde er wegen »Amtsmißbrauchs zur Gefährdung der öffentlichen Ruhe und Ordnung« angeklagt und 1854 für einige Tage in Hausarrest genommen. Gendarmen bewachten Privatzimmer und Hauskapelle im Erzbischöflichen Palais und unterbanden jeden dienstlichen Kontakt mit den Mitarbeitern. Gegen Pfarrgemeinden, vor allem im Odenwald und im Taubergrund, die die Beschlagnahme ihrer Kirchenkassen und die Verhaftung ihrer kirchentreuen Pfarrer nicht hinnehmen wollten, wurde Militär eingesetzt. Doch Geldbußen, Gefängnisstrafen oder Einquartierung von Soldaten schafften keine Ruhe. Die Lage wurde unerträglich.
Nach langwierigen, direkten Verhandlungen mit dem Papst in Rom kan es 1859 zu einer Übereinkunft. Die Streitfragen wurden zugunsten der Kirche geregelt. Der badische Landtag stimmte jedoch nicht zu; er betrachtete die Bestimmung, daß Professoren der katholischen Theologie an die Universität Freiburg nur mit Zustimmung des Erzbischofs berufen werden durften, als eine Beeinträchtigung der Lehrfreiheit. Ferner mißbilligte er die Regelung, daß Mischehen von der katholischen Kirche nur bei katholischer Kindererziehung anerkannt wurden.

Die neue Ära

In dieser Situation griff Großherzog Friedrich persönlich ein. Er berief eine neue Regierung, und in seiner Osterbotschaft von 1860 kündigte er eine gesetzliche Neuordnung der Verhältnisse von Kirche und Staat in Baden an. Es begann die »Neue Ära«. Mit dem grundlegenden Gesetz über die rechtliche Stellung der Kirchen und der kirchlichen

Vereine im Staat vom 09.10.1860 fand das Staatskirchentum in seiner alten Form ein Ende. Im einzelnen wurde für beide Kirchen festgelegt:

- Kirchliche Ämter werden nur an Personen verliehen, die die badische Staatsangehörigkeit besitzen, wissenschaftlich vorgebildet sind und von der Staatsregierung nicht für »mißfällig« erklärt werden.
- Das kirchliche Vermögen wird unter gemeinsamer Leitung des Staates und der Kirche verwaltet.
- Die Schule wird der einheitlichen Leitung des Staates unterstellt. Die geistliche Schulaufsicht entfällt.

Mit diesen Regelungen war die Evangelische Kirche einverstanden. Die katholische Kirche tat sich immer noch sehr schwer.

Gemäß landeskirchlicher Verordnung vom 28.12.1860 wurde dem Leitenden Beamten des Evangelischen Oberkirchenrats der Titel Präsident verliehen. Er erhielt das Recht, mit dem Großherzog direkt sprechen zu dürfen. Eine neue evangelische Kirchenverfassung wurde der Generalsynode zur Beratung vorgelegt. Wie im Staat Regierung und Volksvertretung, so sollten sich in der Kirche Oberkirchenrat und Generalsynode gegenüberstehen. Wie in einer konstitutionellen Monarchie der Landesherr nicht absolut regiert, sondern an die Verfassung gebunden ist, so war jetzt in der badischen Kirche der Großherzog als Landesbischof der Kirchenverfassung verpflichtet. Die Generalsynode, die bisher nur beratend tätig war, wirkte jetzt aktiv bei der Gesetzgebung mit. Diese neue Kirchenverfassung trat am 5. September 1861 in Kraft.

Die neue Ordnung der Schule und der Kulturkampf

Nachdem die geistliche Schulaufsicht weggefallen war, mußte das Schulrecht umgestaltet werden. Die Aufsicht über die Schule wurde einer neugeschaffenen Behörde, dem Oberschulrat, übertragen. Das Schulgesetz von 1868 bestimmte: Alle Kinder von sechs bis vierzehn Jahren sind schulpflichtig. Die Aufsicht über die örtliche Volksschule führt der Ortsschulrat. Ihm gehören der Bürgermeister, der Ortspfarrer, der Schulleiter und drei bis fünf gewählte Mitglieder an. Der Religionsunterricht ist ordentliches Lehrfach; er wird von den Kirchen wahrgenommen und überwacht. 1876 wurden alle Bekenntnisschulen in Simultanschulen (christliche Gemeinschaftsschulen) umgewandelt. Seitdem werden die Kinder im Religionsunterricht nach Konfessionen getrennt, in allen übrigen Schulfächern jedoch gemeinsam unterrichtet.

Die katholische Kirche war mit der Minderung ihres Einflusses auf die Schule nicht einverstanden. Außerdem gab es Auseinandersetzungen um die Eheschließung vor einer staatlichen Stelle und um die gemeinsame Verwaltung der bisherigen kirchlichen Stiftungen für Arme und Kranke. Auch die Einführung des Kulturexamens wurde abgelehnt: Vor einer staatlichen Prüfungskommission sollten alle Bewerber um eine kirchliche Anstellung ein Examen ablegen in den alten Sprachen Latein und Griechisch, in Weltgeschichte und deutscher Literaturgeschichte, in Philosophie und in Badischem Staatskirchenrecht.

Diese Auseinandersetzungen zwischen dem badischen Staat und der katholischen Kirche wurden aufs ganze erst mit der Revolution 1918 beendet.

Großherzogin Luise – ein Christentum der Tat

Großherzogin Luise mit ihrem Mann, Friedrich I.

Als Großherzog Friedrich I. im Oktober 1856 die 18jährige Luise, die Tochter des Prinzen Wilhelm von Preußen heiratete, empfingen die Bewohner der alten markgräflichen Residenz Durlach und die Bürger der Hauptstadt Karlsruhe die neue Landesmutter recht kühl. Für die Durlacher war sie »das preußische Hungermensch«, das man jetzt auch noch standesgemäß versorgen müsse. Die Karlsruher amüsierten sich über das »liebliche Kindergesichtchen« der jungen Großherzogin, die ihnen etwas linkisch mit dem

Taschentuch zuwinkte. Niemand ahnte, wieviel Großherzogin Luise bald für das Land bedeuten sollte.

Luise Marie Elisabeth wurde am 3. Dezember 1838 in Berlin geboren. Ihr Vater war der spätere preußische König Wilhelm I., ab 1871 deutscher Kaiser. Ihr Wille, aus ganzer Kraft die Wohlfahrt des Landes zu fördern, war in einer tiefen Frömmigkeit verankert. Ihr Konfirmationsspruch »Sei getreu bis in den Tod, so will ich dir die Krone des Lebens geben« (Offb 2,10b) war ihr zeitlebens wichtig. Von ihrer Mutter Augusta hatte Luise schon als Mädchen gelernt, sich nicht gegen Not und Armut zu verschließen. Als im Jahr 1859 ein Krieg zwischen Frankreich und Österreich drohte, rief Luise zur Gründung von Frauenvereinen in vielen badischen Orten auf und schloß diese mit bereits bestehenden zum »Badischen Frauenverein« zusammen. In der Satzung heißt es: »Zweck des Vereins ist die Unterstützung der infolge der Kriegsdrohung oder eines Krieges in Not Geratenen sowie die Vorsorge für verwundete und erkrankte Militärpersonen«. Demnach hatten die Vereinsmitglieder dafür zu sorgen, daß Krankenschwestern und Pflegerinnen ausgebildet und Militärlazarette eingerichtet wurden. Außerdem hatten sie sich um von Kriegsfolgen getroffene Familien zu kümmern. Zu gleicher Zeit faßte der Schweizer Kaufmann Henri Dunant auf dem Schlachtfeld von Solferino den Plan, eine Organisation zur Obhut und Pflege der Verwundeten zu gründen, der später durch das Rote Kreuz verwirklicht wurde.

Nach dem Ende der Kampfhandlungen gab Luise dem Badischen Frauenverein neue Aufgaben für den Frieden: die Fortbildung schulentlassener Mädchen mit dem Ziel, einen eigenständigen bezahlten Beruf ausüben zu können; die Linderung von Notständen in den Familien des Landes; die Errichtung von Krankenpflegestationen, von Obdachlosenheimen und von Volksküchen. 1860 rief sie die Luisen-Schwesternschaft ins Leben. 1864 trat das Großherzogtum Baden als erstes deutsches Land der Genfer Konvention zum Schutz verwundeter Soldaten im Krieg bei. Die Führung des Roten Kreuzes erkannte den Badischen Frauenverein als seine Hilfsorganisation an.

Große Bewährungsproben für den Frauenverein bedeuteten die Kriege von 1866 und 1870/71. In den folgenden 43 Friedensjahren widmete sich Luise mit dem Badischen Frauenverein weiteren Aufgaben: Sie veranlaßte die Einführung des Handarbeitsunterrichts für schulpflich-

tige Mädchen, zugleich die Ausbildung von Handarbeitslehrerinnen. Sie gründete in Karlsruhe die Viktoria-Schule mit einem Schülerinnenheim und ein Mutterhaus für die Rot-Kreuz-Schwestern.
1914 brach der Erste Weltkrieg aus. Für alle Konfirmanden im Lande bestimmte sie denselben Konfirmationsspruch: »Kämpfe den guten Kampf«. Das Kriegsende im November 1918 bedeutete auch das Ende des Kaiserreiches und des badischen Großherzogtums. Luise mußte aus dem Karlsruher Schloß fliehen, zuerst auf die Burg Zwingenberg bei Eberbach am Neckar, dann ins Schloß Langenstein bei Stockach. Ihre letzte Bleibe fand sie im Schloß von Baden-Baden. Dort starb sie am 23. April 1923 im Alter von 84 Jahren.
Schulen, Straßen und Krankenhäuser in Baden tragen noch heute ihren Namen.

Eine Gemeinde wählt sich ihren Pfarrer

Man schreibt das Jahr 1881. Die Kirchengemeindeversammlung von Friedrichstal ist in der Kirche zusammengekommen. Ein neuer Pfarrer soll gewählt werden. Jeder ist sich der Verantwortung bewußt.
Die Kirchengemeindeversammlung besteht aus dem Kirchengemeinderat und 28 weiteren von der Gemeinde gewählten Vertretern. Gerade ein Jahr sind sie im Amt. Am 18. April 1880 waren sie gewählt worden. Mit dieser Wahl sollte deutlich werden, daß die Sache der Kirche nicht nur Angelegenheit einiger weniger, sondern Sache der ganzen Gemeinde ist. Allerdings hatten damals Frauen, ähnlich wie im staatlichen Bereich, kein Stimmrecht. Auch sonst gab es einige Einschränkungen. Dies zeigt die »Öffentliche Bekanntmachung» auf der nächsten Seite.
Jetzt sollte die Kirchengemeindeversammlung ihre wichtigste Aufgabe, die Pfarrwahl, vornehmen. Der Dekan eröffnete den Wahlakt mit einem Gottesdienst. Danach wurde noch einmal die Liste der Bewerber vorgetragen; drei Bewerber hatte der Evangelische Oberkirchenrat der Kirchengemeinde genannt. Eine große Diskussion kam nicht auf, die entscheidenden Gespräche und Nachforschungen waren vorher schon erfolgt. Denn die Gemeinde kaufte nicht »die Katze im Sack«. Man ging hier vielmehr sehr vorsichtig und umsichtig vor. So wurden oftmals »Abhörkommissionen« zusammengestellt, die im

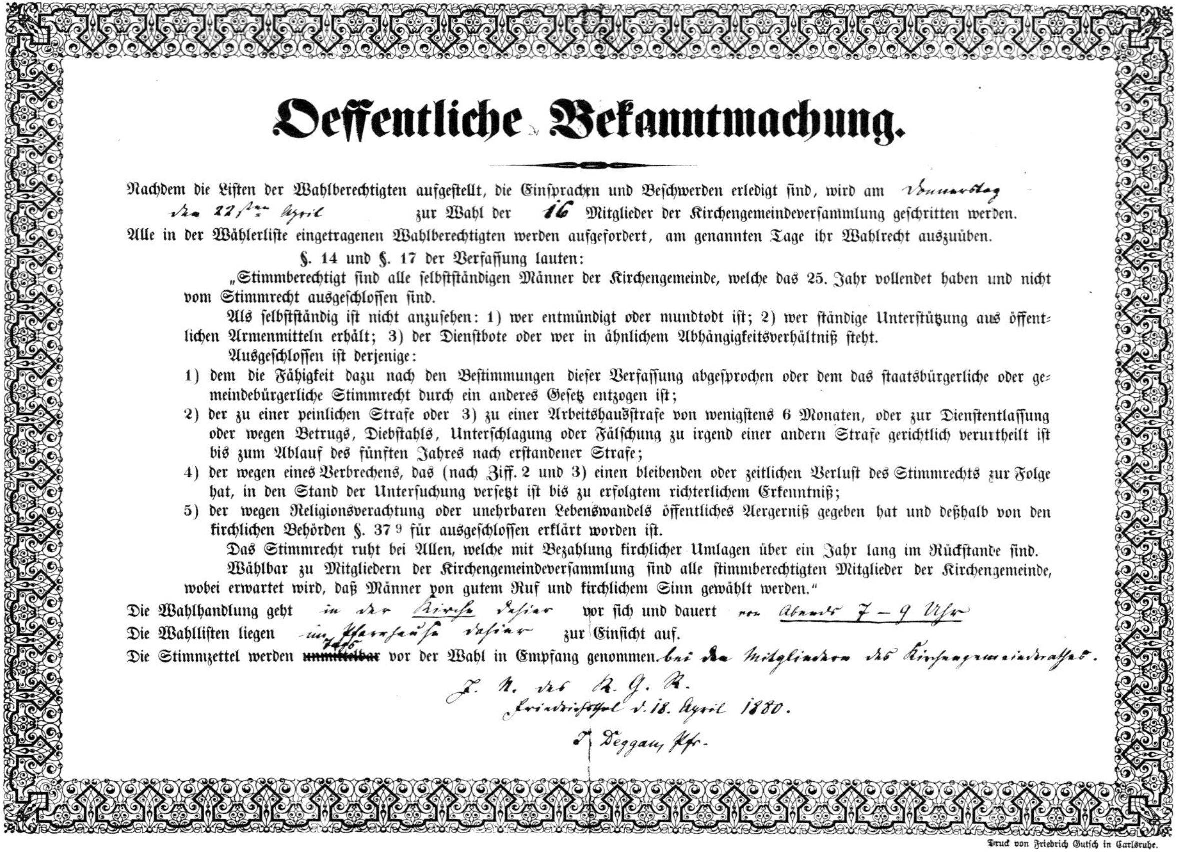

Oeffentliche Bekanntmachung.

Nachdem die Listen der Wahlberechtigten aufgestellt, die Einsprachen und Beschwerden erledigt sind, wird am Donnerstag den 22ten April zur Wahl der 16 Mitglieder der Kirchengemeindeversammlung geschritten werden.

Alle in der Wählerliste eingetragenen Wahlberechtigten werden aufgefordert, am genannten Tage ihr Wahlrecht auszuüben.

§. 14 und §. 17 der Verfassung lauten:

„Stimmberechtigt sind alle selbstständigen Männer der Kirchengemeinde, welche das 25. Jahr vollendet haben und nicht vom Stimmrecht ausgeschlossen sind.

Als selbstständig ist nicht anzusehen: 1) wer entmündigt oder mundtodt ist; 2) wer ständige Unterstützung aus öffentlichen Armenmitteln erhält; 3) der Dienstbote oder wer in ähnlichem Abhängigkeitsverhältniß steht.

Ausgeschlossen ist derjenige:

1) dem die Fähigkeit dazu nach den Bestimmungen dieser Verfassung abgesprochen oder dem das staatsbürgerliche oder gemeindebürgerliche Stimmrecht durch ein anderes Gesetz entzogen ist;
2) der zu einer peinlichen Strafe oder 3) zu einer Arbeitshausstrafe von wenigstens 6 Monaten, oder zur Dienstentlassung oder wegen Betrugs, Diebstahls, Unterschlagung oder Fälschung zu irgend einer andern Strafe gerichtlich verurtheilt ist bis zum Ablauf des fünften Jahres nach erstandener Strafe;
4) der wegen eines Verbrechens, das (nach Ziff. 2 und 3) einen bleibenden oder zeitlichen Verlust des Stimmrechts zur Folge hat, in den Stand der Untersuchung versetzt ist bis zu erfolgtem richterlichem Erkenntniß;
5) der wegen Religionsverachtung oder unehrbaren Lebenswandels öffentliches Aergerniß gegeben hat und deßhalb von den kirchlichen Behörden §. 37 9 für ausgeschlossen erklärt worden ist.

Das Stimmrecht ruht bei Allen, welche mit Bezahlung kirchlicher Umlagen über ein Jahr lang im Rückstande sind.

Wählbar zu Mitgliedern der Kirchengemeindeversammlung sind alle stimmberechtigten Mitglieder der Kirchengemeinde, wobei erwartet wird, daß Männer von gutem Ruf und kirchlichem Sinn gewählt werden.“

Die Wahlhandlung geht in der Kirche dahier vor sich und dauert von Abends 7 – 9 Uhr

Die Wahllisten liegen im Pfarrhause dahier zur Einsicht auf.

Die Stimmzettel werden ~~unmittelbar~~ vor der Wahl in Empfang genommen bei den Mitgliedern des Kirchengemeinderathes.

I. N. des K. G. R.

Friedrichsthal d. 18. April 1880.

[illegible] Deggau, Pfr.

Druck von Friedrich Gutsch in Carlsruhe.

Wahlaufruf der Gemeinde Friedrichstal

Auftrag der Kirchengemeindeversammlung die Bewerber an ihren Wirkungsorten aufsuchten und dann Bericht zu erstatten hatten: Man wußte, wen man wählen wollte. Das Ergebnis der Wahl wurde umgehend der Kirchenleitung gemeldet und es dauerte nicht lange, da ernannte seine Königliche Hoheit, der Großherzog, den Gewählten zum neuen Pfarrer.

Eine solche starke und maßgebliche Beteiligung der Gemeinde wäre noch vor wenigen Jahrzehnten undenkbar gewesen. Zwar erhielt nach der Kirchenverfassung von 1821 jede Gemeinde einen »Kirchenältestenrath»; seine Aufgabe war, »alle kirchlichen, schul- und ökonomischen Angelegenheiten« der Gemeinde »im Namen der Gemeinde überhaupt zu beraten und zu leiten, und insbesondere über die Sittlichkeit ihrer Glieder zu wachen«. Auf die Pfarrstellenbesetzung hatte er jedoch keinen Einfluß. Sie war allein Sache der Kirchenleitung, einer staatlichen Behörde. Erst die revolutionären Vorgänge des Jahres 1848 sollten Bewegung in das Verhältnis zwischen Kirche und Staat und damit auch eine Änderung der Kirchenverfassung bringen. Allerdings ging die Diskussion noch jahrelang. So scheiterte beispielsweise der Prälat Carl Ullmann bei dem Versuch, eine neue Agende einzuführen. Sie wurde von vielen Gemeinden, vor allem in der ehemals reformierten Kurpfalz, als »katholisierend« empfunden und abgelehnt. Trotzdem ging die Entwicklung weiter. Der Innenminister Lamey entwickelte ein kirchliches Reformprogramm, das der Kirche eine gewisse Selbständigkeit zugestand. Damit war der Weg frei für die Umgestaltung der kirchlichen Verfassung. Am 5. September 1861 erhielt sie die Zustimmung des Fürsten. Die Gemeinde war auf allen Ebenen gestärkt bis hin zum Recht der Pfarrwahl. Selbst die Landeskirche wurde als »Landesgemeinde« bezeichnet. Auch die Landessynode wurde aufgewertet und hatte nicht mehr nur beratende Funktion. Nach wie vor blieb aber der Großherzog Landesbischof, doch gebunden an die Verfassung, deren Entstehen er freilich mit großer innerer Teilnahme begleitet und gefördert hatte.

	Politische Geschichte		(Badische) Kirchengeschichte
		1854	Erbischof von Freiburg unter Hausarrest; Höhepunkt des »Badischen Kulturkampfes«
1856	Großherzog Friedrich heiratet Luise von Preußen		
1860	Neuregelung des Verhältnisses Staat-Kirche durch Großherzog Friedrich		
		1861	Neue Kirchenverfassung tritt in Kraft
1864	Baden tritt der Genfer Konvention zum Schutz verwundeter Soldaten bei		
1870/71	Deutsch-französischer Krieg		
1871	Deutsches Kaiserreich		
1876	Badische Simultanschule	1876	Generalsynode berät über Agende und Biblische Geschichte, 1881 über Gesangbuch

13. Kapitel

Kirche im Spannungsfeld von Nationalismus und Demokratie

Gott mit uns: Kriegspredigten 1914 - 1918

Am 1. August 1914 brach der Erste Weltkrieg aus. Die Gemeinde von Neuenstetten konnte dazu in ihrer Dorfkirche folgende Sätze von der Kanzel hören:

> »Auf dem Thron unseres Reichs sitzt ein Mann, der sich seiner Verantwortung vor Gott wohl bewußt ist. Er hat bis jetzt gezögert und gewartet, bald länger als wir für gut fanden, alles nur aus Friedensliebe, und wenn er nun den Ruf zu den Waffen hat erklingen lassen, hat er es getan, gezwungen von seinem Gewissen, gerechtfertigt vor Gott. Es gibt eben Dinge, die sind noch höher und kostbarer als der Friede, und das sind die Ehre einer Nation, Recht und Gerechtigkeit im Völkerleben. Mit gutem Gewissen können wir sagen: Gott schickt uns diesen Krieg. Ein Volk von Meuchelmördern hat unserem Bruderstaat die Genugtuung frech verweigert, die er mit Fug und Recht fordern durfte, und wie sich dieser daran machte, das Leben seiner Fürsten mit dem Schwert zu sichern, ist uns Rußland in den Arm gefallen und schämte sich nicht, aus selbstsüchtigen Gründen die Sache der Mörder zu verteidigen... Wie vor hundert Jahren in den Befreiungskriegen, so heißt es jetzt wieder: Es ist ein Kreuzzug, es ist ein heiliger Krieg.«

In ähnlicher Weise wurden damals viele Predigten gehalten. Viele Deutsche fühlten sich angegriffen, ja sogar überfallen und zum Verteidigungskrieg gezwungen. Daß Deutschland einen erheblichen Anteil am Kriegsausbruch gehabt hat, wußte man nicht oder wollte es nicht wissen und wahrhaben. Schlimmer ist, daß der Krieg zum heiligen Krieg erklärt wurde. Die Schrecken des Krieges wurden nicht bedacht. Begeisterung wurde entfacht.

Der Krieg wurde religiös gedeutet. Die Sache Deutschlands wurde zur Sache Gottes erklärt. So heißt es zum Beispiel in einer Predigt in der Karlsruher Christuskirche:

> »Ruchlose Hände haben die Brandfackel des Krieges entzündet... Tod dem deutschen Wesen, das ist die Losung dieses Krieges. Das deutsche Volk hat es vernommen, soweit die deutsche Zunge klingt: Das Volk steht auf, der Sturm bricht los! Schon dieses Aufstehen mitzuerleben, ist ein erhebender Gottesdienst... Ist je ein Krieg gerecht gewesen, so ist es dieser Krieg!... Ein großer Opfermut steigt aus der Tiefe der Volksseele glühend empor! Alle wollen etwas geben, die sonst nichts haben, wenigstens ihr Leben. Ist ein solcher Krieg nicht besser als ein fauler Friede!? Waren wir nicht satt und oberflächlich geworden? Und trotz aller unserer Güter glaubten wir, immer nicht genug zu haben. Nun sind wir froh um all die Menschen, die in prachtvoller Kraft und Gesundheit aus dem Boden förmlich hervorzuwachsen scheinen, um sich gegen den Feind zu wenden... Darum, so bang uns sein mag, es ist doch ein Segen in dem blutigen Ringen, das nun begonnen hat, mag sein Ende sein, wie es will.«

Wie sehr Christsein und militanter Patriotismus gleichgesetzt wurden, zeigen folgende Sätze aus einer Predigt in der Christuskirche in Freiburg im August 1914:

> »Sollte etwa ein Mann hier unter uns sein, der nicht entschlossen wäre, auch den letzten Blutstropfen für das Vaterland zu verspritzen - dem müßte ich sagen in Gottes Namen: Du bist kein Mann, du bist kein Deut-

Deutsche Reservisten auf dem Weg zur Front, August 1914

scher, du bist kein Christ - hinaus mit dir aus dieser Kirche, über deren Portal die Gestalt dessen den Eintretenden grüßt, der wohl die Mühseligen und Beladenen zu sich ruft, aber Feiglinge und Memmen kann er nicht brauchen in seinem Dienst.«

Immer wieder wurde die »deutsche Art« in den Himmel gehoben, der deutsche Soldat und die deutsche Frau, die deutsche Treue bis in den Tod gelobt. Deutschsein wurde mit Gläubigsein gleichgesetzt.

». ..Wir lassen es uns nicht nehmen: Zur deutschen Art gehört: das Gläubigsein... Das kann nicht anders sein in einem Volk, das in Luthers Reformation die Frömmigkeit neu geboten und die Religion zur Sache des Gewissens gemacht hat.«

Biblische Texte wurden bedenkenlos in den Dienst der Kriegspropaganda gestellt. So hört es sich in einer Predigt in der Johanneskirche zu Heidelberg über die Heilung des Gelähmten (Mt 9, 1-8) an:

»Erst nachdem Jesus den Kranken getröstet, spricht er zu ihm: Stehe auf, nimm dein Bett und gehe heim!... Stehe auf zu neuem seligen Leben, in dem der Glaube regiert und dich mit deinem himmlischen Vater vereinigt... Stehe auf! So wurde auch unserem deutschen Volk von Gott zugerufen... Du deutsches Volk, stehe auf! Unser Volk ist aufgestanden, es wird aufrecht stehen, es wird nicht müde werden und den Kampf durchführen, den Gott uns bestimmt hat.«

Viele Predigten stellten Jesu Tod am Kreuz und den »Heldentod« auf eine Ebene. Das änderte sich oft auch nicht, als der Krieg länger dauerte und die Sehnsucht nach Frieden stärker wurde. Eine Predigt, unmittelbar nach der Kapitulation in Konstanz gehalten, schließt angesichts der Niederlage auf die Unwürdigkeit des deutschen Volkes und ruft Gott gegen den Frieden an:

»Frieden»! Das Wort des Heils ist für uns zum Wort des tiefsten Unheils geworden. Kommt wirklich der Friede, damit Deutschland sterbe? Menschen wollen es, aber unser Gott kann es nicht wollen!«

Kein Wort von der Schuld und dem Unrecht, nur die Gleichsetzung Gottes mit dem Volk, das zum Sieg berufen ist. Bei der Mehrheit gab es auch keine Kritik an der Politik des Kaisers und der deutschen Fürstenhäuser.

So konnte ein Pfarrer nach drei Jahren Krieg am 15. April 1917 in der Lutherkirche zu Mannheim sagen:

»Für das deutsche Volk wäre es nicht nur Frevel, es wäre Gotteslästerung, sich von dem Fürstenhaus zu trennen, an dem eben Gottes Gnade nicht vergeblich geblieben, sondern im Gegenteil zum Volkssegen geworden ist.«

Kirche nach 1919

Als der Krieg 1914-18 mit der Niederlage Deutschlands endete, verzichtete Großherzog Friedrich II. von Baden wie alle deutschen Fürsten auf seinen Thron. Aus dem Großherzogtum Baden wurde eine Republik; damit erhielt das Land eine neue Staatsform. Gleichzeitig legte der Großherzog sein Amt als Landesbischof der evangelischen Kirche nieder. Seit der Reformationszeit standen die evangelischen Fürsten auch an der Spitze der Kirchen ihrer Länder. Staat und Kirche hatten bisher ein gemeinsames Oberhaupt. Nun mußte die Kirche eine neue Form ihrer Leitung finden, zugleich auch ein neues Verhältnis zum Staat.
Große Ängste über die Zukunft der Kirche machten sich breit. Darum wurden in den Adventsgottesdiensten 1918 ein Beschluß der Generalsynode verlesen. Sie forderte die Beibehaltung des Religionsunterrichts und des Kirchensteuerrechts. Eine völlige Trennung von Staat und Kirche sah sie als schädlich an. Als dann die Weimarer Reichsverfassung erlassen wurde, atmeten viele auf. Die Kirchen wurden als Körperschaften öffentlichen Rechts anerkannt. Sie konnten Kirchensteuer erheben. Der Religionsunterricht blieb ordentliches Lehrfach in der Schule. Die theologischen Fakultäten an den Universitäten blieben erhalten. Die badische Landeskirche konnte sich nun - zum erstenmal in ihrer Geschichte - eine eigene Verfassung geben.
Die neue Kirchenverfassung hatte große Ähnlichkeit mit den staatlichen Verfassungen nach 1918. Die Kirchengemeinderäte und die Landessynoden wurden wie die parlamentarischen Gremien nach dem Verhältniswahlrecht gewählt. Man wählte Listen, auf denen Pfarrer und Laien als Kandidaten standen. Die Synodalen kamen vor allem aus dem Bürgertum. Bauern und Arbeiter waren nur ganz schwach vertreten. In Baden entstanden richtige Kirchenparteien. Den Kirchlich-Positiven ging es um die unverkürzte Geltung von Bibel und Bekenntnis. Die Kirchlich-Liberalen betonten die Freiheit des individuellen Bekenntnisses zum evangelischen Glauben. Der Volkskirchenbund evangelischer Sozialisten setzte sich für die Verbesserung der Lebensbedingungen der Arbeiterschaft und für Frieden und Versöhnung der Völker ein. Zur Synodalwahl von 1932 trat dazu noch

die Kirchliche Vereinigung für positives Christentum und deutsches Volkstum an. Hier sammelten sich die protestantischen Nationalsozialisten.
Während der Weimarer Republik gab es in der Synode oft scharfe Auseinandersetzungen, was immer wieder beklagt wurde. Andererseits wurden auf diese Weise die Grundfragen von Kirche und Gesellschaft offen und engagiert diskutiert.
Die Kirche wurde von der Kirchenregierung geleitet. An der Spitze der Verwaltung stand der Kirchenpräsident. Der oberste Pfarrer war der Prälat. Außerdem gehörten zur Kirchenregierung der Stellvertreter des Kirchenpräsidenten und sechs von der Synode bestimmte Landessynodale.
Das Verhältnis der kirchentreuen Protestanten in Baden zur Weimarer Republik war eher kühl. Man träumte vielfach noch vom christlichen Obrigkeitsstaat mit dem »von Gottes Gnaden« eingesetzten Herrscher. Die den Weimarer Staat tragenden Parteien, Sozialdemokratie und Zentrum, lehnte man weithin ab. Gegenüber dem katholischen Zentrum fürchtete man den Verlust an politischem Einfluß für die Protestanten. Der SPD warf man Kirchenfeindlichkeit und Klassenkampfdenken vor. Die Deutschnationale Volkspartei (DNVP) hatte sich immer »als Wahrer rein evangelischer Interessen« dargestellt. Aber sie war nur selten in der Regierung vertreten; außerdem galt sie bei vielen als Partei der Großgrundbesitzer und des Großkapitals.
Viele Protestanten litten unter der zunehmenden Entkirchlichung der Gesellschaft. Vor allem fürchteten sie die Freidenkerverbände, die zum Austritt aus der Kirche aufforderten.
Bei allen Vorbehalten zur neuen Republik kam es nicht zu einer grundsätzlichen Staatsverweigerung. Immer wieder wurde den Christen eingeschärft, daß sie ihr Teil zum Aufbau des Staates beizutragen hätten.

Ringen um die christliche Gemeinschaftsschule

Seit einem halben Jahrhundert gab es in Baden eine christliche Simultanschule, also eine Gemeinschaftsschule für Kinder aus allen Konfessionen. Der Religionsunterricht wurde, wie heute noch üblich,

getrennt erteilt. Die Kirchen waren dafür verantwortlich, was im evangelischen und im katholischen Religionsunterricht gelehrt wurde. Die meisten Einwohner unseres Landes waren mit dieser Schulform zufrieden. Einige Jahre nach Kriegsende trat aber eine Anzahl von Leuten, vor allem Katholiken, für Konfessions- oder Bekenntnisschulen ein, also für evangelische oder katholische Schulen. In Baden war zwar ihre Zahl geringer als in anderen deutschen Ländern, aber sie meldeten sich lautstark zu Wort. Zu gleicher Zeit beriet die Reichsregierung in Berlin über ein neues Reichsschulgesetz, das aber nie zustande kam. Es sah zwar eine Gemeinschaftsschule vor, aber der Religionsunterricht sollte durch eine allgemeine Religionskunde oder einen Moralunterricht ersetzt werden.
In Baden wollte man weder Bekenntnisschulen unter kirchlicher Aufsicht noch eine allgemeine Religionskunde unter staatlicher Verantwortung. Eltern und Lehrer unterstützten die evangelische Kirche, die für die Erhaltung der bisherigen Schulform eintrat. Sie wiesen darauf hin, die gemeinsame Erziehung habe dafür gesorgt, daß »konfessionelle Vorurteile und Abneigungen gegen andere aus konfessioneller

Arbeiterkinder demonstrieren gegen die Konfessionsschule

Beschränktheit heraus sich nicht austoben konnten wie anderwärts«. Schließlich trat auch der badische Landtag für die Erhaltung der bisherigen Schulform ein. Das badische Modell blieb erhalten und setzte sich zunehmend auch in anderen Ländern durch.

Kirche für das ganze Volk: Religiöse Sozialisten

Mit dem Ende des Ersten Weltkriegs und dem Zusammenbruch der alten Ordnung wuchs bei einer Reihe von evangelischen Christen die Einsicht, die Kluft zwischen Kirche und Arbeiterschaft müsse überwunden werden. Sie nannten sich später die Religiösen Sozialisten. Diese versuchten, von ihrem Verständnis des Evangeliums her für eine Verbesserung der Lebensbedingungungen der Arbeiter und für eine internationale Friedens- und Versöhnungsbereitschaft einzutreten sowie den aufkommenden Antisemitismus zu bekämpfen. In Karlsruhe entstand die »Volkskirchliche Vereinigung«. Sie wollte eine demokratische Wahl der neuen Generalsynode (Landessynode) durchsetzen, außerdem die Gegensätze kirchlicher Strömungen in Stadt und Land überwinden. Aus dem Zusammenschluß mit einer Gruppe Gleichgesinnter in Mannheim erwuchs der Badische Volkskirchenbund. 1921 konnte er die ersten Abgeordneten in die Synode entsenden. Zu den führenden Männern gehörten die Karlsruher Pfarrer Kappes und Löw, Professor Dr. Dietrich, der Mannheimer Pfarrer Eckert sowie der Hauptlehrer Kühner aus Pforzheim-Brötzingen. Bald kam es zu heftigen Auseinandersetzungen mit nationalen und konservativen Gruppen, vor allem aber mit dem deutschnational gesinnten Kirchenpräsidenten Wurth. In einem Flugblatt zur Wahl 1926 heißt es:« Auf der Liste des Volkskirchenbundes stehen nur Männer und Frauen, die entschlossen sind, den Kampf um die Befreiung des Evangeliums von den kapitalistischen und reaktionären Ketten zu führen... Sie werden die Kirche daran erinnern, daß Jesus Christus der Heiland der Armen und Entrechteten, der Ausgebeuteten und Unterdrückten war, und nicht der Reichen und Mächtigen...«. In der Synode traten sie u.a. für die badische Simultanschule, die Abschaffung der Todesstrafe und eine entschiedene Trennung von Kirche und Staat ein. Besonders die frühzeitigen Warnungen vor den Nationalso-

zialisten erregten Aufsehen und scharfe Ablehnung bei den mehrheitlich deutschnational ausgerichteten kirchlichen Gruppen. Die Religiösen Sozialisten sahen im Nationalsozialismus den Kampf für einen »vorchristlichen heidnischen Machtstaat« und eine »Vorherrschaft der Gewalttätigen und Selbstherrlichen«.
Einer der Wortführer war der Mannheimer Pfarrer Erwin Eckert. Die Kirchenleitung wollte sein engagiertes politisches Auftreten gegen Militarismus, Antisemitismus und Nationalsozialismus verhindern. Als er auf Mahnungen nicht reagierte, bestrafte sie ihn mit Redeverbot und Gehaltsabzug. Nur eine Sammlung von über hunderttausend Unterschriften für den beliebten Pfarrer verhinderte eine sofortige Entlassung. Oktober 1931 aber wurde Eckert Mitglied der kommunistischen Partei. Daraufhin wurde er fristlos aus dem Kirchendienst entlassen. Da sein Verhalten auch viel Kritik im Volkskirchenbund auslöste, trennte er sich von ihm. Damit verloren die Religiösen Sozialisten ihren beliebtesten Wortführer.
Als die Nationalsozialisten an die Regierung kamen, wurde der Volkskirchenbund bald verboten. Viele seiner Mitglieder wurden verhaftet oder zumindest bespitzelt.

Eine umstrittene Beerdigung

Am 27. Februar 1925 starb der erste Reichspräsident der Weimarer Republik, der Sozialdemokrat Friedrich Ebert, ein gebürtiger Heidelberger. In ihrem Nachruf stellte die Reichsregierung fest: »Mit Friedrich Ebert ist ein Mann dahingegangen, der unter Einsatz seiner starken Persönlichkeit erreichte, daß in den Wirren der Revolution ... dem deutschen Staatsleben wieder eine gesetzliche Grundlage gegeben wurde. In schwerster Zeit hat er das Amt eines deutschen Reichspräsidenten mit vorbildlicher Gewissenhaftigkeit und staatsmännischer Klugheit verwaltet und sich dabei in der Heimat wie im Ausland reiche Anerkennung erworben.« Allerdings gab es in Deutschland viele, die diesem Urteil nicht zustimmten. Da waren auf der einen Seite diejenigen, die dem Kaiserreich nachtrauerten und in Ebert, dem einfachen Mann aus dem Volke, keinen würdigen Nachfolger des Kaisers sahen. Dazu gehörten viele Protestanten. Auf der

anderen Seite nannten ihn die Kommunisten einen »Arbeiterverräter», weil er einen gewaltsamen Umsturz nach dem Muster der russischen Oktoberrevolution von der Reichswehr niederschlagen ließ. Der häßliche Streit um seine Person hörte auch mit seiner Beerdigung in Heidelberg nicht auf.
Ebert war als Siebzehnjähriger aus der katholischen Kirche ausgetreten. Dennoch wünschten Verwandte und Freunde, daß ein Pfarrer bei der Beerdigung mitwirken sollte. Von katholischer Seite war niemand bereit. Deshalb wurde Hermann Maas gefragt, der damals evangelischer Pfarrer in der Heidelberger Altstadt war. In seinem Gemeindebezirk lag das Geburtshaus Eberts, und Maas hatte dessen Nichte getraut. Maas sagte zu und beteiligte sich im Talar an der Beerdigung.
In einer kurzen Ansprache legte er das Wort Jesu aus: »Wer sein Leben zu erhalten sucht, der wird es verlieren; und wer es verlieren wird, der wird es gewinnen« (Luk 17,33). Dabei sagte er: »Dies Grab liegt zu Häupten seiner Mutter und zu Füßen des Kreuzes, - eine selte-

Beerdigung Eberts auf dem Bergfriedhof in Heidelberg 1925

ne Fügung! Dort die Frau, die sich verzehrte um ihrer Kinder willen im harten Lebenskampfe, und hier das Kreuz, das ewige Sinnbild des göttlich-reinen Lebens, das um einer schuldbeladenen Welt willen sein Herzblut hinfließen läßt. Und hier nun das Grab des Mannes, der sein Leben lang sein Kreuz trug und sich nicht wunderte, daß der Weg der Pflicht durch Enttäuschungen und Einsamkeiten, durch Versagen und Nicht-mehr-können, kurz durch das Sterben des eigenen Ich geht ... Wenn die Sonne in ihrem strahlenden Gewand des Abends niedergeht, spielt um dies hohe Kreuz ein wundersames Licht. Von ihm wird dann die Botschaft über dies Grab hin fließen: durch Kreuz zum Licht!«

Wie zu erwarten war, löste die Mitwirkung eines evangelischen Pfarrers bei der Beerdigung des sozialdemokratischen ehemaligen Katholiken, des von links und rechts angefeindeten Mannes, eine Welle der Empörung aus. Auch die Leitung der badischen Kirche erteilte ihrem Pfarrer einen Verweis, weil er die kirchliche Ordnung nicht eingehalten habe. In der Zeitschrift »Die Christliche Welt« stellte Maas seine Sicht der Dinge dar: »Es ist doch eigentlich zu betrübend und peinvoll, daß auf diese Weise eine von tiefem Leid getroffene Familie in den ersten Tagen der Trauer aus der Stille, die sie braucht, in die Öffentlichkeit gezerrt und geschmäht wird. Denn im Grund ist ja bei allen den gegen mich gerichteten Artikeln der Reichspräsident gemeint. Es sollte aus dem Kreise der evangelischen Kirche kein gutes Wort über diesen Mann gesagt werden. Auch nicht nach dem Tode. Nicht einmal ein schlichtes Wort des Trostes für die Angehörigen sollte sie übrig haben. Darum muß nun der Pfarrer angepackt werden, der ... dieses Trösteramt übernahm ...«. Maas schilderte dann, wie die Familie dem Staatssekretär Dr. Meißner den Wunsch übermittelt habe: Nach all den offiziellen Reden am Grabe sollte ein evangelischer Pfarrer ein schlichtes Wort des Trostes und des Gebetes sprechen. Sie habe auch den Staatssekretär beauftragt, ihn, den Pfarrer Maas, um diesen Dienst zu bitten. Schließlich sei er auch der Seelsorger der gut evangelischen und kirchlichen Familie des verstorbenen Bruders des Reichspräsidenten. Im weiteren Verlauf des Artikels setzt sich dann Maas mit den Schmähungen auseinander, denen er nach der Beerdigung ausgesetzt war.

So hat Hermann Maas trotz aller Anfeindungen an seinem seelsorgerlichen Auftrag festgehalten. Damals wußte er noch nicht, daß er wenige Jahre später einer noch härteren Bewährungsprobe ausgesetzt sein würde.

Politische Geschichte		**(Badische) Kirchengeschichte**	
1918	14.11. Rücktritt des Großherzogs	1918	20.11. Übertragung der Kirchenleitung an den Evangelischen Oberkirchenrat
1919	Reichsverfassung von Weimar	1919	24.12. Neue badische Kirchenverfassung
		1920	07.11. Wahl zur ersten Landessynode
1925	Von Hindenburg wird Reichspräsident	1925	Beerdigung des Reichspräsidenten Friedrich Ebert durch Pfarrer Hermann Maas, Heidelberg
1929	Ausbruch der Weltwirtschaftskrise; bis 1933 sechs Millionen Arbeitslose		
1930	14.05. Reichstagswahl: NSDAP wird zweitstärkste Fraktion im deutschen Reichstag	1931	Entlassung von Pfarrer Eckert aus dem badischen Kirchendienst
1932	Von Hindenburg gewinnt die Reichspräsidentenwahl gegen Adolf Hitler	1932	Kirchenwahlen: Kirchliche Vereinigung für positives Christentum und deutsches Volkstum gewinnt auf Anhieb 14 von 63 Sitzen in der Landessynode

14. Kapitel

Anpassung und Widerstand im Dritten Reich

Im Zeichen der Machtergreifung

Am 30. Januar 1933 ernannte Reichspräsident von Hindenburg den Führer der Nationalsozialisten, Adolf Hitler, zum Reichskanzler. Im neuen Kabinett saßen neben wenigen Nationalsozialisten einige deutschnationale und einige parteilose Minister.

Für viele evangelische Christen war der 30. Januar ein Tag der Hoffnung. Sie erwarteten von der neuen Regierung, daß sie die Arbeitslosigkeit beseitigt und den Parteienzank beendet. Deutschland sollte wieder ein mächtiger und starker Staat werden. Im Volk sollten alle, Reiche und Arme, Evangelische und Katholiken, eine große Gemeinschaft sein. Die Angriffe auf die Kirchen, wie sie vor allem von den Kommunisten immer wieder unternommen wurden, sollten endlich aufhören.

Viele Christen brachten der NSDAP großes Vertrauen entgegen; denn

Punkt 24 lautet: »Wir fordern die Freiheit aller religiösen Bekenntnisse im Staat, soweit sie nicht dessen Bestand gefährden oder gegen das Sittlichkeits- und Moralgefühl der germanischen Rasse verstoßen.

Die Partei als solche vertritt den Standpunkt eines positiven Christentums, ohne sich konfessionell an ein bestimmtes Bekenntnis zu binden. Sie bekämpft den jüdisch-materialistischen Geist *in* und *außer* uns und ist überzeugt, daß eine dauernde Genesung unseres Volkes nur erfolgen kann von *innen* heraus auf der Grundlage: *Gemeinnutz vor Eigennutz.*«

Hakenkreuzgeschmückter Altar und Kanzel in Waldwimmersbach

sie betonte in ihrem Programm und in ihren Reden, wie wichtig das Christentum und die Kirchen seien. Pfarrer wurden zu Fahnenweihen eingeladen, und SA-Abteilungen besuchten geschlossen den Gottesdienst.

Die badische Kirchenleitung in Karlsruhe schwieg zunächst. Man wollte erst einmal abwarten, was die neue Regierung tun würde. Als dann aber Hitler in einer Regierungserklärung am 23. März sehr freundliche Worte für die Kirchen fand, erließ die Kirchenleitung eine sehr positive Erklärung zum neuen Staat.

Nr. 6. 47

Gesetzes- und Verordnungsblatt

für die

Vereinigte Evangelisch-protestantische Landeskirche Badens.

Ausgegeben **Karlsruhe,** den 29. März 1933.

Inhalt: Hirtenbrief.

OKR. 28. 3. 1933. **Hirtenbrief betr.**

Nachstehender Hirtenbrief ist am nächsten Sonntag, den 2. April, in der Kirche zu verlesen.

Evangelische Glaubensgenossen!

Was wir seit Jahren gehofft und ersehnt haben, ist gekommen: Unser deutsches Volk hat sich in seiner großen Mehrheit zu einer starken nationalen Front zusammengeschlossen und sich einmütig hinter die Männer gestellt, die das Oberhaupt unseres Reiches zur Führung des deutschen Volkes berufen hat.

Kanzelerklärung vom März 1933

Baden bekommt einen Landesbischof

Nach dem 30. Januar 1933 kam auch in der evangelischen Kirche Badens vieles in Bewegung. Die »Kirchliche Vereinigung für positives Christentum und deutsches Volkstum» nannte sich jetzt »Deutsche Christen, Gau Baden«. Sie sagte: Wenn sich in Deutschland so viel verändert, dann darf die Kirche nicht beiseite stehen. Sie muß sich erneuern. Nur dann wird sie eine Anziehungskraft auf die Menschen im Dritten Reich ausüben.

Pforzheimer Anzeiger

Tageszeitung für nationalsozialistische Weltanschauung
und einziges amtliches Verkündigungsblatt für den Amtsbezirk Pforzheim

Hauptschriftleiter: Dr. Paul Bode

Stellvertreter des Hauptschriftleiters: Wilhelm Nagel. Verantwortlich für Politik: Dr. Fritz Mayer (zugleich Chef vom Dienst); für Wirtschaft, Kultur, Unterhaltung und Beilagen: Wilhelm Nagel; für Stadtteil, Landnachrichten, Sport und Bilder: Erich Leupold; für den Anzeigenteil: J. V. Max Bischoff; alle in Pforzheim, Enzstraße 23/25. Druck und Verlag von Gebr. Bode in Pforzheim; Fernruf 5044, 5045 u. 5046; von 19—7 Uhr: 5046. Durchschnittsauflage Mon. Nov. 1937: 36 134.

Gegründet 1873 | Dienstag, 23. Mai 1933 | Nummer 297

Die nationalsozialistische Glaubensbewegung »Deutsche Christen«
- Kundgebung in Karlsruhe -

Die Glaubensbewegung »Deutsche Christen« veranstaltete am Sonntag abend in Karlsruhe im Rahmen einer Landeskirchentagung eine große öffentliche Kundgebung. Mehrere tausend Personen, darunter die *Spitzen der evangelischen Landeskirche mit Prälat Dr. Kühlewein,* Vertreter der staatlichen und städtischen Behörden sowie zahlreiche Theologen aus dem ganzen Lande füllten den großen Festhallesaal bis auf den letzten Platz.
Eine besondere Note erhielt die Kundgebung durch das Erscheinen des Reichsstatthalters Wagner, der von der Versammlung stehend und mit erhobenen Händen begrüßt wurde.
Nach einleitendem Orgelvortrag richtete *Pfarrer Voges* aus Karlsruhe herzliche Worte der Begrüßung an die Erschienenen und besonders an den Reichsstatthalter, dessen Anwesenheit er als Beweis dafür ansehe, daß auch die badische Staatsführung der Kirche das schöpferische Lebensrecht gewähre. Man könne wohl eine Stadt in die Wolken bauen, aber ein Volk nicht ohne Gott regieren.
Es sprach sodann *Pfarrer Hossenfelder aus Berlin.* Wir sind aufgebrochen, so betonte er u.a., weil wir wissen, daß zum Lebenskampf der Glaube an Gott gehört... Aus dem Erlebnis des Schützengrabens, der Frontkameradschaft und den Nöten der Nachkriegszeit wurde ein neuer Mensch. *Seine gottgegebenen Lebensrechte als Grundlage unserer Glaubensbewegung heißen Volkstum und Evangelium...* Die aufgebrochene Nation braucht die Kirche

und die schöpferische Macht des Evangeliums. Wir deutschen Christen werden dehalb solange predigen, bis ein ganzes Volk glaubt und an dem Evangelium nicht mehr gerüttelt werden kann. Es muß die Erkenntnis eingehen, daß zu den Menschen des Dritten Reiches und der braunen Armee das unverfälschte Evangelium gehört. Unser Kampf gilt den Mächten, die den Menschen das Evangelium nehmen oder verkürzen wollen.
Anschließend sprach außerordentlich anschaulich und feurig *Bundespfarrer Peter aus Berlin,* wie das neue Deutschland und die »Deutschen Christen« das Evangelium verstanden haben wollen. Zunächst zeichnete er den großen Glaubenserneuerer Luther in treffenden Bildern als geschichtlichen Sendling deutscher Art, der nicht zum Verstande, sondern zum Herzen sprach. Genau so verhalte es sich mit dem Aufbruch der Nation und ihrem *Führer Adolf Hitler, den der Redner als den größten Mann nach Martin Luther bezeichnete.* Hitler packe wie Martin Luther das Volk am Herzen, und deshalb mußte er es ganz bekommen. Der Redner bejahte die Frage nach einer rein deutschen Kirche. . . Mit dem gemeinsamen Gesang des Lutherliedes »Ein feste Burg« schloß die Kundgebung...

Als erstes Ziel beschlossen die Deutschen Christen, die Kirchenverfassung in Baden zu verändern. Die bisherige Kirchenverfassung war stark vom Geist der Weimarer Republik bestimmt. An der Spitze der Kirche stand ein Kirchenpräsident wie im Staat der Reichspräsident. Sie wollten dagegen einen Mann an der Spitze, der die Kirche als Führer regiert. So schuf man das Amt des Landesbischofs und gab ihm große Macht in der Kirche. Das Amt des Kirchenpräsidenten wurde abgeschafft.
So veränderten die Deutschen Christen zusammen mit den Kirchlich-Positiven die Kirchenverfassung. Die Liberalen hatten sich aufgelöst und die Religiösen Sozialisten waren vom Staat verboten worden. Am 24. Juni 1933 wurde der bisherige Prälat Julius Kühlewein einstimmig zum neuen Landesbischof gewählt. Am 23. Juli 1933 wurde Landesbischof Kühlewein in der Stadtkirche von Karlsruhe vom bisherigen Kirchenpräsidenten Wurth feierlich eingeführt.
Viele evangelische Christen in Baden begrüßten die kirchliche Neuordnung. Manche wurden nachdenklich, als der Bonner Theologieprofessor Karl Barth im Sommer 1933 schrieb: »Auch eine zunächst die äußere Gestalt betreffende Kirchen*reform* muß aus der inneren Notwendigkeit des Lebens der Kirche selbst, sie muß aus dem Gehorsam gegen das Wort Gottes hervorgehen, oder sie ist keine *Kirchen*reform.«

Einführung von Landesbischof Kühlewein, im Vordergrund Ministerpräsident Köhler in SA-Uniform

Verhaftung und Abtransport der SPD-Führung in Karlsruhe, Mai 1933

Erste Opfer der Gewaltherrschaft

Gleich in den ersten Monaten des Jahres 1933 änderte sich vieles im Deutschen Reich. Die Parteien wurden abgeschafft. Zuletzt gab es nur noch eine: die NSDAP. Die Grundrechte wurden eingeschränkt, darunter auch das Recht auf freie Meinungsäußerung.
Einige Gruppen hatten besonders zu leiden. Aktive Mitglieder der KPD, aber auch der SPD und der Zentrumspartei wurden im Konzentrationslager Kislau eingesperrt. Wenn sie wieder freikamen, mußten sie versprechen, nicht mehr politisch tätig zu sein.
Eine schwere Zeit brach vor allem für die Juden an. Sie wurden von den Nationalsozialisten besonders gehaßt. Kaum war Hitler an die Macht gekommen, wurden die Juden systematisch unterdrückt. Ab April 1933 durfte kein Jude mehr Beamter sein. Juden wurden zur

Judenboykott am 1. April 1933 in Karlsruhe

Auswanderung gezwungen. Viele hofften freilich, daß die Ausbrüche des Judenhasses bald vorübergehen.
Leider wurden diese Verbrechen auch in der Kirche oft stillschweigend übergangen. Viele dachten zum Beispiel: »Es ist gut, wenn die Juden weniger Einfluß in Deutschland haben.« Außerdem hielt man sie für Feinde des christlichen Glaubens. Schwierigkeiten bekamen Pfarrer, die jüdischer Herkunft waren oder sich für Juden einsetzten.

Die Bekennende Kirche entsteht

Anfang April 1933 traten die Deutschen Christen mit einem großen Plan an die deutsche Öffentlichkeit: Sie wollten eine evangelische Reichskirche schaffen. Die 28 evangelischen Landeskirchen sollten zusammengeschlossen werden. Schon im Juli 1933 war die neue Reichskirchenverfassung fertig. Am 23. Juli waren in ganz Deutschland Kirchenwahlen. Die Deutschen Christen wurden kräftig von Hitler und der NSDAP unterstützt. Sie errangen einen großen Sieg. In den südwestdeutschen Kirchen wurden Einheitslisten vorgelegt, um die Mehrheit der Deutschen Christen von vornherein sicherzustellen. So bekamen sie auch in Baden die Oberhand in der Synode und im Oberkirchenrat.
Ab Herbst 1933 regten sich erste Proteste gegen die Deutschen Christen. Radikale Parolen auf der Berliner Sportpalastkundgebung öffneten auch in der badischen Landeskirche vielen die Augen. Sie befürchteten, daß in der Kirche nicht mehr Christus und die Bibel das Sagen haben sollten, sondern Adolf Hitler und der Nationalsozialismus. Große Sorgen hatten sie vor allem, als der hitlerhörige Reichsbischof 1934 auch der badischen Landeskirche die Selbständigkeit rauben und den Landesbischof zu seinem Befehlsempfänger machen wollte. Als die Synode zu diesem Wunsch des Reichsbischofs ja sagte, empörten sich viele Pfarrer und Gemeinden im Land. In Barmen versammelte sich eine Bekenntnissynode, als Opposition gegen die Deutschen Christen. Dort entstand die Bekennende Kirche. Gemeinsam bekannten die Synodalen in der Barmer Theologischen Erklärung ihren Glauben gegen die Deutschen Chri-

sten. Aus Baden hatten vier Vertreter teilgenommen. Auch in Baden entstand nun eine Bekenntnisgemeinschaft. An der Spitze stand der Pforzheimer Pfarrer Karl Dürr. Wer zur Bekenntnisgemeinschaft gehörte, verpflichtete sich schriftlich und erhielt dafür einc Mitgliedskarte, die Rote Karte. Die Bekenntnisgemeinschaft versuchte in der ganzen Zeit des Dritten Reiches, im Sinne der Barmer Theologischen Erklärung zu wirken.

1. Die Leitung der Bekenntnis-Synode wolle an die badische Kirchenleitung die Einladung ergehen lassen, sich der Bekenntnisgemeinschaft anzuschließen und sich auf den Abschluß eines Eingliederungsabkommens mit der Reichskirchenregierung keinesfalls einzulassen, auch nicht durch scheinbar entgegenkommende Versprechungen.
2. Der Bruderrat der Bekenntnis-Synode wolle an den Kaiserswerther Verband die Bitte richten, sich für die Bekenntnisgemeinschaft zu erklären.

Wuppertal-Barmen, den 31. Mai 1934

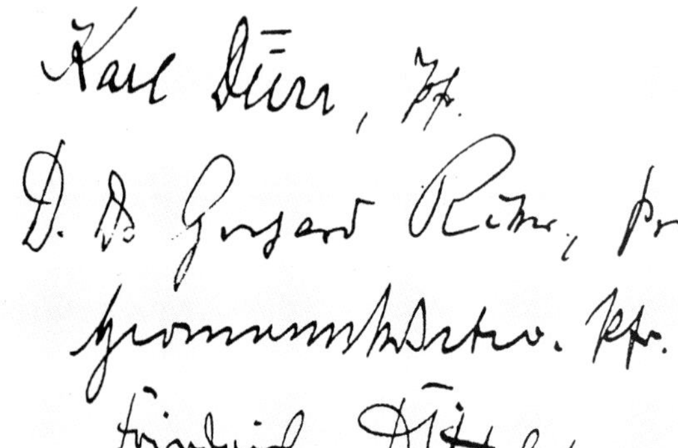

Unterschriften badischer Synodaler in Barmen

Aus der theologischen Erklärung von Barmen

1. »Ich bin der Weg und die Wahrheit und das Leben; niemand kommt zum Vater denn durch mich (Johannes 14,6).

»Wahrlich, wahrlich, ich sage euch: Wer nicht zur Tür hineingeht in den Schafstall, sondern steigt anderswo hinein, der ist ein Dieb und ein Mörder. Ich bin die Tür; so jemand durch mich eingeht, der wird selig werden« (Johannes 10, 1,9).

Jesus Christus, wie er uns in der Heiligen Schrift bezeugt wird, ist das eine Wort Gottes, das wir zu hören, dem wir im Leben und im Sterben zu vertrauen und zu gehorchen haben.

Wir verwerfen die falsche Lehre, als könne und müsse die Kirche als Quelle ihrer Verkündigung außer und neben diesem einen Worte Gottes auch noch andere Ereignisse und Mächte, Gestalten und Wahrheiten als Gottes Offenbarung anerkennen.

4. »Ihr wisset, daß die weltlichen Fürsten herrschen und die Oberherren haben Gewalt. So soll es nicht sein unter euch; sondern so jemand will unter euch gewaltig sein, der sei euer Diener« (Matthäus 20, 25-26).

Die verschiedenen Ämter in der Kirche begründen keine Herrschaft der einen über die anderen, sondern die Ausübung des der ganzen Gemeinde anvertrauten und befohlenen Dienstes.

Wir verwerfen die falsche Lehre, als könne und dürfe sich die Kirche abseits von diesem Dienst besondere, mit Herrschaftsbefugnissen ausgestatte Führer geben oder geben lassen.

5. »Fürchtet Gott, ehret den König« (1. Petrus 2, 17)

Die Schrift sagt uns, daß der Staat nach göttlicher Anordnung die Aufgabe hat, in der noch nicht erlösten Welt, in der auch die Kirche steht, nach dem Maß menschlicher Einsicht und menschlichen Vermögens unter Androhung und Ausübung von Gewalt für Recht und Frieden zu sorgen.

Die Kirche erkennt in Dank und Ehrfurcht gegen Gott die Wohltat dieser seiner Anordnungen an. Sie erinnert an Gottes Reich, an Gottes Gebot und Gerechtigkeit und damit an die Verantwortung der Regierenden und Regierten. Sie vertraut und gehorcht der Kraft des Wortes, durch das Gott alle Dinge trägt.

Wir verwerfen die falsche Lehre, als solle und könne der Staat über seinen besonderen Auftrag hinaus die einzige und totale Ordnung menschlichen Lebens werden und also auch die Bestimmung der Kirche erfüllen.

Wir verwerfen die falsche Lehre, als solle und könne sich die Kirche über ihren besonderen Auftrag hinaus staatliche Art, staatliche Aufgaben und staatliche Würde aneignen und damit selbst zu einem Organ des Staates werden.

Die Evangelische Jugend wird in die Hitlerjugend eingegliedert

In Baden gab es 1933 eine blühende evangelische Jugendarbeit. Jungen und Mädchen sammelten sich in Gruppen des Christlichen Vereins Junger Männer, des Vereins für Entschiedenes Christentum, des Bibelkreises und des Mädchenbibelkreises, des Bundes Deutscher Jugendvereine, der Christdeutschen Jugend, der Christlichen Pfadfinder und des Evangelischen Reichsverbandes weiblicher Jugend.
Die Nationalsozialisten wollten jetzt nur noch einen Jugendverband für alle Deutschen, die Hitlerjugend. Die evangelischen Jugendverbände wollten zwar mit der Hitlerjugend zusammenarbeiten, ansonsten aber selbständig bleiben. Sie übertrugen Reichsbischof Müller die Schirmherrschaft über die Evangelische Jugend. Gegen ihren Willen schloß er mit NS-Reichsjugendführer Baldur von Schirach einen Vertrag ab, nach dem 800000 evangelische Jugendliche in die Hitlerjugend eingegliedert wurden.

Reichsbischof Müller (links) und Reichsjugendführer Baldur von Schirach (rechts)

Evangelische Gemeindejugend im Dritten Reich

Die Eingliederung der evangelischen Jugend in die Hitlerjugend bedeutete nicht das Ende der evangelischen Jugendarbeit. Es gab jetzt keine evangelischen Jugendverbände mehr, aber dafür viele Jugendkreise auf Gemeindeebene. Sie konzentrierten sich auf das, was ihnen vom Staat erlaubt war: Verkündigung des Wortes Gottes. So gab es Gespräche über die Bibel, Pflege von geistlichem Liedgut, Laienspiele und schließlich immer wieder Rüstzeiten. Staat und Hitlerjugend betrachteten die Arbeit der Gemeindejugend sehr mißtrauisch. Sie legten Termine der Hitlerjugend auf die Abende der Gemeindejugend. Sie machten die evangelische Jugendarbeit lächerlich. Sie suchten auch die Jugendleiter einzuschüchtern. Diese Anfeindungen ließen viele Kreise umso fester zusammenwachsen. Viele Mitglieder dieser Jugendkreise denken heute noch gerne an die Jugendarbeit in der Zeit des Dritten Reiches zurück.

Eine Gemeindehelferin berichtet darüber 1935:

> »Es ist mir wichtig, noch etwas über die Jugendarbeit in der Gemeinde zu sagen. Die Mädelarbeit ist im Jahre 1935 mindestens auf gleicher Höhe, was sogenannte Mitgliedszahlen sagen, geblieben. Schwierigkeiten nach außen in Beziehung zu Führerinnen der Staatsjugend gab es keinerlei. Spannungen unter der Jugend selbst in- und außerhalb der kirchlichen Gemeindejugend hat es immer gegeben, und das wird wohl so bleiben müssen. Ich wundere und freue mich oft darüber, wie sicher und ruhig die meisten Mädels Anwürfen ihrer Kameradinnen von außen entgegentreten. Stichelreden wie diese: ›Wie lange willst du denn noch in diesen kirchlichen Bund laufen?‹ stört sie nicht im geringsten. Sie geben ihre klare Antwort und wirken im übrigen durch ihr ruhiges Vorbild. Durch die Schule wurde an die Jüngsten herangetreten mit der Forderung, daß Jugend unter 10 Jahren keinem Verband, auch keinem konfessionellen, angehören dürfe als dem der Schule. Das gab selbstverständlich zu Unklarheiten Anlaß, wurde aber in den meisten Fällen durch die Klarlegung, daß unsere Gemeindejugend kein Verband sei, aus dem Wege geräumt.
> Als Höhepunkte im gemeinsamen Leben der engeren Gemeindejugend seien genannt: ein Werbeabend für die Konfirmanden kurz vor der Konfirmation. An einer Freizeit in der Pfingstwoche, zu der uns die hiesige Ortsgruppe des Schwarzwaldvereins sein Wanderheim Bischenberg

zur Verfügung stellte, nahmen 30 Mädels teil. Die herrliche sommerliche Landschaft, Luft, Sonne und frohe Gemeinschaft stärkte uns alle zu neuer Arbeit. Der Jugendsonntag wurde von Gemeinde und Jugend im Gottesdienst gefeiert; die Jugend wirkte durch Sprechchöre mit. Im Oktober fand ein gemütlicher Abend mit Tee und Kuchen statt, der die gesamte engere Gemeindejugend mit ihrem Pfarrer vereinigte. Unsere Adventsfeier gestalteten wir gemeinsam, Jungen und Mädels, als Abendfeierstunde mit der Gemeinde. An Weihnachten durften wir der Gemeinde dienen durch Darbietung des Krippenspiels ›Es leucht' wohl mitten in der Nacht!‹ Am Ausflug der Konfirmanden ins schöne Monbachtal durfte unsere Gemeindejugend teilnehmen.
Die Vorbereitung der Zusammenkünfte der Jugend bedarf durch die Beschränkung unserer Jugendarbeit auf ›Wortverkündigung‹ einer gründlichen und systematischen Vorbereitung. Die Abende des Monats sind genau eingeteilt, so daß jedes Mädel weiß, was für ein Thema des Abends ihrer wartet und so eine Einstellung darauf dem Einzelnen vorher möglich ist. Unterbrochen wird diese Regel durch Vorbereitung von Abenden oder Feiern für die Gemeinde, da unmöglich neben den regulären Zusammenkünften noch viele Probeabende eingeschoben werden könnten, da die Jugend ohnehin stark beansprucht wird.«

Lager der Evangelischen Jugend in Königsfeld/Schwarzwald

Kirche in der Schule - Der Kampf um den Religionsunterricht

In den ersten Jahren der nationalsozialistischen Herrschaft sah es noch so aus, als könnte der Einfluß der Kirche auf alles, was mit Religionsunterricht zu tun hat, uneingeschränkt bestehen bleiben. Aber ab 1937 hörten die staatlichen Freundlichkeiten auf. Rechte der Kirche in der Schule wurden immer mehr eingeengt: Zunächst versuchte der Staat, die Pfarrer aus dem Religionsunterricht zu verdrängen und durch staatlich ausgebildete Lehrer zu ersetzen. Dann sollten im Sommer 1937 alle Religionslehrer einen Treueid auf Adolf Hitler leisten; der Evangelische Oberkirchenrat stimmte zu, weil er meinte, daß das Treuegelöbnis »den Inhalt der Lehre nicht berühren kann«. Auch ein erster Angriff des Kultusministers auf den alttestamentlichen Unterrichtsstoff konnte zu dieser Zeit mit dem Hinweis, daß »der Religionsunterricht von der Kirche besorgt und überwacht und somit auch inhaltlich bestimmt wird», noch abgewehrt werden.

Im Dezember 1937 hatte der Staat dann seinen ersten durchschlagenden »Erfolg»: Ohne Vorankündigung oder Begründung wurde »mit sofortiger Wirkung« verfügt, daß der Religionsunterricht künftig stets am Ende des Vormittags- oder Nachmittagsunterrichts stattfinden mußte, also von 11.30 bis 12.00 oder 17.30 bis 18.00 Uhr. Außerdem wurde der Unterricht noch auf eine halbe Stunde pro Woche, bzw. eine volle Stunde innerhalb von 14 Tagen gekürzt. Durch diese Maßnahmen wurde der Religionsunterricht zu einem unwichtigen Anhängsel des übrigen Schulbetriebs und das Wegbleiben vom Unterricht bot sich geradezu an. Der Staat hatte sich also auf formalem Wege durchgesetzt, nachdem die Vorstöße gegen den Unterrichtsinhalt relativ erfolglos geblieben waren; und die Kirche konnte nichts dagegen unternehmen, weil die getroffenen Maßnahmen »im freien Ermessen des Trägers der Schulhoheit», also des Staates, lagen.

Ab Herbst 1938 steigerte sich die allgemeine Judenfeindschaft dermaßen, daß sich auch die Auseinandersetzung um den Religionsunterricht zuspitzte: So mußte z.B. der Satz aus der Bibel, »das Heil kommt von den Juden», (Joh. 4, 22), von den Schülern aus den Schulbüchern gestrichen werden. Immer mehr Lehrer legten den Religionsunterricht nieder. Viele Schüler meldeten sich ab. Häufig

Jesus antwortete: „Wer dieses Wasser trinkt, den wird wieder dürsten, wer aber das Wasser trinkt, das ich gebe, den wird ewig nicht dürsten.“ Da sprach das Weib zu ihm: „Herr, gib mir dieses Wasser, daß mich nicht mehr dürste, damit ich nicht mehr herkommen müsse, um zu schöpfen!“

2. Als Jesus weiter mit ihr redete und auf ihren sündigen Wandel hinwies, rief sie aus: „Herr, ich sehe, daß du ein Prophet bist. Unsere Väter haben auf diesem Berge angebetet, und ihr sagt, zu Jerusalem sei die Stätte, da man anbeten solle.“

Hierauf erwiderte Jesus: „Ihr Samariter wißt nicht, was ihr anbetet; wir aber wissen, was wir anbeten, ~~denn das Heil kommt von den Juden.~~ Es kommt aber die Zeit und ist schon ... daß ihr weder auf diesem Berg noch zu Jerusalem ...

Badische Schüler müssen die Biblische Geschichte korrigieren

war die Begründung, daß »die Kirche die jüdische Lehre fördere..., anstatt die Juden, die unser Verderben seien, zu bekämpfen.« Statt der alttestamentlichen Geschichten sollte man lieber germanische Märchen und Mythen unterrichten. Lehrer, Schüler oder Eltern, die treu zum biblischen Bekenntnis standen, wurden von der Partei oder vom Nationalsozialistischen Lehrerbund unter Druck gesetzt. Die Kirche mußte ihre Arbeit mit der Jugend immer mehr in Gesprächskreise in den Gemeinden verlegen.

Mit Kriegsbeginn 1939 beging der Staat einen weiteren groben Rechtsbruch gegenüber der Kirche: der Religionsunterricht an allen Berufs- und Handelsschulen wurde abgeschafft. Die Kirche war wehrlos, zumal sich die Hälfte aller Pfarrer und Vikare im Militärdienst befand. Das war die Stunde der Ehrenamtlichen: pensionierte Pfarrer, Lehrer und Lehrerinnen, Pfarrfrauen, Diakone und Gemeindehelferinnen, die sich nach Kräften bemühten, den Religionsunterricht irgendwie aufrecht zu erhalten. Als schon viele Schulgebäude zerstört waren und 1944 der Unterricht wegen der Bombengefahr eingestellt wurde, machte die Kirche weiter.

Religionslehrer beschreiben ihren Schulalltag nach Einführung der Eckstundenverordnung:

Der 61jährige Professor Oskar Lauer von der Handelsschule in Heidelberg schrieb:

> »Mein Stundenplan bringt mich bald zur Verzweiflung. Ich habe, da er ganz zerrissen ist, 7 Überstunden, lauter verlorene Zeit, außerdem sind 4 Nachmittage belegt. Am Donnerstag habe ich nicht einmal eine ganze Stunde Mittagspause. Ich komme etwa um 12.40 Uhr heim und muß um 13.30 Uhr wieder weggehen. Sie sehen, wie unendlich schwer mein

Stundenplan ist. Ich bitte um Rücksichtnahme auf mein Alter und meine 36 Dienstjahre. So ist der Unterricht kaum durchführbar. Das ist eine unnötige Vernichtung der Nerven... Helfen Sie mir bitte in meiner großen Not...«.

Pfarrer Winfried Schmolck von der Fortbildungsschule Heidelberg schrieb:

»Am Montag hat der Unterzeichnete von 8 bis 9, 12 bis 1 und 5 bis 7 Uhr Unterricht zu erteilen. Da die Schulhäuser, in denen er um diese Zeit unterrichtet, über eine halbe Stunde von seiner Wohnung entfernt liegen, gehen an diesem Tage allein 3 Stunden durch das ständige Hin- und Herlaufen vollständig verloren. Ähnlich liegt die Sache an zwei anderen Tagen. Ebenso wird in nicht weniger als 5 Fällen viel Arbeitskraft und Arbeitszeit dadurch nutzlos verbraucht, daß zwischen den einzelnen Religionsstunden eine freie Stunde liegt, welche der Unterzeichnete, weil seine Wohnung zu entfernt liegt, entweder in einem leeren Klassenzimmer oder, wenn ein solches nicht zur Verfügung steht, im Freien oder bei schlechtem Wetter gar in einem Café zubringen muß.«

Stimmen zur Austrittsbewegung der Lehrer und Abmeldung der Schüler vom Religionsunterricht:

». .. da ich meinen Sohn Karlheinz nicht mehr länger in der orientalischen Religion des jüdischen Religionsstifters Jesus Christus unterrichten lassen will...«
»Das Heilige Land ist uns Deutschland und die höchste göttliche Offenbarung ist uns der Führer Adolf Hitler und sein deutsches Volk», meinte der Leiter einer HJ-Führerschule bei der Abmeldung, und ein anderer aus dem gleichen Anlaß: »Ich hoffe, damit meinem Volk einen großen Dienst zu erweisen.«

Der Widerstand gegen die staatliche Einflußnahme auf den Religionsunterricht war zum Teil so widersprüchlich, daß ein Lehrer gleichzeitig den Judenhaß der Nationalsozialisten für gut hielt, aber an seinem Bekenntnis zur ganzen Bibel - mit dem Alten Testament - nicht rütteln ließ:

»Am Dienstag, den 14. November vormittags 8 Uhr übergab ich Rektor Reichelt meine Erklärung in folgendem Wortlaut: ›Ich erteile den Religionsunterricht auf voll-biblischer Grundlage. Falls diese Grundlegung des Religionsunterrichts nicht mehr anerkannt werden kann, bin ich entschlossen, ab sofort auf die Erteilung des Religionsunterrichts zu verzichten . . .

Ich war bis jetzt der Meinung, daß die religiöse Glaubensbetätigung private Angelegenheit eines jeden Deutschen sei. Ich berufe mich auf des Führers Wort vom Schutze der Konfessionen. Meine Arbeit als Erzieher habe ich getan nach bestem Wissen und Gewissen, eingedenk des Treueides, den ich dem Führer geleistet habe. Dem verderblichen Einfluß des jüdischen Volkes stehe ich als Deutscher ablehnend gegenüber. Als protestantischer Christ bin ich aber an die Bibel gebunden und sehe die Verworfenheit der jüdischen Rasse als Fluch und Strafe Gottes für die Ablehnung des dem Volke von Gott gesandten Heilandes an, unterscheide also zwischen dem alttestamentlichen Volke Israel und dem unter dem göttlichen Fluch lebenden Volke der Juden.‹ - In der an dieses Protokoll sich anschließenden weiteren Aussprache warf mir Kreisschulrat Koch mangelndes Verständnis der Rassen- und Erblehre vor. Ein Jude könne nie Christ werden. Ich gab meiner biblischen Überzeugung Ausdruck, daß durch die göttliche Einwirkung sehr wohl auch ein Jude und Neger ein neuer Mensch werden könne. Auf die Frage, ob ich von einer alttestamentlichen Gestalt eine Lichtseite nennen könnte, führte ich Abraham als Glaubenshelden an. - Schließlich bezweifelte Koch die absolute Wahrheit irgendeiner der Weltreligionen, verurteilte die Bibel als ein Judenbuch und erging sich in den heftigsten Drohungen gegen Christentum, Kirche, Priester- und Pfarrerschaft. Er bezeichnete mich als den Gottlosen, sich als den wahrhaft Gottgläubigen, der durch seine unbedingte Hingabe an den von Gott dem deutschen Volke gesandten größten Sohn und Propheten Adolf Hitler Gottes Willen tue. (In der Ewigkeit werde ich gefragt: ›Wie hast du dich zu deinem Volk und Führer gestellt?‹ Meine Entgegnung: ›Ich werde gefragt, wie ich mich zu Christus gestellt habe.‹) Über all mein Denken und Tun habe ich das Eine zu stellen: Das deutsche Volk und den Führer. Auf meine Erwiderung, daß ich als Christ noch ein Höheres kenne: ›Trachtet am ersten nach dem Reich Gottes‹ und daß für mich Christus noch höher stehe als der Führer, behauptete Koch: Der Führer ist mehr als Christus; Christus hat 5000 gespeist, der Führer das ganze Volk. Was Christus und das Christentum in 2000 Jahren nicht erreicht haben, das hat der Führer in wenigen Jahren erreicht: Friede für das deutsche Volk und darüber hinaus für die Welt. Niemals werde sich der Führer kreuzigen lassen . . . – Nach etwa 1½ Stunden wurde ich entlassen mit dem Bemerken, daß das von mir unterzeichnete Protokoll dem Ministerium vorgelegt werde und daß ich keine Fürsprache vonseiten des Kreisschulamtes zu erwarten habe. Donaueschingen, den 23. November 1938, gez. Christian Wöhrlin.«

Kirchlicher Widerstand: Pfarrer Egon Thomas Güß

Vikar Egon Thomas Güß war wenige Wochen nach der »Machtergreifung« Hitlers zur Verwaltung der Pfarrei nach Stein (bei Pforzheim) versetzt worden; er war damals 31 Jahre alt. Seine Vorgesetzten hatten ihn wegen seiner »bekannten politischen Schwäche« lange Zeit kritisch beurteilt. Er war nämlich »Religiöser Sozialist«. Die Arbeiter und Bauern in Stein waren unkomplizierter; sie erkannten sehr schnell, daß der neue Pfarrer es ehrlich meinte, biblisch predigte und sich, zusammen mit seiner Frau, um die Gemeinde kümmerte. Von da an gingen die sechs Kirchenältesten mit ihm durch dick und dünn. Schon wenige Monate nach der Bekenntnissynode in Barmen schloß sich die Kirchengemeinde Stein durch einen einstimmigen Beschluß von Kirchengemeinderat und Kirchengemeindeausschuß der »Bekennenden Kirche« an.
Das blieb nicht nur auf dem Papier: Die Gemeinde erhob keine Ortskirchensteuer, damit sie ihren Haushaltsplan nicht durch den Landrat genehmigen lassen mußte, und lebte stattdessen wie eine Freikirche von ihren Kollekten. Als die Juden im Nachbarort Königsbach in »arischen« Geschäften nicht mehr bedient wurden, organisierten Gemeindeglieder aus Stein spontan deren Unterstützung mit dem Lebensnotwendigen. Zwei »Gestapo»-Spitzel, die eine Predigt von Pfarrer Güß mitgeschrieben hatten, sahen sich beim Gottesdienstausgang einer Schar von Burschen aus der Jungen Gemeinde gegenüber, die ihnen mit den Worten »bei uns in der Kirche wird gebetet und nicht geschrieben!« die Notizen abnahmen. Pfarrer Güß sah sich deswegen schon verhaftet, doch ihm passierte nichts. »Die Nazis machten ihre Geschäfte mit der Feigheit der anderen.«
In Stein hatte die NSDAP ständig Schwierigkeiten, um auch nur die wichtigsten Ämter ihrer örtlichen Organisation zu besetzen. Unbedingt verlassen konnte sich Pfarrer Güß auf seinen Kirchengemeinderat. Diese Männer - fünf Landwirte und ein Schuhmacher - waren schon vor 1933 in dieses Amt gekommen. Die Kirchengemeinderatssitzungen wurden nicht mehr protokolliert, um der »Gestapo« kein belastendes Material zu bieten.
Ihre größte Bewährungsprobe erlebten Pfarrer und Kirchenälteste im Jahr 1939; das kam so:

Ein Jahr zuvor, im Mai 1938, verfügte Hitlers »Reichskirchenminister», daß beim Evangelischen Oberkirchenrat in Karlsruhe eine sogenannte »Finanzabteilung« einzurichten sei. Diese staatliche Behörde hatte die gesamten Finanzen der Landeskirche zu verwalten. Damit sollte - auf dem Umweg über den Geldbeutel - der Kirche die Luft abgedreht werden, nachdem es den Nazis nicht gelungen war, mit Hilfe der Irrlehre der »Deutschen Christen« die Evangelische Kirche von innen heraus zu erobern.

Landesbischof Kühlewein legte Widerspruch ein gegen diese Maßnahme des Staates, erklärte jedoch auch: Die Mitglieder der Kirchenleitung seien nicht in der Lage, den geschäftlichen Verkehr mit der »Finanzabteilung« im Oberkirchenratsgebäude zu verweigern. Das lief auf ein Sich-Fügen unter Protest hinaus.

In Stein dagegen kam es anders: Als im Mai 1939 auch die Kirchengemeinde Stein einen staatlichen »Finanzbevollmächtigten« vor die Nase gesetzt bekommen sollte, stieg Pfarrer Güß am nächsten Sonntag auf die Kanzel und informierte die Gemeinde über den geschlossenen Rücktritt des Kirchengemeinderates. Ein Sturm der Entrüstung

Pfarrer Egon Thomas Güss (ganz rechts) mit Lehrerkollegium

ging durch das Dorf und kehrte sich gegen jenen unglückseligen Mitbürger, der sich zum »Finanzbevollmächtigten« hatte bestellen lassen, weil er selbst »Parteigenosse» war. Noch am selben Sonntagnachmittag schickte er seine Ernennungsurkunde nach Karlsruhe zurück: Er nehme das Amt nicht an, weil er sich beruflich und gesellschaftlich eine Auseinandersetzung »mit dem derzeitigen Herrn Pfarrer« nicht leisten könne.
Dabei blieb es: Staat und Partei fanden auch weiterhin niemand, der sich zu ihrem Handlanger gegen die Kirchengemeinde machen ließ. Auch eine Vorladung jedes einzelnen Kirchengemeinderates aufs Rathaus half nichts: Jeder bestätigte mit seiner Unterschrift, daß er zum Pfarrer stehe. Die Kirchengemeinde Stein war und blieb selbständig, unbehelligt von den Eingriffen des »totalen Staates«. Sieben Männer mit Zivilcourage hatten sich - unterstützt von der überwiegenden Mehrheit der Bevölkerung - mit ihrer Person gegen Rechtsbruch gestellt - und gewonnen! Widerstand war möglich, wo die klare, unverfälschte biblische Predigt auch zu einer klaren inneren Haltung geführt hatte.

Kirche und Juden

Von der Ausgrenzung zur Vernichtung

Die Situation der Juden in Deutschland verschlechterte sich ab 1933 immer mehr. Seit April 1933 durften sie keine deutschen Beamten mehr sein. 1935 machte sie die NSDAP zu Staatsbürgern 2. Klasse und verbot ihnen eine Eheschließung mit Ariern. 1938 wurden in der »Reichspogromnacht« die meisten deutschen Synagogen auf Anstiftung der SA verbrannt. Man begründete dieses Vorgehen mit der Ermordung eines deutschen Diplomaten durch einen jungen Juden. Am 22./23. Oktober 1940 wurden 5617 Juden aus ganz Baden in das Lager Gurs am Fuß der Pyrenäen abgeschoben. Der älteste der Vertriebenen war 97 Jahre alt. Über ein Viertel von ihnen starb in Gurs. Etwa ein Drittel wurde in die Vernichtungslager Auschwitz und Maidanek verschleppt. Nur wenige überlebten.

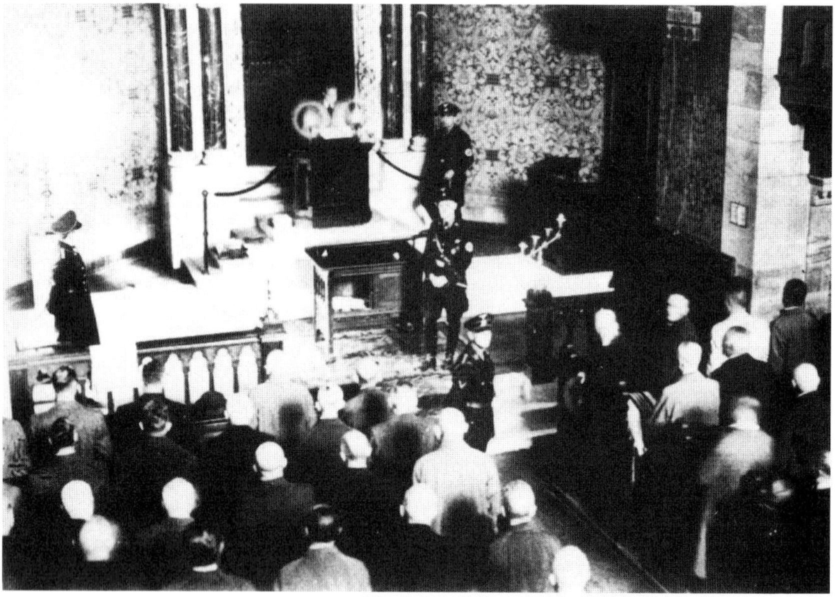

In der »Reichspogromnacht« zwingt die SS in der Baden-Badener Synagoge Juden, ihren Glauben zu verspotten.

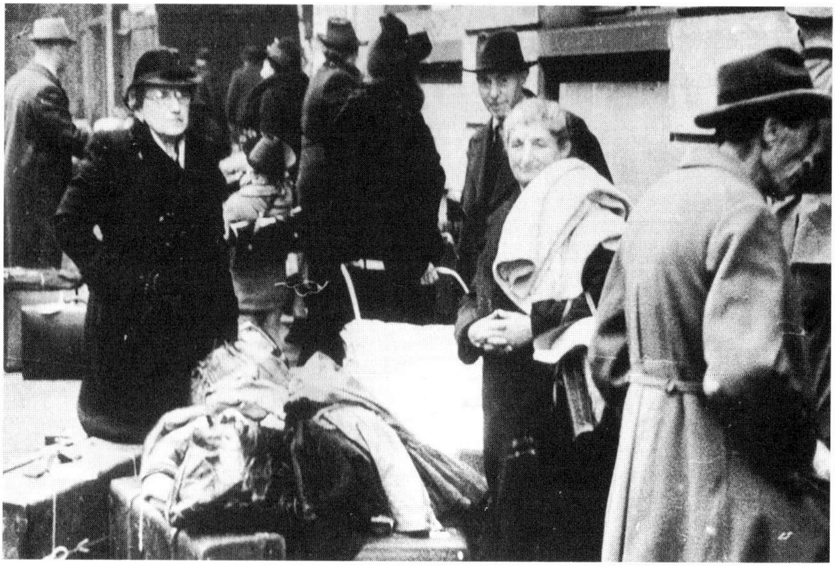

Abtransport der Juden nach Gurs

Hermann Maas, der »stadtbekannte Judenfreund« in Heidelberg

Wenige evangelische Christen in Baden engagierten sich aktiv für die Juden. Viele hatten antisemitische Vorurteile. Andere glaubten, die Juden seien von Gott verflucht. Nicht wenige hatten Angst vor dem Staat, der maßlos gegen die Juden hetzte. Wenig Widerspruch regte sich in der Kirche, als das Kultusministerium in Karlsruhe 1938 die Religionslehrer anwies, in den Schulbibeln den Satz zu streichen: Das Heil kommt von den Juden.

Einer der wenigen, der sich für die Juden einsetzte, war der Heidelberger Pfarrer Hermann Maas. Er hatte schon in seiner Jugend viele jüdische Freunde. Als junger Vikar lernte er auf dem 6. jüdischen Weltkongreß in Basel führende Juden wie Martin Buber kennen.

Im Dritten Reich versuchte Maas alles, um den verfolgten Juden zu helfen. An seiner Tür brachte er eine Mesusa an, eine Türpfostenkapsel, wie sie an jüdischen Wohnungen üblich ist, um den Juden zu zeigen, wo sie Hilfe finden könnten. Ab 1938 arbeitete er an einer Hilfsstelle für Juden mit. Vielen verhalf er zur Auswanderung. Vielen machte er Mut. Auch er konnte den Abtransport der badischen Juden nach Gurs nicht verhindern. Später schrieb er darüber:

»Sehr schnell konnte ich schon feststellen, daß an dem Befehl nichts mehr zu ändern war... Der Wagen rollte schon, von einem satanischen System, von dem Herzen der Machthaber und ihrer Schergen in Gang gehalten. In einer Apotheke verschafften wir uns stark abführend wirkende Medikamente, die wirkten und halfen da und dort in einigen Fällen. ›Nicht transportabel‹ war dann das rettende Urteil... Von

Hermann Maas 1937

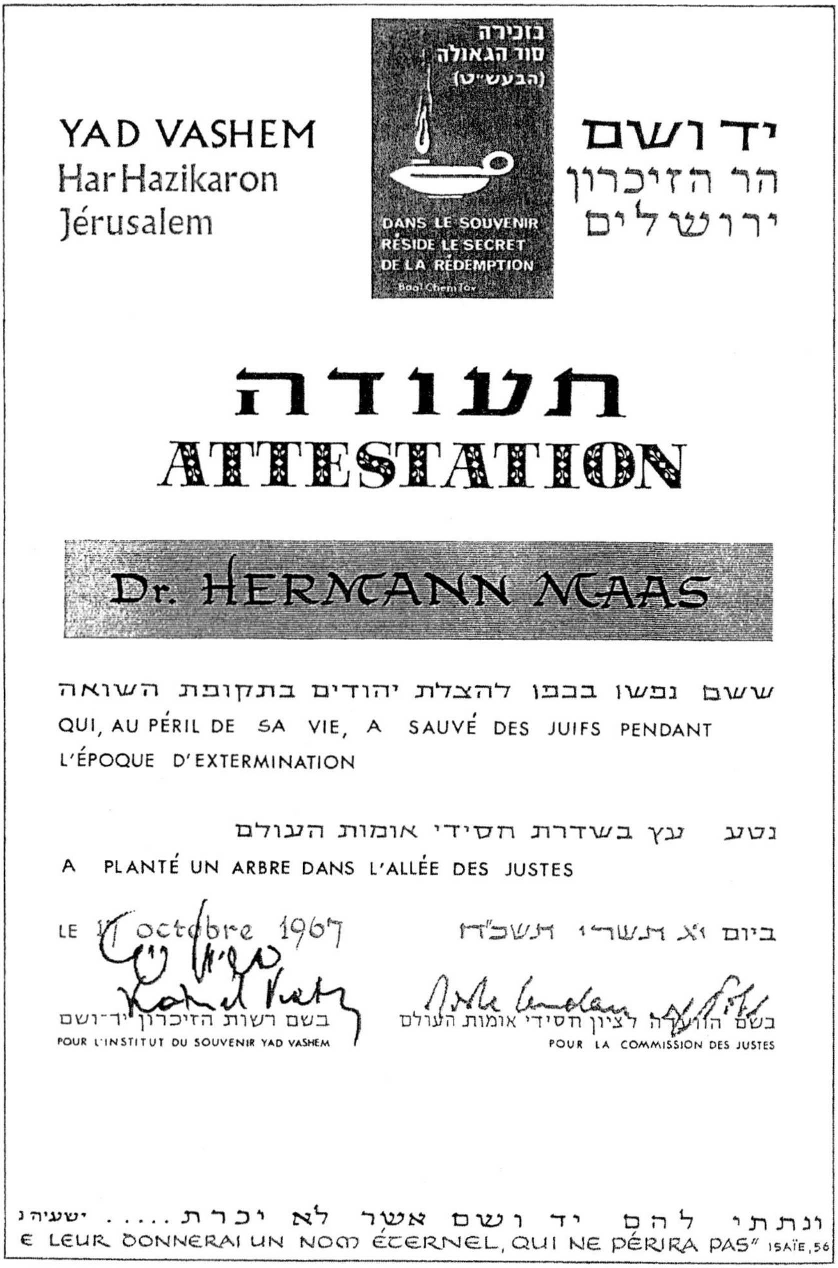

YAD VASHEM
Har Hazikaron
Jérusalem

בזכירה
סוד הגאולה
(הבעש"ט)

DANS LE SOUVENIR
RÉSIDE LE SECRET
DE LA RÉDEMPTION
Baal Chem Tov

יד ושם
הר הזיכרון
ירושלים

תעודה
ATTESTATION

Dr. HERMANN MAAS

ששם נפשו בכפו להצלת יהודים בתקופת השואה
QUI, AU PÉRIL DE SA VIE, A SAUVÉ DES JUIFS PENDANT
L'ÉPOQUE D'EXTERMINATION

נטע עץ בשדרת חסידי אומות העולם
A PLANTÉ UN ARBRE DANS L'ALLÉE DES JUSTES

LE 11 octobre 1967 — ביום יא תשרי תשכ"ח

בשם רשות הזיכרון יד־ושם
POUR L'INSTITUT DU SOUVENIR YAD VASHEM

בשם הועדה לציון חסידי אומות העולם
POUR LA COMMISSION DES JUSTES

ונתתי להם יד ושם אשר לא יכרת.... ישעיה נ
E LEUR DONNERAI UN NOM ÉTERNEL, QUI NE PÉRIRA PAS" ISAÏE, 56

Verleihungsurkunde zur Yad-Vashem-Medaille

den erschütternden Abschieden in den Abendstunden dieses furchtbaren Tages, dieses Schandtages und jüdischen Passionstages, will ich nichts mehr sagen. In den kommenden Nächten ließ mich der Selbstvorwurf nicht schlafen, daß ich nicht freiwillig mitgefahren war.«

Im Krieg schlug dann der NS-Staat zu. Er verlangte 1943, daß Maas aus dem Amt entfernt wurde; er mußte in den Ruhestand gehen. 1944 wurde er als 67jähriger zur Zwangsarbeit an die Westfront verpflichtet. Nach 1945 wurde er einer der führenden Geistlichen der badischen Landeskirche. Später trug er den Titel Prälat.

Für viele Juden auf der ganzen Welt war Maas einer der glaubwürdigsten Zeugen der Versöhnung zwischen Christen, Deutschen und Juden. Der Staat Israel lud ihn 1950 als ersten Deutschen nach Israel ein. Er verlieh ihm die Yad-Vashem-Medaille der 36 Gerechten unter den Völkern und ehrte ihn durch die Pflanzung eines Hermann-Maas-Waldes auf dem Berg Gilboa.

Kirche und Krieg

Am 1. September 1939 brach der Zweite Weltkrieg aus. In Deutschland gab es keine Begeisterungsstürme wie 1914. Auch die Pfarrer versuchten nicht mehr wie damals, die Christen mit Parolen wie »Gott

Militärpfarrer in Aktion

Gemeinschaftsblatt des evangel. Vereins für innere Mission Augsburg. Bekenntnisses

[So]nntag, 10. September	Verlagsort Karlsruhe	95. Jahrgang

An die Glieder unserer Gemeinschaften, an die Leser unseres Blattes und an alle unsere Freunde.

Nun befinden wir uns dennoch im Krieg! Die jahrelangen ernsthaftesten Bemühungen des Führers Adolf Hitler und die innig gehegte Hoffnung unseres ganzen Volkes auf Erhaltung des Friedens sind durch die hinterhältige Politik Englands und die wahnsinnigen Eroberungsgelüste Polens vereitelt worden. Wider unseren Willen mußten wir zum Schwert greifen. Doch geschieht nichts gegen Gottes Willen. Seit 1. September sprechen die Waffen, und unsere Heeresleitung kann die ersten Erfolge melden.

Für gläubige Menschen ist es selbstverständlich, daß sie allezeit treu zu ihrem Volk und seiner Führung stehen, in Kriegszeiten erst recht. Dennoch richten wir nachfolgendes Wort der Mahnung an unsere Brüder und Schwestern:

Ein jeder gedenke unentwegt seiner Vaterlands- und Christenpflicht und sei in Ausübung seines Berufs und in Erfüllung der durch die Kriegslage an ihn gestellten besonderen Anforderungen ein Vorbild. Nötig werdende Einschränkungen nehme jeder freudig auf sich und danke Gott von ganzem Herzen für alles Gute, das wir haben. Insbesondere wollen wir treu sein im Gebet und beim HErrn darum anhalten, daß Er uns gnädig sei, daß Er über unseren Führer Seine starke, bewahrende Hand ausgebreitet halte, daß Er unserem Heer Tapferkeit und Sieg verleihe, die Familien, von denen Opfer verlangt werden, tröste, und daß Er diese Zeit der Kriegsnot unserem ganzen Volk zu innerem Segen gereichen lasse. Der HErr ist unsere Zuversicht; der Höchste ist unsere Zuflucht.

mit uns« für den Krieg zu begeistern. Man zog in den Krieg, weil man mußte. Auf Wehrdienstverweigerung stand der Tod. Man zog in den Krieg auch deshalb, weil man als guter Deutscher für das Vaterland kämpfen wollte, auch wenn man den Nationalsozialismus ablehnte! Es gab gewiß auch Christen, die unsicher waren, ob dieser Krieg ein »gerechter Krieg« war, an dem man mit gutem Gewissen teilnehmen konnte. Hier tröstete man sich gerne mit einem Wort Martin Luthers, der den Christen empfahl, der Obrigkeit Gehorsam zu leisten, wenn man nicht sicher war, ob ein Krieg gerecht oder ungerecht sei. Der badische Landesbischof ermutigte die badischen Christen zu tapferer Pflichterfüllung.

Der unsichere Burgfrieden

Bis 1939 verstärkte sich der Druck von Partei und Staat auf die Kirchen immer mehr. Der Krieg zwang sie zu einem »Burgfrieden« mit den Kirchen. Hitler selbst verbot alle Aktionen gegen die Kirchen. Er wollte Frieden im Volk, um alle Kräfte für den Krieg einsetzen zu können. Partei und Geheime Staatspolizei ließen es sich freilich nicht nehmen, auch weiterhin die Kirchen zu unterdrücken. Im Volk gab es Gerüchte, wonach nach dem Sieg gegen die Feinde die große Abrechnung mit den Kirchen käme. Wir wissen heute, daß solche Gerüchte nicht aus der Luft gegriffen waren.

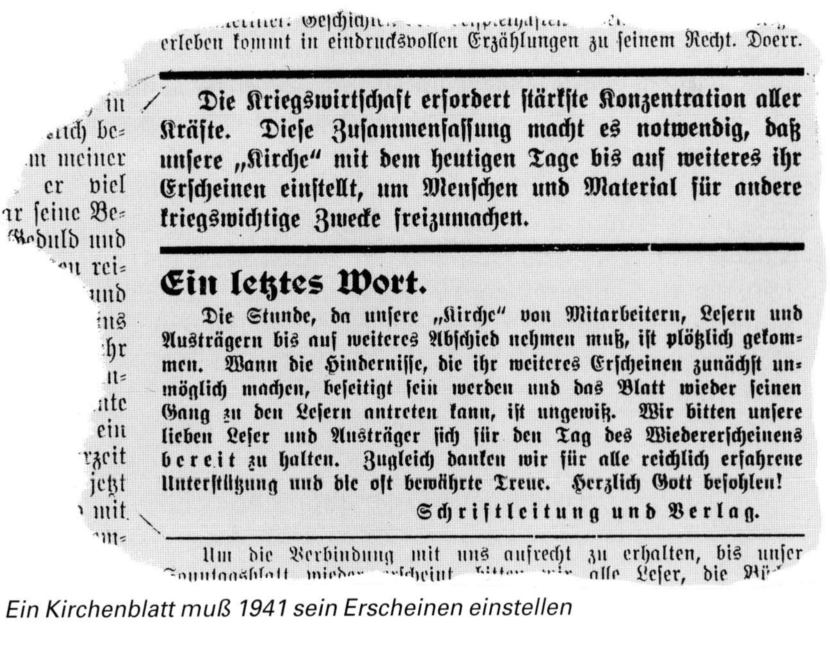
erleben kommt in eindrucksvollen Erzählungen zu seinem Recht. Doerr.

Die Kriegswirtschaft erfordert stärkste Konzentration aller Kräfte. Diese Zusammenfassung macht es notwendig, daß unsere „Kirche" mit dem heutigen Tage bis auf weiteres ihr Erscheinen einstellt, um Menschen und Material für andere kriegswichtige Zwecke freizumachen.

Ein letztes Wort.

Die Stunde, da unsere „Kirche" von Mitarbeitern, Lesern und Austrägern bis auf weiteres Abschied nehmen muß, ist plötzlich gekommen. Wann die Hindernisse, die ihr weiteres Erscheinen zunächst unmöglich machen, beseitigt sein werden und das Blatt wieder seinen Gang zu den Lesern antreten kann, ist ungewiß. Wir bitten unsere lieben Leser und Austräger sich für den Tag des Wiedererscheinens bereit zu halten. Zugleich danken wir für alle reichlich erfahrene Unterstützung und die oft bewährte Treue. Herzlich Gott befohlen!

Schriftleitung und Verlag.

Um die Verbindung mit uns aufrecht zu erhalten, bis unser ...

Ein Kirchenblatt muß 1941 sein Erscheinen einstellen

Lebensunwertes Leben?

Das Euthanasie-Programm

Am Anfang des Zweiten Weltkriegs befahl Hitler, geistig und körperlich Behinderte als »lebensunwert« umzubringen. Nach der nationalsozialistischen Ideologie sollten nur gesunde, starke Menschen überleben dürfen.
In Baden gab es zwei Anstalten, in denen Behinderte unter der Obhut der evangelischen Kirche lebten: Kork und Mosbach. Am 4. September 1939 wurden unter dem Vorwand der Kriegsnotwendigkeit 275 epileptische Kranke von Kork in die schon überfüllte Heil- und Pflegeanstalt Stetten bei Stuttgart gebracht. Einen Monat später wurden die Anstalten aufgefordert, in einem Meldebogen über den Gesundheitszustand ihrer Patienten nach Berlin zu berichten. Die Anstaltsleiter betrachteten das zunächst als eine harmlose Routineangelegenheit. Sie wußten nicht, daß die Meldebogen von Gutachtern in Berlin bearbeitet wurden: Je nach angegebenem Gesundheitszustand entschieden diese, ob die Patienten weiterleben durften oder nicht. Am 28. Mai 1940 wurden 70, am 23. Oktober 43 Korker Kranke von Stetten nach Grafeneck gebracht. In Mosbach wurden vom 13. bis 19. September 1940 218 von ca. 464 Patienten abgeholt. In Grafeneck wurden die Kranken vergast. Die Anstaltsleiter, Pfarrer Meerwein (Kork) und Pfarrer Wilckens (Mosbach), konnten den Abtransport nicht verhindern. In teilweise dramatischen Auseinandersetzungen mit Beamten im Innenministerium sowie den Transportleitern konnten die beiden Geistlichen wenigstens 99 Kranke retten. Ende August 1941 wurde die Tötung, die man auch mit dem verharmlosenden Titel »Euthanasie« (schöner Tod) bezeichnet hat, offiziell gestoppt. Doch ging das Morden im geheimen weiter. Noch Ende Juli 1944 wurden 49 Mosbacher Patienten umgebracht.

Lebensgefährliche Wahrheit

Anfang Juni 1940 erhielt der badische Pfarrer G. eine Nachricht von der Anstalt Kork: Seine Schwägerin, die wegen epileptischer Anfälle

Die grauen Busse, in denen die Behinderten abgeholt wurden

in der kirchlichen Anstalt Kork lebte, sei in eine unbekannte Anstalt verlegt worden. Sofort erkundigte sich seine Frau nach dem Verbleib ihrer Schwester. Nachdem sie keine klärenden Informationen erhielt, wandte sich Pfarrer G. selbst an den Anstaltsleiter, den Pfarrerkollegen Adolf Meerwein; er vermutete, daß dieser nicht sagen durfte, was er wußte.

Währenddessen ordnete das badische Innenministerium in Karlsruhe an, daß zukünftig keine Patienten mehr in kirchliche Anstalten eingewiesen werden dürften, stattdessen sollten sie in die staatlichen Heil- und Pflegeanstalten gebracht werden. »Eine Bekanntgabe dieses Erlasses hat zu unterbleiben.«

Mitte Juni endlich erhielten Pfarrer G. und seine Frau eine Mitteilung der staatlichen Anstalt Grafeneck: Es war die Todesnachricht, seine Schwägerin sei am 15.6.1940 infolge Atemlähmung im epileptischen Anfall verstorben.

Nachdem Pfarrer G. und der Anstaltsleiter Pfarrer Meerwein die Kirchenleitung über das merkwürdige »Verlegen« und »Versterben« von Patienten informiert hatten, beschloß der badische Oberkirchenrat ein Protestschreiben an das Innenministerium. Darin wurde jedoch nicht offen der Euthanasievorwurf gemacht, sondern nur gegen die

Verlegungspraxis protestiert, bei der die Angehörigen nicht um ihre Zustimmung befragt werden. Eine Antwort auf dieses Schreiben blieb aus.
Als der Anstaltsleiter Pfarrer Meerwein den badischen Euthanasieverantwortlichen aufsuchte und ihm aufgewühlt erklärte, er wisse nun, was mit den abtransportierten Patienten geschehe, wurde ihm verboten weiterzusprechen, sonst würde er verhaftet werden.
Nachdem Frau G. erfahren hatte, daß sechs weitere Patienten der Korker Anstalt in Grafeneck »verstorben« seien, unternahm sie einen weiteren Versuch: Sie schrieb aufgebracht an die Anstalt und fragte - direkter als die Kirchenleitung -: »Was hat man an diesen Menschen vorgenommen?« In einem heuchlerischen Antwortschreiben warfen die Mörder ihr mangelnden Sinn für die deutsche Volksgemeinschaft vor. Außerdem verbat sich die Anstaltsleitung »ganz energisch derartige unverschämte Verleumdungen. Falls Sie mir binnen acht Tagen darüber keine Aufklärung zugehen lassen und diese Verdächtigungen mit dem Ausdruck des Bedauerns zurücknehmen, sehe ich mich gezwungen, Ihr Schreiben der Geheimen Staatspolizei zu übergeben...«.
Pfarrer G. konnte die drohende Gefahr für seine Frau mit einem beschwichtigenden Brief gerade noch abwenden.

Trost für die Trauernden und Leidenden

Je länger der Krieg dauerte, umso mehr nahm die Zahl der Gefallenen zu. Zwar mußten die Pfarrer nicht, wie noch im Ersten Weltkrieg, den Angehörigen die Todesnachricht überbringen. Das übernahm zunächst die Partei. Doch je größer die Zahl der Gefallenen wurde, desto weniger wollten die Parteifunktionäre den Angehörigen mitteilen, daß der Sohn oder der Mann das Leben »auf dem Felde der Ehre« gelassen hatten. Nun überließ man es der Post, die Hinterbliebenen zu benachrichtigen. Der Kirche blieb freilich - wie es ein schwäbischer Pfarrer im Rückblick formulierte - »die Aufgabe, zu trösten, mitzutragen, aufzurichten und auf den hinzuweisen, der auch im Dunkel, in der Wirrnis dieser Tage Halt und Licht geben konnte«.

Zerstörtes Pforzheim

Die Gemeinden hielten zunächst Kriegsgebetstunden, in denen sie der Gefallenen gedachten. Später traten an deren Stelle große Trauergottesdienste, in der Fürbitte für die vielen Gefallenen und ihre Angehörigen geschah. Häufig standen auf dem Altar Bilder der gefallenen Soldaten. Diese Gottesdienste waren im Unterschied zu den Parteifeiern sehr gut besucht.
Das ärgerte die Partei, doch wagte sie es nicht, solche Gottesdienste zu verbieten.
Predigten aus der damaligen Zeit waren ganz dem Trost für die Gemeinden gewidmet. Aus dem Glauben, daß auch Gott seinen Sohn hat leiden lassen, sollten die Hinterbliebenen Kraft gewinnen, ihr schweres Geschick zu tragen. Bei diesen Gottesdiensten vermieden die Pfarrer im allgemeinen politische Äußerungen. Die Frage nach der Verantwortung für den Krieg wurde nicht gestellt. Hier wäre der NS-Staat gewiß auch eingeschritten. Bekanntgeworden sind Fälle von Pfarrern, die die Schrecken des Bombenkriegs als Gericht Gottes über Deutschland bezeichneten und deshalb eingesperrt, manche sogar zum Tode verurteilt wurden.
Ganz besonders schwer wurde der Dienst der Pfarrer, als bei den großen Bombenangriffen Tausende von Menschen den Tod fanden, in Pforzheim bei einem Angriff sogar etwa 15000.

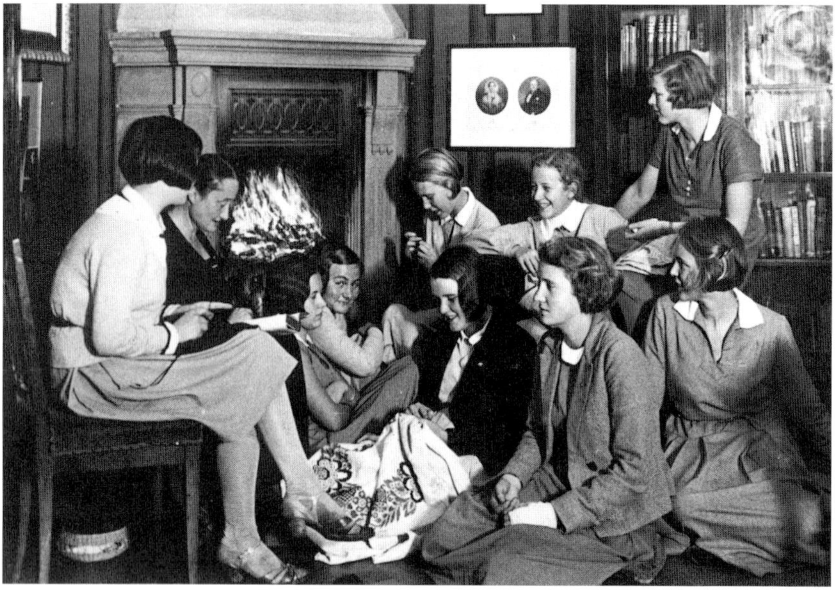

Leseabend am Kamin bei Elisabeth von Thadden

Elisabeth von Thadden - eine bekennende Christin

Jugend

1927 wurde in Wieblingen bei Heidelberg das »Evangelische Landerziehungsheim für Mädchen, Schloß Wieblingen« von Elisabeth von Thadden gegründet. Elisabeth von Thadden, die 1890 als Tochter von Gutsbesitzern in Ostpreußen geboren wurde, war schon früh selbständig geworden, weil sie nach dem Tod ihrer Mutter den großen Haushalt leitete und die jüngeren Geschwister miterzog. Als ihr Vater zum zweiten Mal heiratete, gab es für sie dort keine Aufgabe mehr. Das traf sie schwer, weil es für eine Frau damals nicht üblich war, sich einfach beruflich selbständig zu machen. Aber sie hatte Kontakte zu evangelischen Christen in Berlin, die sich politischer und sozialer Probleme annahmen, wie zum Beispiel die Betreuung von Kindern verarmter Arbeiterfamilien. Über diese Verbindung gelangte sie auf den Heuberg (Schwäbische Alb), wo sie in einem Kinderdorf ein Praktikum als evangelische Erziehungsleiterin machte. Dort wuchs dann ihr

Wunsch nach einer umfassenden pädagogischen Arbeit, und als sie von 1925 bis 1926 als Lehrerin die Arbeit des Landerziehungsheims Schloß Salem (am Bodensee) kennengelernt hatte, faßte sie den Entschluß, selbst eine Schule zu gründen.

Die Wieblinger Schule

Sie wollte eine Schule, in der Bildung und Erziehung des ganzen Menschen Hand in Hand gingen, wo also theoretische Fächer, praktisches Arbeiten und sozialer, christlicher Umgang miteinander eine Einheit bildeten, anders als in den Paukschulen des Kaiserreiches. Bald nach der Gründung der Schule (die teilweise ein Internat war) kamen die Nationalsozialisten an die Macht. Dazu verhielt sich die eher unpolitische Elisabeth von Thadden zunächst nicht besonders ablehnend, weil sie konservativ-christlich eingestellt war und glaubte, daß die Nationalsozialisten etwas Ähnliches wollten wie sie: die Stärkung sittlicher und religiöser Werte entgegen der allgemeinen »moralischen Zersetzung«. Ihre Kritiklosigkeit gegenüber der Partei-Ideologie ging so weit, daß sie schrieb, die Landerziehungsheime hätten »mehr Möglichkeiten als andere Schulen, durch die Erziehung der deutschen Jugend zu deutschen Volksgenossen, zu vollbewußten Gliedern des nationalsozialistischen Staates, das neue Deutschland mitbauen zu helfen«.

Dennoch tat sich mit der Zeit eine Kluft auf zwischen ihren mit der Ideologie des »Dritten Reiches« übereinstimmenden Gedanken und Äußerungen und ihrem unmittelbar christlich bestimmten Handeln. - So wählte sie als Pfarrer und Lehrer für den Religionsunterricht der Schülerinnen den Heidelberger Pfarrer Hermann Maas aus und nicht den Wieblinger Ortspfarrer, der ein fanatischer Deutscher Christ (DC) war. Hermann Maas dagegen war Mitglied der Bekennenden Kirche und ein »stadtbekannter Judenfreund«. Elisabeth von Thadden besuchte auch mit den Schülerinnen die Gottesdienste von Pfarrer Maas in der Heidelberger Heiliggeistkirche und hielt sich zur Bekennenden Kirche. Obwohl sie nie politischen Widerstand leistete, war für sie die letzte moralische Instanz nicht die nationalsozialistische Ordnung, sondern ihr christlicher Glaube. Ihre persönliche Lebenshaltung brachte sie in Konflikt mit der NSDAP: Die Partei beobachtete

Erinnerung an die Konfirmation

Nun aber bleibt Glaube, Hoffnung, Liebe, diese drei;
aber die Liebe ist die größte unter ihnen. 1. Korinther 13, 13

Ditta von [illegible]-Quarr

geboren am 22. Mai 1921 und getauft am 12. Juli 1921

ist nach empfangener Unterweisung im Worte Gottes am 31. Mai 1936 (Pfingstsonntag)

in der Schloß = Kirche zu Heidelberg-Wieblingen konfirmiert worden.

Hermann Maas, Pfr.

äußerst genau diese konfessionelle Schule und ihre Leiterin, die kraft ihrer Ausstrahlung an der Schule ein Klima der Aufrichtigkeit, der Meinungsfreiheit und des offenen Gesprächs schaffte. Den Zeitgenossen fiel damals Elisabeth von Thaddens persönlicher Abstand zur Praxis des Nationalsozialismus so deutlich auf, daß sie von einer Schülerin angezeigt wurde. In einem Gestapo-Gutachten wurde sie als »treibende Kraft« und »Seele des Ganzen« einer Schule, die weiterhin auf »christlicher Grundlage« arbeitete, beschuldigt. Das führte 1941 dazu, daß die Schule, weil sie »keine ausreichende Gewähr für eine nationalsozialistisch ausgerichtete Erziehung der Jugend bietet», trotz vieler Appelle Heidelberger Bürger unter staatliche Aufsicht gestellt wurde. Elisabeth von Thadden wurde entlassen.

Prozess und Hinrichtung

Nach ihrer Vertreibung von Wieblingen ging Elisabeth von Thadden wieder nach Berlin, wo sie als Rote-Kreuz-Helferin arbeitete. Dort war sie in einem Freundeskreis, dessen Gespräche häufig um die Möglichkeiten einer raschen Hilfe für die notleidenden Menschen nach dem Ende des Krieges kreisten. Ein Spitzel, der in diesen Kreis eingeschleust worden war, verriet den Inhalt eines Gespräches an die Gestapo. Für die Nationalsozialisten reichte dieses Gespräch über mitmenschliche und soziale Fürsorge angesichts des Zusammenbruchs des »Dritten Reiches« für eine Anklage wegen »Wehrkraftzersetzung«. Elisabeth von Thadden wollte nicht flüchten, um ihre Freunde nicht zu gefährden. Sie wurde verhaftet. Nach langen quälenden Verhören wurde sie vor dem berüchtigten »Volksgerichtshof», dessen Urteile bereits im voraus feststanden, in einem Schauprozeß zum Tode verurteilt.

Selbst angesichts ihres gewaltsamen Todes verzweifelte sie nicht, im Gegenteil: Sie spendete ihren Angehörigen und einigen Mitgefangenen Trost, indem sie mit ihnen betete und Psalmen und Liedverse sprach. Ihr tiefer Glaube ließ sie auch diesen Weg unerschrocken gehe. Sie wurde am 8. September 1944 in Berlin-Plötzensee hingerichtet.

Links: Konfirmationsurkunde für eine Wieblinger Schülerin, unterschrieben von Hermann Maas

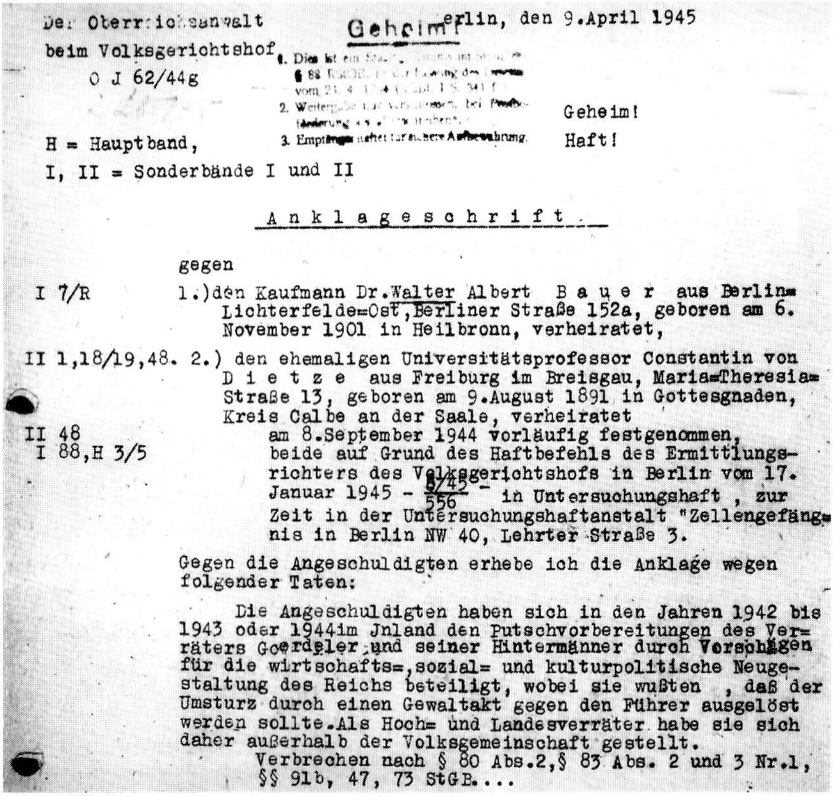

Der Oberreichsanwalt beim Volksgerichtshof
O J 62/44g

Geheim! Berlin, den 9.April 1945

1. Dies ist ein Staatsgeheimnis im Sinne des § 88 RStGB. ... vom 24. 4. 1934 (RGBl. I S. 341 f.).
2. Weitergabe nur verschlossen, bei Postbeförderung ...
3. Empfänger haftet für sichere Aufbewahrung.

Geheim!
Haft!

H = Hauptband,
I, II = Sonderbände I und II

Anklageschrift.

gegen

I 7/R 1.) den Kaufmann Dr. Walter Albert Bauer aus Berlin-Lichterfelde-Ost, Berliner Straße 152a, geboren am 6. November 1901 in Heilbronn, verheiratet,

II 1,18/19,48. 2.) den ehemaligen Universitätsprofessor Constantin von Dietze aus Freiburg im Breisgau, Maria-Theresia-Straße 13, geboren am 9. August 1891 in Gottesgnaden, Kreis Calbe an der Saale, verheiratet

II 48
I 88,H 3/5 am 8. September 1944 vorläufig festgenommen, beide auf Grund des Haftbefehls des Ermittlungsrichters des Volksgerichtshofs in Berlin vom 17. Januar 1945 - 8/45 / 556 - in Untersuchungshaft, zur Zeit in der Untersuchungshaftanstalt "Zellengefängnis in Berlin NW 40, Lehrter Straße 3.

Gegen die Angeschuldigten erhebe ich die Anklage wegen folgender Taten:

Die Angeschuldigten haben sich in den Jahren 1942 bis 1943 oder 1944 im Jnland den Putschvorbereitungen des Verräters Goerdeler und seiner Hintermänner durch Vorschläge für die wirtschafts-, sozial- und kulturpolitische Neugestaltung des Reichs beteiligt, wobei sie wußten, daß der Umsturz durch einen Gewaltakt gegen den Führer ausgelöst werden sollte. Als Hoch- und Landesverräter habe sie sich daher außerhalb der Volksgemeinschaft gestellt.

Verbrechen nach § 80 Abs.2, § 83 Abs. 2 und 3 Nr.1, §§ 91b, 47, 73 StGB....

Anklageschrift gegen Walter Bauer und Constantin von Dietze

Die Wieblinger Schule wurde nach Kriegsende wieder als christliche Schule aufgebaut und heißt seit 1946 »Elisabeth-von-Thadden-Schule«. 1949 wurde die Asche Elisabeth von Thaddens in Wieblingen von Stadtpfarrer Hermann Maas und einer großen Trauergemeinde feierlich beigesetzt.

Politischer Widerstand: der Freiburger Kreis

In der Nacht vom 9. auf 10. November 1938 hatten in Deutschland die Synagogen gebrannt. Die Verfolgung der jüdischen Mitbürger in Deutschland hatte eine neue schreckliche Stufe erreicht. Als Folge dieser Ereignisse bildete sich in Freiburg ein Kreis von Männern, die sich in Ablehnung des Nationalsozialismus und ihrer christlichen Verantwortung verbunden wußten. Mit dem Historiker Gerhard Ritter trafen sich die Wirtschaftswissenschaftler Walter Eucken, Adolf Lampe, sowie Constantin von Dietze und der Jurist Franz Böhm. Sie nannten ihre Zusammenkunft mit dem Decknamen »Freiburger Konzil«. Keiner von ihnen war Theologe, doch arbeiteten Ritter und von Dietze bei der Bekennenden Kirche mit. Erstes Ergebnis der Zusammenkünfte war eine Denkschrift unter dem Titel »Kirche und Welt. Eine notwendige Besinnung auf die Aufgaben des Christen und der Kirche in unserer Zeit.«

Nach Ausbruch des Zweiten Weltkriegs kamen die Männer des »Freiburger Konzils« mit Männern des politischen Widerstandes in Berührung, darunter dem ehemaligen Leipziger Oberbürgermeister Carl Goerdeler. Im Spätsommer 1942 bat der Berliner Theologe Dietrich Bonhoeffer den Freiburger Kreis um eine Stellungnahme über die Grundsätze einer christlich begründeten Politik. Diese sollte nach Beendigung des Krieges dem Gespräch mit den Christen der Ökumene und zur Begründung eines christlich verantworteten Neuaufbaus Deutschlands dienen.

Nach dem gescheiterten Attentat vom 20. Juli 1944 entdeckte die Gestapo Teile der Denkschrift und kam den Verfassern auf die Spur. Von Dietze und Lampe wurden im September 1944 verhaftet, die übrigen Freiburger Mitarbeiter Ende Oktober von der Gestapo vernommen und anschließend in Berlin in Untersuchungshaft genommen. Allen drohte wegen Hochverrats die Todesstrafe. Nur weil Berlin durch Bomben zerstört und später durch sowjetische Truppen eingenommen wurde, kamen die Freiburger Häftlinge mit dem Leben davon.

	Politische Geschichte		**(Badische) Kirchengeschichte**
1933	30.01. Hitler wird Reichskanzler; März bis Juni: Abschaffung der parlamentarischen Demokratie, Auflösung der Parteien, Verfolgung von KPD- und SPD-Funktionären und von jüdischen Mitbürgern	1933	23.07. Kirchenwahlen enden mit einem Sieg der Deutschen Christen; Amt des Landesbischofs wird geschaffen; Julius Kühlewein erster Landesbischof
		1934	Erste Reichsbekenntnissynode von Barmen; Barmer Theologische Erklärung
1935	Einführung der allgemeinen Wehrpflicht, Nürnberger Rassengesetze	1935	Einrichtung eines Reichskirchenministeriums unter Hanns Kerrl
1938	»Anschluß« Österreichs an das Deutsche Reich 09./10. 11. Reichspogromnacht: Zerstörung jüdischer Synagogen und Geschäfte	1938	Einrichtung einer Finanzabteilung im Evangelischen Oberkirchenrat ab Nov.: massenweise Niederlegung des Religionsunterrichts durch staatliche Lehrer
1939	01.09. Beginn des Zweiten Weltkriegs	ab 1939	Viele Pfarrer werden zur Wehrmacht eingezogen
1940	22./23.10. Deportation der Juden in südfranzösische Internierungslager, z.B. Gurs Beginn des Massenmords an psychisch Kranken, Juden und Zigeunern	ab 1940	Aus den Heil-und Pflegeanstalten Mosbach und Kork werden Patienten abgeholt und in Tötungslagern vergast
		1941	Evangelische Presse auf 0,8% ihres Bestandes zurückgedrängt
1944	20.07. Attentatsversuch auf Hitler	1944	08.09. Hinrichtung Elisabeths von Thadden September: Verhaftung von Mitgliedern des Freiburger Konzils
1945	Februar: Konferenz von Jalta beschließt Aufteilung Deutschlands in vier Besatzungszonen; Nordbaden kommt zur amerikanischen, Südbaden zur französischen Zone ab März: Besetzung Südwestdeutschlands durch amerikanische und französische Truppen 08.05. Bedingungslos Kapitulation Deutschlands		

15. Kapitel

Neuanfang muß mit Umkehr beginnen

Kriegsende 1945

»Von einem ungeheuren und unmenschlichen Kampf ist unser Volk erschöpft und ausgeblutet, und unser Land, vor allem unsere Städte, verwüstet und zerstört.« Mit dem Satz aus einer Rede vom 10. Mai 1945 dürfte der württembergische Landesbischof Wurm auch vielen badischen Christen aus dem Herzen gesprochen haben. Die Zerstörungen und Verluste waren groß. 90 Kirchen und 55 Gemeindehäuser waren zerstört oder schwer beschädigt, 69 Pfarrer und Vikare gefallen, mehr als zehn Prozent der gesamten Pfarrerschaft.
Das alte Land Baden war nicht nur besetzt, sondern in zwei Besatzungszonen aufgeteilt. Der Norden gehörte zur amerikanischen Zone, der Süden zur französischen. Während die Amerikaner sich im allgemeinen korrekt verhielten, versetzten die Franzosen die Bevölkerung durch teilweise schwere Ausschreitungen wie Vergewaltigungen und Plünderungen anfangs in Angst und Schrecken. Die Zahl der Einwohner in Baden vergrößerte sich erheblich durch den Zuzug von Flüchtlingen, die aus den Gebieten von jenseits von Oder und Neiße, aus der Tschechoslowakei und anderen Teilen Osteuropas vertrieben worden waren. Allein die Zahl der Evangelischen in Baden nahm vor allem durch den Zuzug von Vertriebenen in der Zeit von 1945 bis 1963 um 50 Prozent auf 1,4 Millionen zu.
Bei aller Trauer über die Zerstörungen und Verluste konnte man wieder aufatmen. Endlich war der schreckliche Krieg zu Ende. Auch der Kleinkrieg zwischen Kirche und NS-Staat war vorüber. Im Dritten Reich war die Kirche immer stärker aus der Öffentlichkeit verdrängt worden. Es hatte auch Gerüchte gegeben, daß Hitler nach dem Endsieg mit den Kirchen endgültig abrechnen würde. Das war nun alles

Treffen im Haus von »Feldbischof« Marcel Sturm, der Villa Werner in Baden-Baden, 1948; v. l. n. r.: Kirchenpräsident Marc Boegner, der badische Landesbischof Bender, »Feldbischof« Marcel Sturm, Frau Marie Wurm, Stuttgart

vorbei. Die Besatzungsmächte behandelten die Kirchen freundlich. Sie galten als Organisationen, die dem NS-Staat Widerstand geleistet hatten. Sie waren die einzigen noch intakten Institutionen. Sie besaßen das Vertrauen der Bevölkerung und konnten nach der Meinung der Besatzungsmächte der Bevölkerung Halt und Orientierung geben. So konnten die Pfarrer auch unter den Besatzungsmächten wieder Dienst tun. Schon im Mai 1945 erlaubten die Franzosen die Herausgabe eines Gemeindeblatts. Vom NS-Staat beschlagnahmte Gebäude wurden zurückgegeben. Vor allem der französische »Feldbischof« Marcel Sturm, der Leiter der französischen Militärseelsorge in Deutschland und Österreich, setzte sich vielfältig und engagiert für die Belange der evangelischen Kirche bei der französischen Besatzungsmacht ein. Eine ausgesprochene Freude über die politische Befreiung Deutschlands vom NS-Regime kam nur bei wenigen auf. So schrieb der Heidelberger Pfarrer Maas, daß er bei der Besetzung Heidelbergs durch die Amerikaner »Freiheit, Erlösung, Ende der

Tyrannei« empfunden habe. Viele konnten die totale Niederlage des Vaterlands nur schwer verwinden.
Die Kirche mußte zahlreiche Probleme lösen: Nach dem Krieg wollten viele, die zuvor aus der Kirche ausgetreten waren, wieder zurückkehren. Die einen hofften, dadurch besser voranzukommen in der neuen Zeit. Nicht wenige sahen allerdings im christlichen Glauben nach der schrecklichen Enttäuschung durch den Nationalsozialismus eine neue Lebensperspektive. Die Kirche versuchte, durch Gespräche und Kurse die Eintrittswilligen vorzubereiten.
Viele Christen bewegte auch die Frage, ob nicht auch sie, nicht bloß die Nationalsozialisten, durch ängstliches Schweigen und Wegsehen erhebliche Schuld auf sich geladen hatten, und ob nicht auch die Kir-

10. August 1945

Wie ich mir den Neuaufbau der evangelischen Kirche denke

Aller Neuaufbau muß mit Auskehren, Aufräumen und Abreißen beginnen. In der Sprache der Bibel heißt das, »Buße tun«. Nicht, weil das Menschen von uns fordern, sondern weil Gottes erschütternde Gerichte es unüberhörbar verlangen. Diese Buße gehört nicht bloß ins stille Kämmerlein, sondern muß offen herausgesagt werden, um derentwillen, die dazu noch nicht aufgewacht sind. Ich meine hier nicht eine allgemeine Buße, sondern nur die, die der Kirche auferlegt ist.
Gewiß, wir haben vieles nicht gewußt von dem Entsetzlichen, was geschehen ist. Aber das ist nun oft genug versichert worden. Hat das, was wir wußten, gesehen und gehört haben, nicht genügt?
Haben wir nicht den 1. April 1933 erlebt mit seinen Grausamkeiten und seiner wüsten Demagogie auf unseren Gassen? Haben wir nicht die Lieder gehört, die unsere Jugend sang, wenn sie brüllend durch die Straßen zog, oder den entsetzlichen Ton ihrer Landsknechttrommeln? Nicht die SA-Lieder und den geschmacklosesten Schmarren als Dichtung und Weise eine Schande für das Deutschland der großen Dichter und Musiker? - das Horst-Wessel-lied? Nicht die von Satire, Haß und aufreizender Demagogie bis an den Rand gefüllten Reden des Führers und der Führer?...
Gewiß, wir wußten selbst persönlich von den scheußlichen groben und gemeinen, manchmal auch teuflisch liebenswürdigen Verhören durch die Gestapo. Jahrelang schraken wir zusammen, wenn die Glocke an der Haustüre gezogen wurde: »Sind sie's wieder?« Wir wußten von den wüsten Haussuchungen, den Beschlagnahmungen unserer Briefe, Tagebücher, Bücher, von dem Chaos, in dem sie unsere Stuben hinterließen. Gewiß, wir spürten täglich, daß aller Kampf mit diesen brutalen Mächten ein Kampf hilfloser, mit Strohhalmen ausgerüsteter Menschen gegen Panzer war.
Und doch, wir hätten aufschreien und immer wieder unser Leben und unsere Freiheit wagen müssen. Wir alle, die ganze Kirche. Wir können uns nicht entschuldigen, wir müssen uns anklagen, wir klagen uns an...

Hermann Maas

che als ganze vielfach versagt habe. In eindrücklicher Weise hat der Heidelberger Pfarrer Maas dieser Empfindung Ausdruck gegeben. Schließlich fragten viele Pfarrer und Gemeindeglieder, ob denn die Kirchenverfassung von 1933 weitergelten könnte, und ob nicht auch in der badischen Kirchenleitung wesentliche Veränderungen vorgenommen werden müßten.
Es gab also genug Probleme und Fragen, die von der Kirche angepackt werden mußten. Die schon im November 1945 stattfindende Synode von Bretten hatte wichtige Entscheidungen zu treffen.

Neuanfang in Bretten

Vom 27. bis 29. November 1945 trat die neue Landessynode in Bretten zusammen. Sie bestand aus den 1932 gewählten Synodalen, die deutsch-christlichen Mitglieder waren jedoch ausgeschlossen worden und vor allem durch solche aus der Bekenntnisgemeinschaft ersetzt worden. Zwei Synodale, die Professoren Gerhard Ritter und Constantin von Dietze, waren nicht lange zuvor aus dem Zuchthaus entlassen worden. Alle miteinander waren von Hunger und Entbehrung gekennzeichnet, aber auch von dem festen Willen erfüllt, einen neuen Anfang in Baden zu machen. Das Eingangslied, »Die wir uns allhier beisammen finden», drückt das aus.
Gleich am Anfang stand die Wahl eines neuen Bischofs. Bischof Kühlewein legte sein Amt in die Hände der Landessynode zurück und stellte ihr die Entscheidung anheim, wie es weitergehen sollte. Nur wenige Synodale meinten, daß er weiter Bischof bleiben könnte. Die meisten wollten einen neuen Bischof, um in Baden einen Neuanfang zu machen. Schon vor der Synode hatte man nach berühmten Kandidaten Ausschau gehalten. Aber die Professoren Thielicke und Thurneysen hatten abgesagt. Schließlich fand man vier Kandidaten, Oberkirchenrat Rost von der bisherigen Kirchenleitung, Pfarrer Dürr, Leiter der badischen Bekenntnisgemeinschaft sowie die beiden Bekenntnispfarrer Maas und Bender. Viele Synodale hofften, daß Pfarrer Maas neuer Bischof würde. Er war ein mutiger Pfarrer in Heidelberg gewesen, hatte zahlreichen Juden zur Flucht ins Ausland verholfen und hatte weitreichende ökumenische Beziehungen. Es gab

Synode Bretten; v. l. n. r.: Pfarrer Karl Dürr, Prof. Gerhard Ritter, Pfarrer Hermann Maas, Prof. Erik Wolf

aber auch Vorbehalte gegen ihn, weil Maas sich zu den Liberalen zählte; andere hielten den 68jährigen für zu alt. So wurde am Schluß Pfarrer Bender, der Vorsteher des Nonnenweierer Diakonissenmutterhauses, neuer Landesbischof. Maas wurde von der Landessynode »offiziell und einmütig mit der Vertretung der Landeskirche in ökumenischen Angelegenheiten beauftragt«. Seit 1946 war er zuständig für den Kirchenkreis Nordbaden mit dem Titel Kreisdekan, später Prälat.

Maas konnte auf der Synode von Bretten »über seine Arbeit und seine Besprechungen in der Ökumene« berichten. Auf seinen Vorschlag hin stellte sich die Synode als erste hinter die Stuttgarter Schulderklärung. Darin hatte sich der neugeschaffene Rat der Evangelischen Kirche in Deutschland (EKD) kaum sechs Wochen zuvor für die evangelische Kirche und stellvertretend für das deutsche Volk zur Schuld an den Verbrechen, die im Dritten Reich begangen worden waren, bekannt.

Ein weiterer wichtiger Punkt bei den Verhandlungen war, wie die badi-

*** Erklärung der Synode der Vereinigten Evang.-protest. Landeskirche Badens vom 29. November 1945.**

Die erste nach dem Kriege versammelte Synode der Evang. Landeskirche in Baden, die vom 27. bis 29. November 1945 in Bretten tagt, bekennt sich zu den evangelischen Wahrheiten und Grundsätzen der kirchlichen Leitung, die in der Erklärung der Bekenntnissynoden von Barmen und Dahlem allen aus der Reformation erwachsenen Kirchen in Deutschland geschenkt worden sind. Nach diesen Grundsätzen sind die Mitglieder dieser Synode berufen worden.

Sie bekennt sich bewußt und freudig als Glied der neu geeinten EKiD zu der von ihr geschaffenen Ordnung und Leitung. Sie hat deshalb das persönliche Erscheinen des Vorsitzenden des Rates der EKiD, Herrn Landesbischof D. Wurm, dankbar begrüßt und seinem Wort zugestimmt. Sie hat sich die Erklärung des Rates der EKiD vor den Vertretern des Ökumenischen Rates der Kirchen der Welt am 18./19. 10. 1945 in Stuttgart zu eigen gemacht.

Im Glauben an die eine heilige Kirche Jesu Christi bekundet sie ihren Willen zur Mitarbeit in der Ökumene und bittet die Kirchenleitung, ihren Synodalen Pfarrer Maas zu beauftragen, die Landeskirche in allen ökumenischen Angelegenheiten zu vertreten.

Erklärung der Brettener Synode

sche Landeskirche mit den Pfarrern umgehen sollte, die Parteigenossen- oder Deutsche Christen gewesen waren. Dazu erließ sie ein Gesetz, dessen erster Paragraph lautete:

»Geistliche, welche Parteigenossen waren oder der nationalkirchlichen Einung Deutsche Christen, der Deutschen Pfarrgemeinde oder ähnlichen Zusammenschlüssen angehört haben oder nahegestanden sind, werden entlassen, wenn sie in einem solchen Maß unter dem Einfluß der nationalsozialistischen Lehren standen, daß nach ihrem Reden und Handeln eine bekenntnisgebundene Weiterführung ihres Amtes unglaubwürdig geworden ist.«

Aufgrund dieses Gesetzes wurden dann einzelne Pfarrer entlassen oder in den Ruhestand versetzt.
Die Synode setzte auch einen Verfassungsausschuß ein. Er sollte die Fragen einer neuen Verfassung besprechen. Aus seiner Arbeit ging dann 1958 die Grundordnung der badischen Landeskirche hervor.
Ein besonderes Erlebnis für die Synodalen war der Besuch einer öku-

menischen Delegation. Zu ihr gehörten drei amerikanische Kirchenmänner, darunter Reverend Franklin C. Fry, der Präsident der Vereinigten Lutherischen Kirche in Amerika, Stewart W. Herman, ein Vertreter des Ökumenischen Rats der Kirche in Genf und der oberste französische Militärgeistliche, »Feldbischof« Marcel Sturm.

Mit großen Hoffnungen gingen die Synodalen auseinander. Der Synodale Karl Dürr brachte diese in seinem Schlußwort so zum Ausdruck: »Wenn wir nun auseinandergehen, dann haben wir ein Neues gewonnen, was wir in den letzten Jahren vermißt haben. Wir sind in die Vereinzelung hineingezwungen gewesen. Wir saßen hier an einem Tisch, schliefen im selben Haus, feierten miteinander das heilige Abendmahl, bemühten uns um Aufgaben, drei Tage lang. Das hat eine neue Verbundenheit hervorgerufen, eine neue Liebe. Diese Liebe wird uns auch dann bleiben, wenn wir wieder an unserer Arbeit stehen.«

Gott ruft nach einer Jugend

Aus der Mannheimer Jugendarbeit der Nachkriegszeit berichtet ein ehemaliger Jugendleiter:

»Weil ich sowieso täglich nach Mannheim ins Gymnasium fuhr, war ich als Bote meines Gemeindepfarrers zum Jugendwerk wie geschaffen! Fast jeden Samstag stapfte ich über das verkohlte Holzpflaster nach F 7, 30. Dort war in einem teilweise ausgebombten Haus das Dekanat, das Hilfswerk und das Jugendwerk untergebracht.

Wir waren ›Gemeindejugend‹. Das war für uns wichtig. Wir wollten kein Verein sein, der zu einer größeren Jugendorganisation gehörte. Wir wollten uns nichts von ›oben‹ vorschreiben lassen, sondern tun, was denen, die in einer Gemeinde zusammenlebten, richtig und notwendig erschien.

Als Jugend in der Gemeinde fühlten wir uns als die Erneuerer des Gemeindelebens. Dies zeigte sich auch in Äußerlichkeiten. Der Jugendsingkreis sang auswendig, der Kirchenchor nach Noten. Die Jugend sang Lieder aus der Zeit der Reformation und des Dreißigjährigen Kriegs, keine sentimentalen Melodien und Texte aus dem letzten Jahrhundert, Sätze von J.S. Bach, nicht von Friedrich Silcher.

Jugendlager im Kraichgau

So war das Gesangbuch, das 1951 eingeführt wurde, trotz seiner vielen alten Lieder das Gesangbuch der Jugend. Und die Gottesdienstordnung, die den Heimatvertriebenen zuliebe so umgestaltet wurde, wie sie es von zu Hause gewohnt waren, wurde von der Jugend gegen die ›Alten‹ durchgesetzt.
Die Gruppenabende und Jungscharnachmittage waren konkurrenzlos. Wer lachen und spielen, wandern und auf Zeltlager gehen wollte, kam zur kirchlichen Jugend.
Höhepunkte im Jahr waren Laienspiele, in denen biblische Geschichten für die Gegenwart lebendig gemacht wurden. Die Kriegsereignisse lebten noch in uns allen fort. Viele hatten alles im Krieg verloren, viele ihre Väter oder andere Verwandte; sogar Klassenkameraden waren umgekommen. Und die letzten Monate vor dem Ende konnte man sowieso nicht vergessen. Da lebte in der jungen Generation das Bewußtsein auf, wir sind berufen, es besser zu machen. Eines unserer Lieblingslieder war: ›Gott ruft nach einer Jugend, die nur nach einem fragt: Was willst du, daß ich tue? Und alles ist gesagt.‹ Deshalb war es auch selbstverständlich, daß wir nicht nur zu fröhlichem Spiel zusammenkamen, sondern auch zu eifrigem Bibellesen und Gebet.«

Glockenwanderung

Glocken läuten nicht nur den Frieden ein. In Kriegszeiten galt Glockenbronze schon immer als wichtiges Rüstungsmaterial. Deshalb mußten die Kirchengemeinden immer wieder ihre Glocken abgeben, damit sie für Rüstungszwecke eingeschmolzen werden konnten. Nur historisch wertvolle Glocken durften behalten werden. Daß die abgelieferten Glocken manchmal auch wiedergefunden und an ihren alten Platz gebracht werden konnten, wird am Schicksal einer heute über 250 Jahre alten Glocke in Malterdingen deutlich. Sie trägt die Inschrift:

> »Es hat mich eine ehrsame Gemeinde gießen lassen. Johann Erhard Mahler, Pfarrer, Gott mit uns.
> Hans Georg Mutschler, Stabhalter, Adam Wickersheim, Bürgermeister, Hans Jakob Weltin, Michael Houber, Heinrich Stier, Vogt, Hans Georg Noll, Albrecht Engel, Georg Wickersheim, Wendel Mundinger, Michel Hafner, Joseph Schechlin, alle Richter. Malterdingen, den 26. Septembris 1739. Soli Deo Gloria«

Ihr hohes Alter rettete sie im Ersten Weltkrieg. Aber im Zweiten Weltkrieg durfte jede Gemeinde nur noch eine Glocke behalten. Da Malterdingen jedoch noch eine Glocke aus dem Jahr 1629 besaß, mußte die zweitälteste samt den anderen beiden jüngeren Glocken abgegeben werden. Im März 1942 wurden sie an zwei Tagen ausgebaut und sechs Tage später abtransportiert.

Zur Überraschung aller traf jedoch am 12. Juni 1946 die Nachricht ein, die damals über zweihundert Jahre alte Glocke sei bei den Zinnwerken Wilhelmsburg in Hamburg entdeckt worden. Man hatte im Krieg damit begonnen, zunächst die jüngsten Glocken einzuschmelzen, von den älteren waren daher noch einige übriggeblieben.

Nun wußten die Malterdinger zwar, daß ihre zweitälteste Glocke noch existierte; aber sie war noch lange nicht an ihrem alten Ort. Eineinhalb Jahre später wurde sie mit einem Motorschiff nach Karlsruhe gebracht. Dort lagerte sie weitere fünf Jahre; denn zunächst mußte ein neues Geläute zusammengestellt und über die Töne der einzelnen Glocken entschieden werden. Im März 1948 ging ein Aufruf an die »Malterdinger in aller Welt», durch eine Geld-, Kupfer- und Zinnspende den Guß neuer Glocken zu ermöglichen. Im Oktober 1952 wurden dann die drei Glocken, die gerettete und die zwei neugegossenen, in

Glockenweihe in Malterdingen

einem feierlichen Festzug durch das Dorf gefahren. Eine alte Glocke war nach genau zehn Jahren wieder heimgekehrt. Weil sie die kleinste Glocke ist, hängt sie bescheiden im hintersten Winkel und läutet seither als Totenglocke.

Das Gustav-Adolf-Werk

Am 6. November 1632 tobte bei Lützen in der Nähe von Leipzig eine der größten Schlachten des Dreißigjährigen Krieges. Die Schweden besiegten die Kaiserlichen, aber ihr Sieg war teuer bezahlt. Der Schwedenkönig Gustav Adolf, den die Protestanten als Retter in höchster Not ansahen, wurde schwer verwundet und starb noch auf dem Schlachtfeld.
Zweihundert Jahre später versammelten sich dort viele Menschen aus allen protestantischen Gegenden Deutschlands zu einer Feier am Schwedenstein, der an den Tod Gustav Adolfs erinnert. Dabei ent-

stand die Idee, für ein würdiges Denkmal zu sammeln. Wenige Wochen später wurde in der Leipziger Zeitung zu einer »Sammlung zum Zwecke der Unterstützung bedrängter Glaubensgenossen« aufgerufen. Die Verfasser des Aufrufs dachten an Diasporagemeinden, an evangelische Minderheiten in einer römisch-katholischen Umwelt. Es sollte eine »Sechsersammlung« werden. Ein Sechser war eine so kleine Münze, daß sich auch Arme an dieser Sammlung beteiligen konnten. Aus beiden Hilfsaktionen entstand 1834 die »Gustav-Adolf-Stiftung« in Sachsen. Erst als 1841 in Hessen ein »Verein für die Unterstützung hilfsbedürftiger protestantischer Gemeinden« gegründet wurde, verbreitete sich in ganz Deutschland der Gedanke, Diasporagemeinden zu helfen. Die sächsische Stiftung und der hessische Verein schlossen sich bald zum »Gustav-Adolf-Verein« zusammen. Diesem Verein schlossen sich in der Folgezeit Gruppen in vielen Landeskirchen an. 1843 entstand eine solche Gruppe in Baden.
In unserer Zeit arbeitet dieser Verein unter dem Namen »Gustav-Adolf-Werk« (GAW). Bedürftige evangelische Gemeinden in aller Welt sollen unterstützt werden. Das GAW hat auch in Baden viel geleistet. Die Diasporagemeinden vom Taubertal bis zum Bodensee können

Kirche in Bad-Peterstal mit GAW-Mitteln erbaut

davon berichten. Manche Kirchen, vor allem aber Gemeinde- und Pfarrhäuser verdanken ihre Entstehung der Hilfe des GAW. Heute betreut es einzelne Gemeinden in katholischen Ländern Süd- und Osteuropas, hilft aber auch Partnerkirchen in Übersee. Neben Schulen, Kindergärten und Krankenpflegestationen werden z.B. Gemeindehausbauten oder -renovierungen ebenso unterstützt wie Sozialarbeit und Jugendarbeit in Südamerika. Die Gelder kommen aus Beiträgen der Mitglieder, Sammlungen (Kollekten) in bestimmten Gottesdiensten und außerordentlichen Spenden. Das GAW ist stolz darauf, daß keine Kirchensteuermittel verwendet werden. Sein Leitspruch lautet: »Lasset uns Gutes tun jedermann, allermeist aber an des Glaubens Genossen« (Gal 6, 10).

Päckchen nach »drüben«

Als der Krieg am 8. Mai 1945 zu Ende war, wurde Deutschland in vier Besatzungszonen aufgeteilt. Die Bevölkerung in der Sowjetischen Besatzungszone, der späteren DDR, hatte es am schwersten. Oft fehlte das Nötigste, Nahrungsmittel und Kleidung. Auch das kirchliche Leben war erschwert.

Um die gröbste Not zu lindern, übernahmen Kirchen im Westen Deutschlands Patenschaften für die Kirchen im Osten. Baden erhielt Brandenburg als Patenkirche und jede Kirchengemeinde eine Patengemeinde in diesem Kirchengebiet. Besuche in diesen Gemeinden waren kaum möglich; aber man bekam Adressen von Familien und grobe Angaben über ihre Lebensverhältnisse. So wurden Päckchen gepackt, hauptsächlich zu Weihnachten, um den Menschen »drüben« eine Freude mit Dingen zu machen, die es dort nicht gab. Oft waren es für uns Kleinigkeiten. Besonders willkommen waren neben Kaffee und Schokolade Backpulver und Gewürze, Nähgarn und Damenstrümpfe.

Häufig entstanden daraus richtige Brieffreundschaften. Die Familien bedankten sich und berichteten über ihre Lebensverhältnisse. Man gratulierte sich zu Geburtstagen und Familienfesten, tauschte Bilder aus und nahm am Leben von Menschen Anteil, die man nie persön-

Karte der Kirche von Berlin-Brandenburg (Ost), der Partnerkirche von Baden

lich gesehen hatte. Die Familien bedankten sich oft mit Büchern, Schnitzereien und anderen Erzeugnissen der DDR. Einen tiefen Einschnitt bedeutete der Bau der Mauer in Berlin am 13. August 1961. Jahrelang waren kirchliche Begegnungen nur in Ostberlin möglich. Ab 1973 durften Westdeutsche erstmals seit dem Mauerbau 1961 wieder private Reisen in die DDR unternehmen. Viele Westdeutsche haben diese Möglichkeit nicht genutzt, weil ihnen eine solche Reise mit langwierigen Visaanträgen und Grenzkontrollen unheimlich war. Wer sich jedoch davon nicht abschrecken ließ, konnte viele wertvolle Erfahrungen machen. Auf ostdeutscher Seite waren es vor allem die Rentner, die in den Westen reisen durften. Jetzt waren sie »mauermündig», wie sie sagten. Das war eine Freude! Oft war es auch eine Enttäuschung, weil vieles bei uns ganz anders war, als sie es sich aufgrund des Fernsehens vorgestellt hatten. Aber durch diese Verbindungen blieb die Beziehung zwischen Deutschen in Ost und West trotz 40 Jahre Trennung erhalten. Dies war eine wichtige Voraussetzung für die Vereinigung 1990.

Eine Reise von Südbaden in den Kreis Templin im Ursprunggebiet der Havel 80 km nördlich von Berlin war wie eine Reise um ein halbes Jahrhundert zurück. In den Dörfern waren die Hauptstraßen holperig gepflastert, die Seitenstraßen hatten oft festgefahrenen Naturboden wie Waldwege. Nur die großen Landstraßen und Straßen in den Städten waren geteert.

Die Häuser waren verwittert, Kriegsschäden oft nur notdürftig repariert. Die Kirchen waren innen oft unterteilt, damit man im Winter nicht für wenige Leute die großen Räume heizen mußte. Man nannte sie die »Winterkirche«. Aber es gab auch Kirchen, die hervorragend renoviert waren, wenn eine Gemeinde genügend freiwillige Helfer hatte und das nötige Geld oder Baumaterial von Gemeinden im Westen gespendet bekam.

Wenn Gruppen einen Besuch in der Patengemeinde machen wollten, mußten die Reisenden einzeln von Privatpersonen eingeladen werden und bei ihnen übernachten. Dadurch lernten die Westdeutschen sowohl die herzliche Gastfreundschaft als auch die tatsächlichen Lebensverhältnisse der Gastgeber kennen. So wurden aus Patengemeinden Partnergemeinden. Ungewohnt für die Westdeutschen war auch die Vorsicht, mit der gemeinsame Treffen mit Gästen aus dem Westen von den Partnern im Osten geplant, angemeldet und durchgeführt werden mußten. Ärgerlich empfanden die Westbesucher zunächst den Mindestumtausch von DM in die Währung der DDR. Viele sahen darin jedoch die willkommene Möglichkeit, den Gastgebern das nicht benötigte Geld als Ausgleich für ihre Mühen zu hinterlassen, ohne sie zu beschämen.

Durch die Partnerschaften entstanden persönliche Freundschaften mit Christen, die unter ganz anderen Verhältnissen ihren Glauben bewähren mußten.

Beziehungen zur Waldenserkirche in Italien

Ein Freitag vormittag im August in Torre Pellice, einer kleinen Stadt 50 km westlich von Turin: der große Markttag. In der langgestreckten Fußgängerzone bieten einige Bauern Ziegenkäse an, es gibt italienische Spezialitäten wie getrocknete Tomaten und Oliven, ein Korbmacher ist da und viele Stände mit Kleidung. Wer genauer hinhört, kann verschiedene Sprachen erkennen: »Ciao... Bonjour... Hello!... bon di...», Italienisch, Französisch, Englisch und »Patois», den einheimischen Dialekt, und zwischendurch immer wieder Gruppen von Jugendlichen, die deutsch sprechen. »Was macht ihr denn hier?« frage ich. Stefanie aus Pforzheim antwortet: »Wir sind gerade in der Foresteria, im Gästehaus der Waldenserkirche, gegenüber vom evangelischen Gymnasium. Ich mache einen Ferienkurs in Italienisch.« Martina aus Weinheim sagt: »Wir machen hier in den Ferien ein Aufbaulager. Wir legen einen Weg zur Chiesa della Thana an, das war ein Versteck für die Waldenser während der Verfolgungen. Heute abend treffen wir uns mit ein paar Jugendlichen aus der Waldensergemeinde in der alten Schule oben in Coppieri, komm doch mit!«

Alte Waldenserkirche von Ciabas

Plötzlich höre ich vertraute Klänge. Unter den Rathausarkaden steht ein Posaunenchor und bläst ein Lied, das ich aus dem Konfirmandenunterricht kenne: »Herr, deine Liebe ist wie Gras und Ufer...«. Einer der Trompeter sagt: »Hallo, ich bin der Michael aus Mannheim, wir machen gerade eine Bläserfreizeit in Castagneto, das ist ein Freizeitheim weiter oben im Tal bei Villar Pellice. Eine tolle, alte Villa, abends essen wir unter den Kastanien. Dort ist auch ein Schwimmbad. Am Sonntag morgen spielen wir hier in Torre im Gottesdienst in der großen Kirche.«

Abends sitze ich auf der schattigen Terrasse von Coppieri. Marinella und Sandro aus der Jugendgruppe der Waldenserkirche in Torre Pellice erzählen: »Wir heißen Waldenser, weil ein Kaufmann aus Lyon, Valdes, vor mehr als achthundert Jahren seine Güter verkauft hat, vom Erlös die Bibel in die Volkssprache hat übersetzen lassen und eine Volksküche eingerichtet hat. Er wollte den Armen das Evangelium verkünden. Valdes wurde von der Kirche ausgeschlossen, weil er wollte, daß nicht nur die Priester die Bibel auslegen dürfen, sondern alle Gläubigen, auch die Frauen.

Im Jahre 1538 schloß sich die Waldenserbewegung der Reformation an. Hier steht eine unserer ältesten Kirchen. Die Waldenser durften nur hier oben in den Bergen wie in einem Ghetto leben. Unsere Vorfahren wurden verfolgt. 1848 bekamen Juden und Protestanten das Recht, ihre Ghettos zu verlassen. Das feiern wir heute noch, immer am 17. Februar. Dann zünden wir Jugendlichen ein Freudenfeuer an, hier oben in Coppieri. Und am Sonntag darauf machen wir eine Theateraufführung in der Kirche. Wir suchen uns immer Stücke aus, die für die Toleranz und gegen den Haß sprechen.

Nach 1848 wurde die neue Kirche unten in der Stadt gebaut, die evangelische Schule und das Synodengebäude. Unsere Schule ist nun eine europäische Schule. Man kann alle Fächer in verschiedenen Sprachen haben. Wenn du willst, kannst du sogar ein paar Wochen mit auf unsere Schule gehen, wenn ihr Ferien habt, oder sogar ein ganzes Jahr. Dann bekommst du eine Gastfamilie.

Nach dem Krieg haben zwei Gemeindepfarrer, Enrico Geymet aus Villar Pellice und Pfarrer Allinger aus der Markusgemeinde in Pforzheim, angefangen, gemeinsame Sommerfreizeiten anzubieten. Das war am Anfang ganz schön schwierig, denn die Leute wollten von den Deut-

schen erst mal nicht viel wissen. Eine Jugendreferentin aus Karlsruhe, Gisela Stößinger, und ihr Mann, Albert Lazier, er war Kriegsdienstverweigerer in Frankreich und sollte da ins Gefängnis, haben hier in Castagneto das Ferienheim begonnen. Seitdem kommen in den Ferien viele Jugendgruppen hierher und die Posaunenarbeit aus Baden macht hier jedes Jahr ihre Sommerfreizeiten. Unser Jugendchor war auch schon ein paar Mal in Baden. Das Gustav-Adolf-Werk hatte uns eingeladen zu seinem Landesfest und danach haben wir immer noch Konzerte gegeben.
Eigentlich solltet ihr noch nach Prali im Germanascatal fahren. Dort steht das internationale Jugendzentrum 'Agape'. Da hat der Waldenserpfarrer Tullio Vinay 1946 angefangen, zusammen mit Jugendlichen aus vielen Ländern, ein Zentrum aufzubauen, damit sie sich nach dem Krieg versöhnen und miteinander leben und glauben. Da ist gerade das internationale Sommerlager in fünf Sprachen. Wir haben eine Einladung bekommen.«
Ich sitze bis in die Nacht mit den Jugendlichen zusammen. Zum Abschluß singen wir: »Wir haben Gottes Spuren festgestellt...», alle in der eigenen Sprache, und ich denke: »Vielleicht lerne ich wirklich im nächsten Sommer hier italienisch...«

	Politische Geschichte		**(Badische) Kirchengeschichte**
1945	02.08. Potsdamer Abkommen: »Überführung« der Deutschen in den Gebieten östlich der Oder-Neiße-Linie nach Restdeutschland 19.09 Gründung der Länder Württemberg-Baden und Baden	1945	28.-31.08 Kirchenkonferenz von Treysa: Gründung der Evangelischen Kirche in Deutschland (EKD), Gründung des Evangelischen Hilfswerks; Neue Konfessionsverhältnisse durch Flüchtlinge und Heimatvertriebene 18./19.10 Stuttgarter Schulderklärung
1946	Entnazifizierungsgesetz in der amerikanischen Besatzungszone		27.-29.11. Badische Synode in Bretten; Julius Bender zum Landesbischof gewählt Entlassung nationalsozialistischer Pfarrer beschlossen
		1947	Evangelische Akademie in Bad Herrenalb gegründet
1948	Währungsreform in den Westzonen	1948	Kirchenversammlung in Eisenach verabschiedet Grundordnung der EKD
1949	23.05. Grundgesetz der Bundesrepublik Deutschland tritt in Kraft 07.10 Gründung der Deutschen Demokratischen Republik (DDR)	1949	Deutscher Evangelischer Kirchentag in Hannover
1952	Bundesland Baden-Württemberg		
		1958	Badische Grundordnung beschlossen

16. Kapitel

Neue Herausforderungen – Bleibende Aufgaben

Christen und Juden im Gespräch

Jahr für Jahr trifft sich im Jugenddorf Seckach-Klinge und im Schloß Adelsheim während der ersten Sommerferienwoche ein Bibelstudienkreis. »Mit Juden die Bibel lesen», hat man sich vorgenommen. Jüdische Lehrer machen die jeweils dreißig bis fünfunddreißig Teilnehmer mit jüdischer Schriftauslegung bekannt. Da gibt es viel zu lernen. Wichtig sind z.B. die Wortspiele und Anspielungen, die oft nur in der hebräischen Sprache erkennbar werden. Die jüdischen Gelehrten achten auch auf ungewöhnliche Schreibweisen. Wenn z.B. bei der Erschaffung des Menschen in dem Wort Gott »bildete« ein hebräischer Buchstabe ausnahmsweise zweimal vorkommt, so sieht man dies nicht als Schreibfehler an, sondern als Hinweis darauf, daß Gott schon immer an zwei Wesen, einen Mann und eine Frau, gedacht hat. Bei der Auslegung der Gebote wird immer darauf geachtet, daß diese dem Leben dienen, nicht schaden. »Siebzig Gesichter hat die Tora», deshalb darf kein Ausleger für sich Alleingültigkeit beanspruchen. Die Bibel ist ein Buch des Lernens, und es macht Freude, immer wieder Neues in diesem alten Buch zu entdecken, so daß man jedes Jahr gerne wieder kommt.

Dies wäre vor fünfzig Jahren noch undenkbar gewesen. Erst fünfundzwanzig Jahre nach dem Ende des Zweiten Weltkrieges wurde einer größeren Zahl von Christen allmählich bewußt: Adolf Hitler konnte die Massenvernichtung der Juden nur deshalb ohne großen Widerstand planen und durchführen, weil die Christen fast zweitausend Jahre lang die Juden verachteten und unterdrückten, und ihren Glauben bekämpften und verfälscht darstellten.

Jüdischer Gelehrter erklärt Christen die Tora

Menschen wie Hermann Maas waren eine Ausnahme. Auch seine Gedanken setzten sich nur langsam durch. Männer und Frauen erkannten allmählich, daß es nicht genügt, das Unrecht an den Juden zu bedauern, sondern Verständnis für das Judentum zu gewinnen. 1972 nahm die badische Landessynode die Bestimmung in die Grundordnung auf: »§ 69: Die Landeskirche mit ihren Kirchenbezirken und Gemeinden bemüht sich um die Begegnung mit der Judenheit.«
Bei diesen Begegnungen geht es nicht nur um menschliche Kontakte. Viele Juden helfen durch Bibelauslegungen und Erklärungen des jüdischen Lebens den Christen, die Bibel besser zu verstehen und die Botschaft Jesu neu zu entdecken. Viele Gemeinden besuchen das Land Israel. Jedes Jahr studieren einige badische Theologiegaststudenten an der Hebräischen Universität in Jerusalem.
1984 konnte die Landessynode viele dieser Erkenntnisse in einer Erklärung zusammenfassen. In ihr heißt es unter anderem:
»Wir sehen den unlösbaren Zusammenhang des Neuen Testaments mit dem Alten Testament neu... Das 'Neue' ersetzt nicht das 'Alte'. Wir glauben an Gottes Treue: Er hat sein Volk Israel erwählt und hält an

ihm fest. ... Die Erwählung Israels wird auch nicht durch die Erwählung der Kirche aus Juden und Heiden aufgehoben.«
Außerdem wird betont, daß Jesus ein Jude war und wir im Gehorsam ihm gegenüber unser Verhältnis zu den Juden neu verstehen wollen und festhalten, was uns mit ihnen verbindet.
Die Erklärung schließt: »Wir bekennen mit den Juden Gott als den Schöpfer des Himmels und der Erde. Wir glauben mit den Juden, daß Gerechtigkeit und Liebe Weisungen Gottes für unser ganzes Leben sind. Wir hoffen mit den Juden auf einen neuen Himmel und eine neue Erde und wollen mit ihnen in der Kraft dieser Hoffnung für Gerechtigkeit und Frieden in dieser Welt arbeiten.«

Von der Pfarrgehilfin zur Pfarrerin

Im Jahr 1971 beschloß die badische Landessynode, Frauen und Männer im Pfarrberuf als gleichwertig anzuerkennen. Der Beschluß lautet: »Pfarrer im Sinne der Grundordnung ist auch die Pfarrerin.« Dem entsprach die neue Fassung der Grundordnung: »In das Predigtamt können sowohl Männer als auch Frauen berufen werden«
Es war ein langer Weg bis dahin. Um die Jahrhundertwende studierten die ersten Frauen evangelische Theologie. Dabei ging es zuerst um eigene Glaubens- und Bildungsinteressen, erst in zweiter Linie um eine Vorbereitung für soziale oder pädagogische Berufe. Das Studium gewann eine besondere Bedeutung für die Erteilung von Religionsunterricht an höheren Mädchenschulen als kirchlichem Verkündigungsdienst.
Der Erste Weltkrieg und die Nachkriegszeit erforderten zusätzliche Kräfte im kirchlichen Dienst. So wurden examinierte Theologinnen unter dem Titel »Pfarrgehilfin« angestellt. Sie erteilten Religionsunterricht an Volksschulen, Fortbildungs- und Hilfsschulen und arbeiteten in der Krankenhausseelsorge. Wer heiratete, mußte aus dem Dienst ausscheiden.
Der Notstand vieler Gemeinden während des Zweiten Weltkriegs zwang die Landeskirche, die Pfarrgehilfinnen mit der Verwaltung von Gemeinden zu betrauen. Dazu gehörte Predigt als öffentliche Verkündigung, Sakramentsspendung und Kasualtätigkeit - auch ohne Ordination.

Im Jahr 1944 wurde die Gruppe der neuen Pfarrgehilfinnen in der Schloßkirche in Karlsruhe von einem Oberkirchenrat in Anwesenheit des Landesbischofs »eingesegnet», um ihnen eine kirchenrechtliche Anerkennung zu geben. An die Stelle des Titels »Pfarrgehilfin« trat die Amtsbezeichnung »Vikarin«. Trotzdem blieb der Aufgabenkatalog für die Vikarinnen begrenzt. Laut Vikarinnengesetz desselben Jahres beschränkte er sich auf

- Abhaltung von Kindergottesdiensten, Christenlehre, Bibelstunden und Andachten,
- Mithilfe in Gemeindeseelsorge, Seelsorge an den Frauen in den Anstalten und die damit verbundene Spendung der Sakramente,
- Religionsunterricht und kirchliche Unterweisung,
- landeskirchliche oder gemeindliche Frauen- und Jugendarbeit.

Pfarrerin im Frauentalar

In normalen Zeiten bedeutete dies Predigt nur für Frauen und Kinder, Sakramentsspendung nur für Frauen in Anstalten oder bei Frauenveranstaltungen. »Männern sollte das Predigtwort der Frauen nicht zugemutet werden», urteilte eine der Betroffenen in der Rückschau. Es war deshalb nicht verwunderlich, daß nach Kriegsende und Rückkehr der Männer alle Vikarinnen wieder aus den Gemeinden abgezogen wurden. Die meisten arbeiteten nun im Religionsunterricht, allerdings auch an Gymnasien, die anderen in Krankenhaus- und Gefängnisseelsorge, in der Jugendarbeit und in der Leitung des Frauenwerks. Seit 1945 wurden alle Vikarinnen jeweils nach dem be-

standenen Zweiten Examen eingesegnet. Es dauerte noch drei Jahre, bis 1958 die Ordination der Vikarinnen nach einer besonderen Ordnung eingeführt wurde. Gleichzeitig wurde ihnen ermöglicht, Vertretungen im Gemeindegottesdienst zu übernehmen.
Je mehr Frauen Theologie studierten, desto lauter erhob sich der Ruf nach gleicher Amtsbezeichnung für Männer und Frauen in Pfarrberufen. 1962 erfolgte eine entsprechende Eingabe an die Kirchenleitung, die sich schon länger mit dem Problem der Frauenordination befaßte. Diese beschloß, den fest angestellten Theologinnen die Amtsbezeichnung »Pfarrerin« zu verleihen. Die Vorordnung des Mannes gegenüber der Frau blieb insofern erhalten, als auch die zur Pfarrerin ernannte Theologin immer noch nicht selbständige Gemeindepfarrerin werden konnte. Dies wurde erst im Frühjahr 1971 nach vielen Eingaben an die Landessynode möglich. Damit gehört die badische Kirche in dieser Frage durchaus zu den fortschrittlichen Kirchen, wie ein Blick auf andere Landeskirchen beweist. Wie umstritten die Frauenordination in anderen Konfessionen ist, zeigen die katholischen und die orthodoxen Kirchen sowie der Streit in der anglikanischen.

Kirche und Kernkraft - Der Streit um das geplante Kernkraftwerk Wyhl 1973 bis 1977

Am 19. Juli 1973 entschied die Landesregierung Baden-Württemberg, in Wyhl soll ein Kernkraftwerk gebaut werden. Einen Tag nach der Standortfestlegung wurde eine Bürgerinitiative gegen die Errichtung des Kernkraftwerkes gegründet. Schon bei Bekanntwerden der Pläne hatten sich besorgte Bürger zu einem »Oberrheinischen Aktionskomitee gegen Umweltgefährdung durch Kernkraftwerke« zusammengeschlossen. Die Bürger und Winzer der Region befürchteten, daß die Dämpfe der Kühltürme eine Klimaveränderung und damit eine wesentliche Beeinträchtigung des Weinbaues zur Folge hätten. Das Badenwerk als Betreibergesellschaft und die Landesregierung unter Ministerpräsident Filbinger setzten sich intensiv für das Projekt ein. Die Bevölkerung der Gemeinde Wyhl war gespalten. Großzügige finanzielle Angebote und zu erwartende Steuereinnahmen waren verlockend! Es bildete sich sogar eine Pro-Atomkraft-Initiative. Aber auch der Protest verstärkte sich. Bürgerinitiativen veranstalteten Traktoren- und Autodemonstrationen. Im Juni 1974 wurden dem Landratsamt Emmendingen 90 000 Unterschriften gegen das Projekt übergeben.

Von Anfang an waren die Gemeinden, vor allem des Kirchenbezirks Emmendingen und ihre Pfarrer, an den Auseinandersetzungen beteiligt. Hauptinitatior war der evangelische Pfarrer des Nachbarortes Weisweil, Günter Richter. Die beteiligten Pfarrer teilten die Sorgen der Bevölkerung und nahmen an den Protesten teil. Sie mahnten zugleich zur Gewaltlosigkeit und verhinderten in den kritischen Situationen der Folgezeit mit hohem persönlichen Einsatz eine Eskalation der Gewalt. Auch der evangelische Landesbischof Heidland und der katholische Erzbischof Schäufele warnten vor übereilten Schritten in dieser Frage und mahnten zur Verantwortung für die Schöpfung.

Die Ereignisse spitzten sich um die Jahreswende 1974/75 zu: 650 Kaiserstühler demonstrierten im Dezember 1974 vor dem Stuttgarter Landtag. Sie vertraten fünfzehn Bürgerinitiativen. Am 12. Januar 1975 erteilte Wirtschaftsminister Eberle die Teilerrichtungsgenehmigung

Demonstration in Wyhl

mit sofortiger Vollziehbarkeit. Eine Protestkundgebung in Weisweil mit 3 000 Personen und zahlreiche Klagen von Einzelpersonen und vier Nachbargemeinden Wyhls waren die Antwort. Am 18. Februar besetzten mehrere hundert Personen aus 30 Bürgerinitiativen nach einer gemeinsamen Pressekonferenz das Gelände. Zwei Tage später räumten 650 Polizeibeamte den Bauplatz und sperrten ihn mit Stacheldraht ab. Danach überschlugen sich die Ereignisse:

18. Februar 1975	Besetzung des Geländes durch 30 Bürgerinitiativen
20. Februar 1975	650 Polizeibeamte räumen das Gelände
21. Februar 1975	Protest von 600 Menschen
23. Februar 1975	Demonstration von 28.000 Teilnehmern; erneute Platzbesetzung
21. März 1975	Verwaltungsgericht Freiburg hebt Teilerrichtungsgenehmigung auf
24. Oktober 1975	Verwaltungsgerichtshof Mannheim hebt Baustopp auf
7. November 1975	Bürgerinitiativen räumen Bauplatz
8. April 1976	Bürgerinitiativen stimmen der »Offenburger Vereinbarung« vom 31.1. zu: Vorläufiger Baustopp für mindestens 10 Monate
14. März 1977	Das Freiburger Verwaltungsgericht hebt erneut die Teilerrichtungsgenehmigung der Landesregierung auf
30. März 1982	Verwaltungsgerichtshof Mannheim weist Klagen gegen den Bau des AKW Wyhl ab
4. April 1982	Großdemonstration von 40.000 Menschen in Wyhl
28. April 1984	Betreibergesellschaft Badenwerk gibt Teilerrichtungsgenehmigung zurück

Die Stimmmung am Kaiserstuhl drückt die »Alemannische Internationale« von Walter Mossmann aus:

> »Z'erscht kunnt's Atomkraftwerk und dann kunnt d'Großchemie
> Un bis dü ›Au‹ gsait hesch, isch's Ländle hie.«

Während der ganzen Zeit ihres Protestes sah sich die beunruhigte Bevölkerung in ihrem Einsatz für die Bewahrung des eigenen Lebensraums von der Kirche nicht im Stich gelassen, sondern tatkräftig unterstützt.

Kirche und moderne Kunst

Fensterstreit in Heidelberg

Im Jahr 1981 wurde der Künstler Johannes Schreiter beauftragt, Entwürfe für die Fenster in der gotischen Heiliggeistkirche in Heidelberg zu fertigen. Die zwölf hohen, schmucklosen Fenster sollten in eine künstlerische Gesamtkonzeption einbezogen werden. In einem kleinen Wettbewerb war die Wahl auf Schreiter gefallen, der eine außergewöhnliche Gestaltung der Fenster im Entwurf vorgelegt hatte. Das erste hatte wie alle späteren Fenster einen Grund von unterschiedlichen, vielfach gebrochenen Rottönen. Auf ihm erkennt man ein Blatt von einem Spiralblock, dessen oberer Teil angesengt ist. Das Blatt selbst hat einige Löcher und Risse. Auf dem Blatt steht eine Fülle von Kursnotierungen aus dem Börsenbericht. Einige der Notierungen hat der Künstler durchgestrichen: die Versicherungskurse! Brandspur, Risse, Löcher, Streichungen deuten auf die Unsicherheit menschlichen Lebens und aller Versuche hin, Sicherheit zu schaffen.
Außer diesem Fenster hat der Künstler Entwürfe zu folgenden Themen angefertigt: Physik, Medizin, Philosophie und Literatur, Musik, Computer, Medien, Chemie, Biologie, Verkehr. Das Physikfenster wurde als Probefenster eingebaut, das Medizinfenster wurde für den Evangelischen Kirchentag 1987 in Frankfurt ausgeführt.
Die Entwürfe Schreiters wollten an die Geschichte der Heiliggeistkirche erinnern. Vor dem Dreißigjährigen Krieg war auf den Emporen die Bibliotheca Palatina untergebracht, in der sich das Wissen der damaligen Zeit niederschlug. Schreiter wollte nun mit seinen Fenstern die heutigen Wissensgebiete zeigen und dabei auch auf ihren Nutzen und ihre Nachteile hinweisen. Zugleich bringt er sie in den Zusammenhang mit der Botschaft des christlichen Glaubens. So zeigt z.B. das Physikfenster Einsteins 1905 entdeckte Formel von der Erhaltung der Energie (E = mc2), erinnert zugleich in einem Brandkreis, der die Form eines Atompilzes hat, an die bedrohliche Seite der Atomphysik. Mit zwei Bibelstellen verweist Schreiter auf die biblische Vorstellung vom Weltbrand am Ende der Zeit und an Gottes Bundestreue (2. Petrus 3,10; Jes. 54,10). Das Medizinfenster notiert das Elektrokardiogramm eines Kindes im Mutterleib, das dann in die Kurve der

Herztöne eines Sterbenden mündet. Die Kurven beginnen und enden in einem lichten Blau und deuten an, daß Geburt und Tod, Anfang und Ende des menschlichen Lebens in der Hand Gottes liegen. Auf dem Fenster erscheint auch die von Alexander Fleming entdeckte Penicillinformel und das Todesdatum Albert Schweitzers, der in der Heiliggeistkirche Orgel gespielt und zur Ehrfurcht vor dem Leben gemahnt hat.

Beeindruckend ist bei allen Fenstern der rote Grund, der auf das Feuer des Heiligen Geistes hinweist. Die Seitenfenster sind den Chorfenstern zugeordnet, die mit Blutspuren an das Leiden Christi und an dessen Zeugen erinnern und in deren Mittelpunkt die Seligpreisungen und das Vaterunser in den verschiedenen Schriften und Sprachen stehen.

Außer dem Physik- und dem Medizinfenster kamen die Entwürfe nicht zur Ausführung. Als sie bekannt wurden, entbrannte ein heftiger Streit in Heidelberg. In Veranstaltungen, Leserbriefen, Eingaben an die Kirchenleitung wurde das Für und Wider der Fenster oft auch sehr unsachlich diskutiert. Die städtische Denkmalsbehörde verweigerte ihre Zustimmung. Die Gegner der Entwürfe behaupteten, daß die

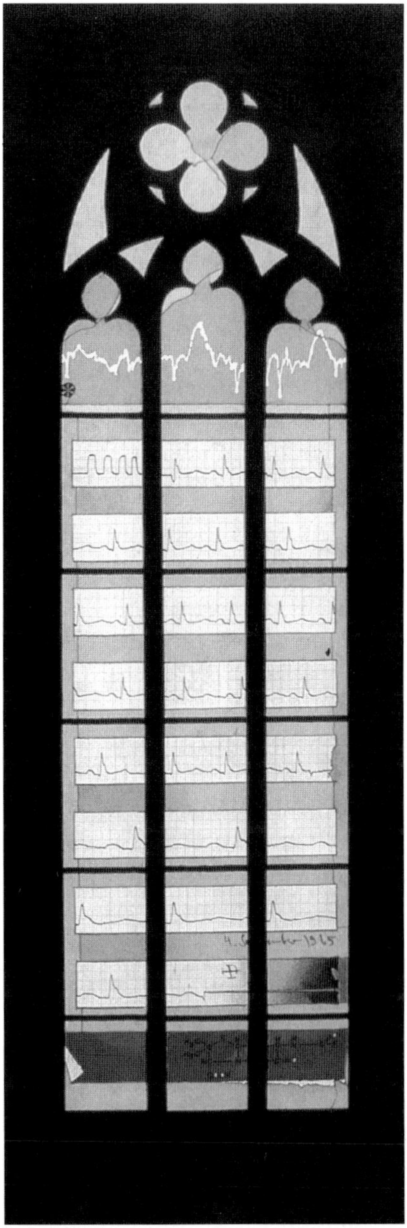

Schreiter-Fenster

Spannung zwischen den gotischen Formen der Fenster und des Kirchenraums und der modernen Gestaltung unerträglich sei. Die Kirche solle ein Ort der Stille, des Gebets und des Empfangens sein und weniger ein Ort der Auseinandersetzung mit der Welt.
Als über die Entwürfe entschieden werden mußte, stimmten Ältestenkreis und Landeskirche (Oberkirchenrat) für die Schreiterschen Fenster, der Kirchengemeinderat war dagegen. Die öffentliche Kritik aus der Bürgerschaft brachte die Mitglieder dazu, die Entwürfe abzulehnen, auch den Vorschlag, den Künstler um einige Alternativentwürfe zu bitten. Die Begegnung zwischen Kirche und moderner Kunst war mißlungen.

Große Kunst im kleinen Dorf

Daß eine Begegnung mit der modernen Kunst auch anders verlaufen kann, zeigt die Gemeinde Öflingen. Der Ort liegt in Südbaden in einem ursprünglich ganz katholischen Gebiet. Unter großen Anstrengungen hat die kleine Diasporagemeinde eine Kirche mit Gemeindesaal und ein Pfarrhaus gebaut. Als sie nun noch eine Orgel wollte, ging die Finanzierung über ihre Kräfte. Der kunstverständige Pfarrer, Paul Gräb, hatte die ungewöhnliche Idee, ihm bekannte Künstler um Bilder für eine Verkaufsausstellung zu bitten. Deren Erlös erbat er für die Orgel. Die Reaktion der Künstler war überraschend positiv. Künstler wie Otto Dix, HAP Grieshaber, Erich Heckel, Gerhard Marcks und andere, auch Einheimische, stellten Werke zur Verfügung. Einer schrieb dazu: »...weil Sie überhaupt auf den verwegenen Gedanken kamen, mit Hilfe der Kunst etwas Geld für Ihre Kirche zu erhoffen. Und das berührte mich nicht nur, ich war sogar gerührt«. So fand 1961 die erste Kunstausstellung in Öflingen statt.
Der Erfolg der Ausstellung, vor allem die Begegnungen und Gespräche zwischen Künstlern und Besuchern, ermutigte dazu, den Versuch fortzusetzen. 1962 gab es eine neue Ausstellung, dieses Mal mit Plakat, einem ersten Katalog und mit einem Verkauf der Werke im Auftrag der Künstler, die in der Regel dann ein Drittel des Erlöses der Gemeinde zur Verfügung stellten. 1965 waren die Schulden für Kirche, Pfarrhaus und Orgel bezahlt. Die Ausstellungen gingen in einem

Rhythmus von drei Jahren weiter. Freundschaften zwischen Künstlern und den Öflingern entstanden.
Durch diese Begegnung wurde auf erstaunliche Weise auch die diakonische Verantwortung der Gemeinde gestärkt. Sie wollte den Erlös aus den Kunstausstellungen für eine soziale Aufgabe im Ort und in der Region zur Verfügung stellen. Von der Kirchengemeinde und dem Arbeitskreis »Kunst und Kirche« wurde ein Diakonieverein gegründet. Den rund 1.300 Mitgliedern bietet der Kunstverein Werke vor allem junger Künstler als Jahresgaben an. Seit 1967 hat der Verein mehrere hundert solcher Werke verlegt und an seine Mitglieder weitergegeben. Am 5. Oktober 1985 konnte mit den Erlösen aus der Tätigkeit des Diakonievereins ein Diakoniezentrum mit Plätzen für dreißig Behinderte und neun alte Menschen eingeweiht werden.
Im Diakoniezentrum finden weiterhin regelmäßig Ausstellungen und Begegnungen zwischen Kunst und Kirche statt. Seit einigen Jahren hat das Diakoniezentrum auch ein Atelier, in dem Behinderte malen und gestalten können - mit erstaunlichen Ergebnissen! Gemeinsame Ausstellungen mit Werken von Behinderten und bekannten Künstlern zeigen dies.

Modernes Kreuzigungsbild: „Christus" Hartmut Ernst, 1992

Der konziliare Prozeß

1989 trafen sich in Basel vom 15. bis 21. Mai Christen aus ganz Europa zu der Versammlung »Frieden in Gerechtigkeit«. Schon 1934 hatte Dietrich Bonhoeffer ein Friedenskonzil gefordert. In der ökumenischen Bewegung wuchs in den Jahren nach dem Weltkrieg die Erkenntnis, daß der Friedenswille in einem langsamen »konziliaren Prozeß« reifen müsse. Eine Station war die Versammlung in Basel. Viele Gruppen beteiligten sich daran und entwickelten zum Teil recht originelle Ideen, wie sie die Öffentlichkeit auf die drängenden Fragen aufmerksam machen konnten.

Eine Gruppe war mit drei kleinen Schiffen nach Basel gekommen. Sie waren zwei Wochen unterwegs. An vielen Orten entlang dem Rhein hatten sie haltgemacht. Überall, wo sie anlegten, wurden sie von Leuten, die dort wohnten, erwartet und freudig begrüßt. Man nahm sich Zeit, sich kennenzulernen, miteinander zu essen, zu singen und Gottesdienst zu feiern. Und die, die nicht mit nach Basel kommen konnten, gaben den Reisenden Geschenke für die Versammlung mit. Bei der Abfahrt in Rotterdam hatten Holländer einen Hobel mit an Bord gegeben, der aus dem Schaft eines Gewehres gemacht war, um zu zeigen, daß es sinnvoller ist, Handwerkszeug herzustellen als Waffen. An einer Station wurde ein aus Pappe gebastelter Dinosaurier an Bord gebracht (nicht so groß wie im Museum, aber im Aussehen den echten ziemlich ähnlich!). Um den Hals hatte er ein Schild hängen, auf dem stand: »Zuviel Panzer, zu wenig Hirn - darum ausgestorben.« An der Wand, vor der er stand, hing ein kleiner Holzkasten. Auf dem Deckel stand: »Und wer ist der nächste, der ausstirbt?« Wenn man die Klappe hochhob, sah man in einem Spiegel sein eigenes Gesicht. An einem anderen Ort wurde ein großes Glas mit einer grau-grünen, trüb-schmutzigen Brühe gebracht - Wasser aus dem Rhein. Da fragt man sich schon, wie Fische darin leben können.

Dies und alle anderen Geschenke sollten die Teilnehmer der Versammlung daran erinnern, daß es nicht reicht, über Probleme zu reden und Dokumente zu schreiben. Man muß auch klar und deutlich sagen, was man tun will und kann, um die Erde zu schützen, damit sie bewohnbar bleibt - nicht nur heute, sondern auch in Zukunft. Viele Erwachsene müssen leider immer wieder daran erinnert werden.

Kinderbild zum konziliaren Prozeß Arm und Reich

Eine solche Erinnerung und Ermahnung waren in Basel auch Bilder, die Kinder aus der Schweiz zu den Themen »Gerechtigkeit», »Frieden« und »Schöpfung« gemalt hatten.
Wenn Kinder bei der Versammlung gewesen wären, um zu sagen, wovor sie Angst haben und wie sie sich die Welt für die Zukunft vorstellen, hätten sie bestimmt gute Ideen gehabt, wie das Haus »Europa« zu bauen und einzurichten ist. Das Bild vom europäischen Haus spielte in Basel eine wichtige Rolle. Die Frage ist nämlich: Wie können wir in Europa, im Norden und Süden - Osten und Westen - von Finnland bis Sizilien, von Portugal bis Bulgarien und Rußland in Frieden leben und unser Haus so einrichten, daß nicht die einen in den vornehmen Stockwerken leben und alles Gute zum Leben haben und andere im Keller oder unterm Dach hausen und sich mit den Resten begnügen müssen? Wie können wir so zusammenleben, daß wir die anderen achten, auch wenn sie uns fremd sind und wir manches, nicht nur die Sprache, nicht verstehen? Fremde kleiden sich oft anders als wir, leben anders, haben eine uns fremde Religion. Manche von euch, die ihr mit Mitschülern und Mitschülerinnen aus anderen Ländern in einer Klas-

se seid, hätten Wichtiges dazu beitragen können. Die Kirchen müssen dringend lernen, die Kinder in der Gemeinde ernster zu nehmen!

Nach einem Text von Johanna Linz

Unterwegs für das Leben

»Wo wollt Ihr denn hin?« Die Bäuerin, die gerade Wäsche in die Sonne hängt, wendet sich an die ungewöhnlich große Wandergruppe, die an ihrem Hof vorbeizieht.
»Nach Genf», schallt es zurück.
Mit ungläubigem Gesichtsausdruck kommt die Bäuerin näher. »Nach Genf? Das ist ja wohl ein bißchen übertrieben!«
»Heute geht es nur bis Malsch, und dann in sechzehn Etappen nach Basel, den Rest bis nach Genf fahren wir mit der Bahn», erklärt eine ältere Frau mit Wanderstock.
»Was wollt Ihr denn in Genf? Bleibt doch im Ländle, hier ist's auch schön!« Das Interesse der Bäuerin ist geweckt.
»In Genf sind doch gerade Abrüstungsverhandlungen. Wir wollen den Amerikanern und den Russen einen Brief bringen, in dem steht, daß sie endlich mit dem Wettrüsten aufhören sollen!«
»Diese vielen Waffen bedrohen doch Menschen, Kinder und Tiere!« Die Frauen der Wandergruppe ereifern sich, die Bauersfrau stimmt zu.
Inzwischen ist eine junge Frau aus dem Hoftor getreten und hat zugehört: »Ja, wie macht Ihr das, einfach so loslaufen?», fragt sie. »Ich könnte das nicht. Ich habe die Kinder, das Vieh, die Ernte . . .«.
»Nicht alle von uns laufen den ganzen Weg. Manche haben Urlaub genommen. Ihr seht, es sind auch Männer und Kinder dabei!«
»Ich kann nicht bis nach Genf mitgehen. Ich muß heute abend nach dem Abendgottesdienst wieder heim«, meint eine große Frau, die wie viele andere eine Babywindel als Symbol um den Hals gewickelt hat.
»Aber wer hat die Idee gehabt?«
»Das war die Frau dort, die mit dem Wanderstock, Frau Schmidt aus der Mosbacher Gegend. Zusammen mit einer Arbeitsgruppe aus dem Kirchenbezirk Mosbach hat sie einen Brief an die Verantwortlichen in Genf geschrieben. Diesen Brief tragen wir durch das Land und sammeln Unterschriften.«

»Sie können hier auch unterschreiben«, meint eine Wanderin, hält der Bäuerin Stift und Mappe hin und liest vor: »›Wir Frauen und Mütter sind erfüllt von der Sorge um das Leben auf der Erde. Wir erheben die Stimme für alle, die es selbst für sich nicht tun können‹ . . . Und hier, weiter unten, heißt es: ›Denken Sie an Ihre eigenen Kinder und Enkel und lassen Sie Ihre Verhandlungen durch Ihre Liebe zu ihnen bestimmen. Wir verstehen Leben als ein kostbares Geschenk Gottes, und wir meinen, es ist Ihre große Aufgabe, Leben zu schützen und nicht aufs Spiel zu setzen.‹ Und hier: ›Wir sind nach Genf gekommen, um Sie zu bitten: Beenden Sie das Wettrüsten! Wir bitten Gott, daß er Ihnen Mut und Phantasie für neue und bessere Wege gibt.‹«

»Das kann ich unterschreiben«, meint die Bäuerin und greift nach der Mappe. »Ich auch«, sagt die Jüngere. »Da macht Ihr wohl sowas wie eine Wallfahrt?«

»Ja, wir nennen es ›Bittgang für das Leben‹. Unsere evangelische Frauenarbeit unterstützt uns dabei.«

Die Wandergruppe setzt sich wieder in Bewegung. »Wenn Sie wollen, beten Sie für uns«, ruft eine Frau zum Abschied zurück.

Der Bauer fährt mit dem Traktor an der Gruppe vorbei und brummt: »Die in Genf warten grade auf Euch Weiberleut!«

Der Frauensonntag 1983 und die politischen Beschlüsse der NATO hatten den Anstoß für den Bittgang gegeben. Bei der Vorbereitung des Frauensonntags hatten die Mosbacher Frauen zusammen mit Pfarrerin Eva Loos von der Frauenarbeit der Badischen Landeskirche die Idee entwickelt und den Brief verfaßt. Der Weg führte sie in der Zeit vom 18. September bis 10. Oktober 1983 von Mosbach bis Genf. Viele Frauen, aber auch Männer und Kinder begleiteten tageweise die Gruppe. Die abendlichen Gottesdienste in den badischen Gemeinden, in denen in Privatquartieren übernachtet wurde, waren gut besucht. Nach der letzten Übernachtung in Lörrach fuhren die badischen Frauen mit dem Zug von Basel nach Genf. Dort wurden sie am 11. Oktober 1983 in der amerikanischen Botschaft und in der russischen Mission empfangen. Sie gaben 46.000 Unterschriften ab und fanden aufmerksame Zuhörer. Die Erkenntnis war, daß ein einmaliger Bittgang nicht genügte. Zuerst müßten sie sich an ihre eigenen Synoden und Politiker wenden, viele Gespräche führen, um so den »Boden für die Abrüstung zu bereiten«. Dies war die Losung für den

Bittgang 1985. So folgte im folgenden Jahr mit Unterstützung der Frauenarbeit der Evangelischen Landeskirche unter Eva Loos ein Bittgang nach Bonn. Jeder Tag begann und endete wieder mit einem Gottesdienst. Die Unterbringung der Wandergruppe erfolgte in den Gemeinden. Rüstungsbetriebe und Truppenübungsplätze wurden besucht und unzählige Gespräche geführt.
Seitdem – mit Ausnahme eines Sabbatjahrs 1989 – sind die Frauen bis heute jedes Jahr unterwegs für das Leben, von Haus zu Haus, von Gemeinde zu Gemeinde, von Mann zu Frau, von Bürger zur Regierung.

Politische Geschichte		**(Badische) Kirchengeschichte**	
		1964	Wolfgang Heidland Landesbischof in Baden
1969	SPD-FDP-Koalition in Bonn		
		1971	Gleichstellung von Pfarrern und Pfarrerinnen in Baden
		1973-77	Streit um geplantes Kernkraftwerk Wyhl
1979	NATO-Doppelbeschluß		
		1980	Klaus Engelhardt Landesbischof in Baden
1982	CDU-FDP-Koalition in Bonn		
		1983	Erster Bittgang für das Leben
		1984	Beschluß der Badischen Landesynode zum Verhältnis von Juden und Christen
1989	Öffnung der Berliner Mauer	1989	Versammlung in Basel zum Konziliaren Prozeß
1990	Vereinigung der beiden deutschen Staaten		

Wort- und Sacherklärungen

Ablaß Erlaß der Strafe für Sünden, die bereut, vor einem Priester bekannt und von diesem im Namen Gottes vergeben wurden.

Absolution Vergebung der Sünden, wird im Namen Gottes zugesprochen.

Abt Vorstand eines Klosters

Agende Buch mit Ordnungen für den Ablauf des Gottesdienstes und Spruch- und Gebetsvorschlägen zu den Sonn- und Feiertagen des Kirchenjahrs

Akko Bereits in biblischer Zeit Hafen im Nordwesten Israels. Im Neuen Testament mit dem Namen Ptolemais, später wichtigster Stützpunkt der Kreuzfahrer

Allianz Bund, Zusammenschluß

Augustiner Mönchsorden, der seine Regeln auf den Kirchenvater Augustin zurückführt

Bann Ausschluß aus der kirchlichen Gemeinschaft; er wird schriftlich erklärt (Bannbulle)

Bekennende Kirche Die aus der Opposition gegen Theologie und Kirchenpolitik der Deutschen Christen entstandene Bewegung in der evangelischen Kirche, die sich 1934 in der Barmer Theologischen Erklärung eine theologische Grundlage gab und in vielen Landeskirchen sich eigene kirchenleitende Organe, die Bruderräte, schuf.

Benediktiner Erster Mönchsorden des Abendlandes, von Benedikt von Nursia 529 n.Chr. gegründet

Brüdergemeine Vom Grafen Zinzendorf in Herrenhut gegründete evangelische Gemeinde von Vertriebenen aus Böhmen

Burschenschaft Studentenvereinigung

Calvin Aus Frankreich stammender Reformator Genfs

Calvinisten	Anhänger Calvins, auch »Reformierte» genannt
Deutsche Christen	Bewegung in der evangelischen Kirche, die *National*sozialismus und Christentum miteinander verbinden wollte, versuchte 1933 den »Arierparagraphen» in der evangelischen Kirche einzuführen, der Christen jüdischer Herkunft verbot, Pfarrer oder kirchlicher Beamter zu werden.
Disputation	Wissenschaftliche Diskussion über Lehrfragen
Edikt	Amtliche Anordnung des Reichstags oder des Kaisers
Eucharistie	Die Feier mit Brot und Wein, die mit Jesus verbindet
Franziskaner	Orden von Bettelmönchen; Gründer ist Franz von Assisi
Fronleichnam	(=Leichnam des Herrn), Fest zur Verehrung der Eucharistie
Generalsynode	siehe Landessynode
Habsburger	Fürstengeschlecht, aus dem seit dem 13. Jh. immer wieder deutsche Kaiser gewählt wurden
Hitlerjugend	Ursprünglich männliche Jugendorganisation der NSDAP, seit 1936 Staatsjugend, der alle Jugendlichen anzugehören hatten, unter Führung des Reichsjugendführers. »Bund deutscher Mädel« (BDM) die entsprechende Organisation auf weiblicher Seite.
Hochamt	Feierliche Messe
Hostie	Das bei der Eucharistie oder der Abendmahlsfeier verwendete ungesäuerte Weizenbrot oder die Oblate als Leib Christi
Hugenotten	»Eidgenossen«; Bezeichung für die Evangelischen in Frankreich, Anhänger Calvins
Jesuiten	Orden zur Ausbreitung und Verteidigung der katholischen Lehre; 1534 von Ignatius von Loyola als »Gesellschaft Jesu» gegründet
Kapuziner	Nach der Kapuze am Mönchsgewand benannter Zweig des Franziskanerordens
Kardinal	Hoher Würdenträger der katholischen Kirche; das Kardinalskollegium wählt den Papst
Kasualien	Kirchliche Amtshandlungen wie Trauungen, Beerdigungen usw.

Katechismus	Kurzgefaßtes Lehrbuch des christlichen Glaubens, meist in Fragen und Antworten
Kelten	(lat. Celtae, Galli = Gallier) dehnten vom 8. bis 3. Jahrhundert v.Chr. mit der Zeit ihre Siedlungsgebiete von Rhein, Maas und Donau stark nach Westen, Süden und Osten aus. Ihr Kulturraum reichte schließlich von Spanien (Galizien) und England bis nach Anatolien (Galatien) in der heutigen Türkei.
Ketzer	Bezeichnung für Leute, deren Glaubensbekenntnis der allgemeinen kirchlichen Lehre widerspricht
Kirchenväter	Bezeichnung für besonders anerkannte Lehrer der Kirche in den ersten Jahrhunderten
Kommunion	Abendmahl
Konfirmation	Feier zur Bestätigung der eigenen Taufe
Konkordienformel	Lutherische Bekenntnisschrift von 1577 zur Klärung einiger umstrittener Aussagen des Augsburgischen Bekenntnisses
Konzil	Versammlung von kirchlichen Würdenträgern wie Kardinäle, Bischöfe, Äbte und Professoren, die theologische und kirchenrechtliche Fragen besprechen und entscheiden
Kreuzgang	Überdachter Gang um den Innenhof eines Klosters für Gebet und Meditation
Landessynode	Gesetzgebende Versammlung der Landeskirche aus Geistlichen und Laien
Lehen	An Untertanen verliehene Rechte und Besitzungen
Leibeigene	Personen, die zu unbezahlten Dienstleistungen für ihren Grundherrn (»Frondienst») und genau beschriebenen Abgaben verpflichtet waren
Leis	Älteste Form deutscher Kirchenlieder; sie enden meist mit »Kyrie-eleison«
Magister	Akademischer Titel, früher beim Abschluß des philosophischen Studiums verliehen
Märtyrer	Jemand, der um seines Glaubens willen leidet oder getötet wird
Maior Domus	»Hausmeier»; ursprünglich Verwalter des königlichen Hofes, später eine Art Kanzler im fränkischen Reich

Mandat	Auftrag, Befehl, Erlaß
Messe	Römisch-katholischer Gottesdienst mit Eucharistiefeier
NATO-Doppelbeschluß	Beschluß des NATO-Rats von 1979, aufgrund dessen in Europa amerikanische Mittelstreckenraketen stationiert werden, falls die Sowjetunion nicht bereit wäre, ihre SS-20-Raketen abzubauen; wurde ab 1984 verwirklicht.
Novize	(»Neuling»), Mönch oder Nonne während der Probezeit (Noviziat) im Orden; noch ohne Gelübde
Pilger	Menschen, die eine Wallfahrt unternehmen
Prädikanten	Prediger mit besonderer theologischer Bildung, die nicht unbedingt die Priesterweihe besitzen mußten. Bezahlung nicht aus dem Kirchenvermögen.
Prälat	Geistlicher mit Leitungsaufgaben in der Kirche
Rabbiner	Jüdischer Geistlicher
Reichsacht	Ausstoßung aus der Gemeinschaft, Verlust der Bürgerrechte und des Schutzes für Leib und Leben
Reichsstände	Fürsten und freie Reichsstädte, die im Reichstag Sitz und Stimme hatten
Reichstag	Bis 1806 Versammlung der Reichsstände unter Leitung des Kaisers bzw. Königs
Reliquien	»Überreste» von Heiligen, die von den Gläubigen verehrt werden
Romantik	Gefühlsbetonte geistige und künstlerische Bewegung zwischen 1790 und 1830 mit besonderer Begeisterung für das Mittelalter
Schulvisitation	Überprüfung der Lehrer und der Schüler durch die Pfarrer
Seminar	hier: Lehrerbildungsanstalt
Spital	Krankenhaus
Stundengebet	In vielen Klöstern wird achtmal am Tag gebetet. Die Gebete zwischen Aufstehen und Mittagessen heißen: Laudes, Prim, Terz, Sext, zwischen Mittagessen und Nachtruhe: Non, Vesper, Komplet und mitten in der Nacht Matutin
Synode	Kirchenversammlung, in den evangelischen Kirchen gewählte Vertretungen von Kirchengliedern

Thesen	Lehrsätze zur Begründung und Verteidigung einer wissenschaftlichen Meinung in einer öffentlichen Diskussion (Disputation)
Vasall	Im Mittelalter: Lehensmann, Gefolgsmann
Vision	Erscheinung, geistige Schau, Gesicht
Waldenser	Im 12. Jahrhundert gegründete Bruderschaft. Ihre Wanderprediger riefen zur Buße auf und zur Befolgung der Bergpredigt. 1532 Anschluß an die Genfer Reformation, seither Waldenserkirche
Wallfahrt	Reise (meistens zu Fuß) zu Orten, die wegen ihrer religiösen Bauten oder Reliquien als verehrungswürdig gelten
Zar	hier: Russischer Kaiser
Zentrum	Partei des deutschen politischen Katholizismus, 1870 gegründet, 1933 Selbstauflösung; Neugründung nach 1945 blieb politisch erfolglos.

Bildnachweis

Für die Abdruckerlaubnis danken wir folgenden Verlagen, Institutionen und Privatpersonen:

Amt für Information und Medien, Basel, Seite 285
Anstalt Stetten, Kernen i. R., Seite 245
Antiqua Verlag, Wutöschingen, Seite 101
Archiv Gerstenberg, Wietze, Seite 42, 153
Archiv der sozialen Demokratie, Bonn, Seite 212
Archiv für soziale Bewegungen, Freiburg, Seite 278
Badische Landesbibliothek, Karlsruhe, Seite 36, 50, 51, 78, 89, 109, 115 (Gym 3361)
Bayerische Staatsbibliothek, München, Seite 124
Biblioteca Apostolica Vaticana, Seite 68
Bildarchiv Preussischer Kulturbesitz, Berlin, Seite 164, 208
Bürgermeisteramt Friesenheim, Seite 17 (links)
Calwer Verlag, Stuttgart, Seite 113, 219, 238 (oben), 241
Diesterweg Verlag, Frankfurt, Seite 26, 46, 58
Evangelische Begegnungsstätte Beuggen, Seite 173
Evangelische Brüdergemeine, Königsfeld, Seite 168
Evangelischer Presseverband für Baden e. V., Karlsruhe, Seite 159, 177, 215, 239, 260
Evangelische Stadtmission, Heidelberg, Seite 184, 185
Evangelisches Pfarramt Friedrichstal, Seite 204
Evangelisches Pfarramt Heiliggeist, Heidelberg, Seite 240
Geiges, Leif, Seite 20
Gemeinde Königsbach-Stein, Seite 236
Generallandesarchiv, Karlsruhe, Seite 110 (Cs 563), 195 (J-G-R/1), 201 (J-Aa-F/46), 141 (J-B-Karlsruhe 98), 161 (J-Ac-H/38)
Germanisches Nationalmuseum, Nürnberg, Seite 33
Hans Thoma Verlag, Karlsruhe, Seite 283
Hauptstaatsarchiv Stuttgart, Seite 238 (unten)
Hess, Robert, Seite 48
Hirsemann Verlag, Stuttgart, Seite 92
Historisches Museum der Pfalz, Speyer, Seite 17 (rechts)
Holler Druck- und Verlags GmbH, Karlsruhe, Seite 126
Katholische Pfarrgemeinde St. Marien, Gengenbach, Seite 104
Kurpfälzisches Museum, Heidelberg, Seite 120

Landesbildstelle Baden, Karlsruhe, Seite 129, 175
Landesdenkmalamt Baden-Württemberg, Karlsruhe, Seite 19, 38
Landeskirchenrat der Evangelischen Kirche der Pfalz, Speyer, Seite 84
Landeskirchliche Bibliothek, Karlsruhe, Seite 220 (2 x), 242, 243
Landeskirchliches Archiv, Bielefeld, Seite 228
Landeskirchliches Archiv, Karlsruhe, Seite 223 (oben), (LKA GA 2957), 226 (Nachlaß Karl Dürr)
Langewiesche Verlag, Königstein, Seite 24
Laurissa Verlag, Lorsch, Seite 30, 31
Lutherhalle Wittenberg, Seite 94
Melanchthonhaus Bretten, Seite 79, 87, 90
Österreichische Nationalbibliothek, Wien, Seite 97 (Codex 3085)
Pfahl Verlag, Laupheim, Seite 56, 121
Pfarramt Bleibach, Seite 64
Privat Veronika Besau, Seite 137
Privat Hilde Bitz, Seite 276
Privat Hans Martin Cordier, Seite 230
Privat Dieter Haas, Seite 232, 262, 274
Privat Hans Maaß, Seite 145, 264, 265, 269
Privat Familie Mez, Seite 189
Privat Jörg Thierfelder, Seite 256
Rombach Verlag, Freiburg, Seite 71, 72, 73, 74
Schreiter, Edith, Seite 281
Staatliche Kunsthalle, Karlsruhe, Seite 86
Stadtarchiv Karlsruhe, Seite 223, (unten), 224
Stadtarchiv Mannheim, Seite 338 (unten)
Stadtarchiv Pforzheim, Seite 221, 247
Stadtarchiv Worms, Seite 83
Thaddenschule, Heidelberg, Seite 248, 250
Theiss Verlag , Stuttgart, Seite 15, 18, 140, 155
Thorbecke Verlag, Stuttgart, Seite 95
Universitätsbibliothek, Basel, Seite 102
Universitätsbibliothek Heidelberg, Seite 53
Verlag Stadtarchiv Freiburg i. Br., Seite 252 (ACDP, Nachlaß Adolf Lampe)
World Council Of Churches, Genf, Seite 259
Württembergische Landesbibliothek, Stuttgart, Seite 80